WESTEND

EDWARD RUSSELL,
LORD RUSSELL OF LIVERPOOL

GEISSEL DER MENSCHHEIT

Kurze Geschichte der Nazikriegsverbrechen

WESTEND

Titel der englischen Originalausgabe
The Scourge of the Swastika: A Short History of Nazi War Crimes

Deutsche Originalfassung von Roswitha Czollek, überarbeitet von Emil Fadel

Mehr über unsere Autoren und Bücher:
www.westendverlag.de

Die Deutsche Nationalbibliothek verzeichnet diese Publikation in der Deutschen Nationalbibliografie; detaillierte bibliografische Daten sind im Internet über http://dnb.d-nb.de abrufbar.

MIX
Papier aus verantwortungsvollen Quellen
FSC www.fsc.org
FSC® C083411

ISBN: 978-3-86489-287-5
Westend Verlag GmbH, Frankfurt / Main 2020
Umschlaggestaltung: Buchgut, Berlin
Satz: Publikations Atelier, Dreieich
Druck und Bindung: CPI – Clausen & Bosse, Leck
Printed in Germany

Inhalt

Einleitung von Moshe Zuckermann

Im Prolog zu seinem 1956 auf Deutsch erschienenen Buch *Geißel der Menschheit* schreibt Lord Russell of Liverpool: »Während des zweiten Weltkrieges [...] wurden von deutscher Seite Kriegsverbrechen in einem noch nie dagewesenen Ausmaß begangen. Sie waren Bestandteil der nazistischen Konzeption des totalen Krieges und wurden auf Grund eines vorher ausgearbeiteten und vereinbarten Planes verübt, dessen Ziel es war, die Einwohner der überfallenen und besetzten Gebiete zu terrorisieren und auszubeuten und alle die Menschen zu vernichten, die den deutschen Eroberern und der Naziherrschaft besonders feindlich gesinnt waren.«

Mit Bezug auf die in den Nürnberger Prozessen angeklagten Hauptkriegsverbrecher im deutschen Generalstab und Oberkommando zitiert Lord Russell das gefällte Urteil, in welchem es unter anderem heißt, diese Männer seien »in großem Maße verantwortlich gewesen für die Leiden und Nöte, die über Millionen Männer, Frauen und Kinder gekommen sind. Sie sind ein Schandfleck für das ehrenhafte Waffenhandwerk geworden. Ohne ihre militärische Führung wären die Angriffsgelüste Hitlers und seiner Nazikumpane akademisch und ohne Folgen geblieben [...], sie waren eine rücksichtslose militärische Kaste [...]. Viele dieser Männer haben mit dem Soldateneid des Gehorsams gegenüber militärischen Befehlen ihren Spott getrieben. Wenn es ihrer Verteidigung zweckdienlich ist, so sagen sie, sie hatten zu gehorchen; hält man ihnen Hitlers brutale Verbrechen vor, deren allgemeine Kenntnis ihnen nachgewiesen wurde, so sagen sie, sie hätten den Gehorsam verweigert. Die Wahrheit ist, dass sie an allen diesen Verbrechen rege teilgenommen haben oder in schweigender Zustimmung verharrten, wenn vor ihren Augen größer angelegte und empörende Verbrechen begangen wurden, als die Welt je zu sehen das Unglück hatte.«

Es hätten viele andere Textstellen herangezogen werden können, aber schon diese beiden aus dem Prolog mögen als paradigmatisch für Lord Russells gesamtes Werk angesehen werden. Es fällt zunächst auf, dass der Autor das Präzedenzlose der deutschen Kriegsverbrechen, zugleich aber auch ihren unglaublichen Umfang ins Auge fasst. Dieser Punkt muss hervorgehoben werden, denn sosehr sich der Diskurs auf die deutschen Kriegsverbrechen im Zweiten Weltkrieg in der Forschung späterer Jahre gemeinhin auf den an den europäischen Juden verbrochenen Holocaust und seine Einzigartigkeit fokussierte, darf nicht übersehen werden, dass die Untaten der Nazis mehr umfassten, als die Monstrosität des Holocausts. Lord Russell befasst sich zunächst mit den institutionellen Apparaten der Nazi-Tyrannei, ihren Strukturen und Funktionen (etwa denen der SS, der Gestapo und der Wehrmacht), um dann ihre Praxis und Wirkmächtigkeit bei der Verübung unterschiedlicher Kategorien von Kriegsverbrechen kenntnisreich anzuvisieren. Erörtert werden Verbrechen, die an Kriegsgefangenen, aber auch bei Vorfällen auf hoher See begangen wurden; gegen die Zivilbevölkerung gerichtete Verbrechen wie auch die Schrecken der Zwangsarbeit und der Konzentrationslager; Ereignisse wie die Massaker von Lidice und Malmedy sowie die Zerstörung des Warschauer Ghettos. Dargestellt und analysiert werden auch die von der deutschen Bevölkerung verübten Lynchmorde an Gefangenen der alliierten Luftwaffe; der Tod von vier Millionen sowjetischen Kriegsgefangenen und schlimmste, von einzelnen deutschen Offizieren begangene Verbrechen.

Es erhebt sich freilich die Frage, welche aktuelle Relevanz dieses Unterfangen heute noch haben kann. Man mag einwenden, dies alles sei ja schon längst bekannt, die Forschung habe doch bereits den größten Teil dieser Verbrechen, ihrer Mechanismen, Abläufe und Ideologie zutage gefördert. Was kann man schon, so besehen, einer Schrift abgewinnen, die vor über sechzig Jahren publiziert worden ist? Nun, für den kundigen Fachmann mag die erneute Veröffentlichung dieses Buches in der Tat überflüssig sein. Es ist allerdings anzunehmen, dass er dieses bedeutende Werk aus der Vergangenheit ohnehin schon gekannt hat. Gleichwohl muss hervorgehoben werden, dass Lord Russells Buch nicht (nur) für die Fachwelt geschrieben worden war; es erhob durchaus den Anspruch, einem breiten Publikum zu unterbreiten, welch verbrecherischen Schrecken und unvorstellbares Grauen das Naziregime verursacht und generiert hat. Nicht von ungefähr avancierte das unter dem Originaltitel *The Scourge of the Swastika* 1954 in London veröffentlichte Werk zum Bestseller in Großbritannien, so auch die zwei Jahre später vorgelegte deutsche Übersetzung in beiden deutschen Staaten. Das Buch wurde zudem in andere Sprachen übertragen und mit Erfolg in vielen Ländern publiziert.

Wenn es also um die breite Öffentlichkeit geht, ist die Wiederveröffentlichung dieses Klassikers ganz und gar nicht überflüssig. Denn in populären Sphären sedimentiert sich kulturelles, mithin historisches Wissen gemeinhin kodiert. Selbst gebildete Rezipienten bewahren Gelesenes und Angeeignetes als kodierte Schlagworte, Slogans oder Parolen, die zwar stets abrufbar sein mögen, aber mit zunehmender Distanz zum Zeitpunkt der Aneignung immer mehr verblassen, beziehungsweise sich eben zum Code verhärten oder gar versteinern. Man kennt als elementar Gebildeter »Freiheit, Gleichheit und Brüderlichkeit«, die Namen Ludwig XVI., Robespierre, Danton und Napoleon, wohl auch Bastille, Guillotine, Terror und Tricolore als Begriffsmatrix der Französischen Revolution, kann vermutlich einiges mit ihnen assoziieren, aber damit hat es sich auch schon für gewöhnlich. Sehr oft wird die spärliche Rezeption zudem ideologisch befrachtet – die *Französische Revolution* ist dann nur Gewaltherrschaft oder nur Freiheitskampf. Zur Erörterung der dialektischen Beziehung von Freiheit und Gewalt reicht es nicht mehr. Nimmt man noch Jan und Aleida Assmanns Konzept des *kommunikativen Gedächtnisses* hinzu, demzufolge das kollektive Gedächtnis innerhalb von ein bis zwei Generationen verblasst oder gar erlischt, lässt sich behaupten, dass das, was ehedem den mündlich-aktuellen Diskurs der Großelterngeneration ausmachte, beim Diskurs der Enkelgeneration weitgehend in Vergessenheit gerät. Im Fall der Nazigeneration dürfte sich der Vergessensakt der Enkelgeneration noch eklatanter ausnehmen, nicht zuletzt, weil er sich einem Verdrängungsakt der großelterlichen Generation anschloss. Diese Verdrängung zeitigte nicht zuletzt den Stellenwert, den die Wehrmacht im deutschen kollektiven Gedächtnis über Jahrzehnte einnahm. Bis zur Wehrmachtsausstellung des *Hamburger Instituts für Sozialforschung* unter Jan Philipp Reemtsma von 1995 bis 1999 und dann korrigiert von 2001 bis 2004 war die Wehrmacht als kriegerische Gewaltinstitution einigermaßen tabuisiert. Erst die Widerstände gegen die Ausstellung in Teilen der allgemeinen Öffentlichkeit machten klar, wie wenig im Grunde bei der Auseinandersetzung mit den Naziverbrechen bereits abgehakt und ad acta gelegt werden konnte. Gerade unter diesem Gesichtspunkt, und ja, auch aufgrund der zunehmenden Geschichtsverdrossenheit und des Verlangens nach dem »Schlussstrich«, das den Neonazismus in der politischen Sphäre Deutschlands mit all seinen sozialen und ideologischen Ableitungen salonfähig zu machen vermochte und immer noch vermag, ist die Neuauflage von Lord Russells *Geißel der Menschheit* höchst zeitgemäß.

Aber es gibt einen weiteren Aspekt, warum die erneute Veröffentlichung des Buches mehr als willkommen ist. Als Gesandter der Britischen Rheinarmee gehörte der gelernte Anwalt Lord Russell zu den wichtigsten Rechtsberatern während der Kriegsverbrechertribunale nach dem Zweiten Weltkrieg. Nun erfährt man aber aus den biographischen Notizen zu seiner Person, dass er wegen der Veröffentlichung seines Buches im Jahre 1954 von seinem Regierungsposten zurücktrat beziehungsweise zurücktreten musste. Der »offizielle« Grund dafür war die Anschuldigung, Lord Russell habe seine Position missbraucht, um persönlichen Profit aus den von ihm untersuchten Kriegsverbrechen zu schlagen. Als aber der *Daily Express* Auszüge aus dem Buch veröffentlichte, schimmerte ein anderer möglicher Grund durch. Die Auszüge wurden nämlich unter der Überschrift »Das Buch, das sie verbieten wollten« publiziert. Warum sollte man die Veröffentlichung eines Buches mit dem Untertitel *Kurze Geschichte der Nazikriegsverbrechen* in Großbritannien verbieten wollen? Einen Hinweis auf die Beantwortung dieser Frage erhält man aus einer weiteren biographischen Notiz zu Lord Russell und seinem Werk: »Das Buch wurde 2008 in den USA neu aufgelegt und mit einem Vorwort von Alistair Horne versehen. Dieser war 1954 Auslandskorrespondent des *Daily Telegraph* in Deutschland und hatte die ursprüngliche Veröffentlichung scharf kritisiert, weil sie einem Antigermanismus Vorschub leistete, der die internationale politische Wiedereingliederung Adenauers Bundesrepublik Deutschland behindern konnte und Angst vor dem Aufbau deutscher Streitkräfte im international kontrollierten Rahmen der NATO schürte. In der neuen Ausgabe verschiebt Horne den Fokus der Rezension weg von der Einmaligkeit deutscher Übel auf die Dimension des Bösen, zu dem der Mensch überhaupt fähig ist.«

Um dies vertieft zu erörtern kann man von der Frage ausgehen, wie es dazu kam, dass das Land der Täter, welches Auschwitz verbrochen hatte, und das Land der Opfer, das sich als Zufluchtsstätte aller verfolgten Juden der Welt verstand, gerade einmal sieben Jahre nach der Befreiung von Auschwitz zum kontroversen Tauschvertrag der sogenannten Wiedergutmachungsabkommen von 1952 gelangten. Mit Moral hatte dies nur in einem zynischen ideologischen Sinne etwas zu tun. Denn was auf der Tagesordnung stand, war die im Rahmen des ausgebrochenen Kalten Krieges zu befestigende Neuordnung der Welt und die mit dieser neuen Weltteilung einhergehende Ortsbestimmung Deutschlands, welches es freilich alsbald zweifach geben sollte. Einzig aus diesem geopolitischen Zusammenhang ist zu erklären, dass nicht Henry Morgenthaus Vision, Deutschland zum Agrarland degenerieren zu lassen, sondern George C. Marshalls Plan, dem westlich besetzten Deutschland wirtschaftlich wieder zum Aufschwung zu verhelfen, Gehör und Aufnahme fand. Die westdeutsche Republik sollte als Bastion des Westens gegen den expandierenden Kommunismus errichtet und gestärkt werden. Mit dieser Funktionalisierung Deutschlands im Kontext der Konsolidierung des globalen Blocksystems ging allerdings einher, dass das jüngst erst als Naziregime zusammengebrochene Deutschland wieder als geläuterte Nation in die »Völkergemeinschaft« aufgenommen werden musste, was – abgesehen von diversen »Entnazifizierungsmaßnahmen« und anderen äußeren Purifizierungspraktiken – nicht zuletzt auch mit dem staatsoffiziellen Willen zur »Wiedergutmachung« der Verbrechen an den Juden demonstriert werden sollte. Der gerade zu jenem Zeitpunkt gegründete Judenstaat bot sich dafür wie von selbst an. Abgesehen von den privaten »Entschädigungen«, konnte an ihm das Verlorene abbezahlt werden. Und Israel? Wie reagierte das Land, das aus der Shoah entstanden war? Nun, Israel konnte das Geld nur zu gut gebrauchen. Eine bald schon einsetzende Masseneinwanderung (vor allem aus den orientalischen Ländern), die Notwendigkeit, schnellstmöglich eine Infrastruktur für das zivile Leben zu schaffen, nicht minder aber auch der Bedrohung durch die feindlichen arabischen Nachbarländer mit der Bildung einer schlagkräftigen Armee zu begegnen, steigerten Israels objektive Abhängigkeit von massivem Kapitalimport zur akuten Krise. Die Wirkung auf die politische Handlungsfähigkeit des Landes, das um seine schiere Existenzfähigkeit kämpfte, war katastrophal. So gesehen ist es nachvollziehbar, dass Ben-Gurion pure Zweckrationalität walten ließ und sich weder von den emphatischen Demonstrationen gegen die Abkommen aufseiten der rechten Revisionisten der israelischen Politlandschaft, Begins Cherut-Partei, noch von den lautstarken Protesten der sozialistischen Zionisten und antizionistischen Kommunisten beirren ließ. Die Finanzierung des zionistischen Staatsprojekts musste für ihn, Gründer und führenden Staatsmann Israels jener Jahre und pragmatischen Führer einer aktivistischen politischen Tradition, den absoluten Vorrang vor jedweder moralischen Erwägung wahren. Um seine Politik durchzusetzen und seine Gegner abzuwehren, war er sogar bereit, die alte BRD als ein »anderes Deutschland« zu apostrophieren.

Nur verständlich also, dass man sich beidseitig auf den Handel einließ: Deutschland zahlte, und Israel ließ sich bezahlen. In der spezifischen Konstellation jener Tage war besagte Instrumentalisierung von Vergangenem für ein Gegenwärtiges, das sich dem jüngst Geschehenen zu entschlagen suchte, realpolitisch vielleicht eine unumgehbare Notwendigkeit. Und es ist in diesem geopolitischen Kontext der Nachkriegszeit, dass man den Versuch, Lord Russells Buch zu verhindern, begreifen muss.

Denn dass sich Alistair Horne 1954 gegen einen »Antigermanismus« verwahren zu sollen meinte, hatte ja nichts mit einer wie auch immer zu denkenden Deutschlandliebe zu tun. Was sollte es schon an Deutschland, an Westdeutschland zumal, ein Jahrzehnt nach Auschwitz zu lieben geben? Nein, es ging um Realpolitik, beziehungsweise um Realpolitik in der infolge des Zweiten Weltkriegs entstandenen geopolitischen Situation. Die Angst vor dem Kommunismus, mithin die Bedrohung, die für den Westen vom sich im Zuge des Kalten Krieges zunehmend konsolidierenden Blocksystems ausging, war es, die es opportun erscheinen ließ, ein notwendiges, bahnbrechendes Buch wie *Geißel der Menschheit* verbieten zu wollen. Da man Deutschland für die Neuaufstellung des neuen globalen Machtverhältnisses brauchte, durften keine (absolut nachvollziehbaren) antideutschen Ressentiments zugelassen werden. Lord Russells Buch konnte man da nicht gebrauchen.

Und darin ist der zweite wesentliche Grund für die Angemessenheit einer neuerlichen Veröffentlichung dieses Buches zu sehen. Denn nicht nur handelt es sich um ein epochales Werk, das sehr frühzeitig leistete, was zum Paradigma der Aufarbeitung der deutschen Vergangenheit gerinnen sollte. Darüber hinaus lehrt uns der Kontext seiner Entstehung, mithin der realpolitisch motivierte Versuch seiner (freilich erfolglos gebliebenen) Unterdrückung, auch etwas über das Problem der ideologischen Instrumentalisierung von Geschichte und die durch machtlogische, heteronome Interessen herausgeforderte Wahrhaftigkeit. Die Neuauflage von Lord Russells *Geißel der Menschheit* ist, so besehen, auch eine geschichts- und ideologiekritische Bestrebung.

Vorwort zur westdeutschen Ausgabe

Am 30. November 1952 nahm Präsident Heuss an einer Gedenkfeier des Lagers Belsen teil, wobei ein Denkmal für die, die dort starben, enthüllt wurde. Er sagte zu den Anwesenden, die von nah und fern zur Einweihung gekommen waren, dass die Deutschen niemals vergessen sollten, was Männer und Frauen ihrer eigenen Nationalität in den Schandjahren verbrochen haben.

Dies war die Zeit, in welcher Hitler das Reich, wie er selbst sagte, in seiner Handfläche hielt, als Nazibehörden jede Bewegung des Einzelnen kannten, wo in jeder Straße ein Spion war und ein Spitzel in fast jedem Haus.

Es gibt Deutsche, die nicht wissen, wie diejenigen gelitten haben, die Gegner des Nationalsozialismus waren. Es gibt Deutsche, die nicht die geringste Vorstellung besitzen, welch furchtbare Verbrechen während der Kriegsjahre in dem besetzten Europa durch die SS, den SD und die Gestapo, Hitlers Instrumente der Tyrannei, begangen wurden. Es muss aber ihr Wunsch sein, wie es der Wunsch aller Freunde Deutschlands ist, dass derartiges sich nicht wiederholt.

Die Zukunft Deutschlands hängt von der politischen Weisheit des deutschen Volkes ab. Was unter Hitler geschah, dessen eigenes Wort Gesetz war, liegt noch nicht so weit zurück und war zu furchtbar, als dass es vergessen sein könnte. Nur wenn wir aus der Vergangenheit eine Lehre ziehen, gibt es eine wirkliche Hoffnung für die Zukunft.

Lord Russell of Liverpool, November 1955

Prolog

Auch vor 1939 hatte es in modernen Kriegen zwischen zivilisierten Nationen bedauerliche Vorfälle gegeben, die Kriegsverbrechen gleichkamen. In Belgien und Frankreich begingen deutsche Truppen während ihres raschen Vormarsches auf Paris in den Anfangsstadien des Ersten Weltkrieges viele Exzesse. Städte und Dörfer wurden geplündert und in Brand gesteckt, Frauen vergewaltigt und unschuldige Menschen ermordet.

Im Dezember 1914 ernannte Premierminister Asquith einen Ausschuss prominenter Persönlichkeiten unter dem Vorsitz von Viscount Bryce zur Untersuchung der Verbrechen, die die deutschen Truppen während der ersten Kriegsmonate in Belgien und Frankreich begangen haben sollten.

Im Jahre 1915 veröffentlichte der Ausschuss seinen Bericht. Wie die Mitglieder darin feststellten, gelangten sie auf Grund des Beweismaterials zu der unumstößlichen Schlussfolgerung, dass in vielen Teilen Belgiens beabsichtigte und systematisch organisierte Massaker unter der Zivilbevölkerung angerichtet und allgemein im Zuge der Kriegführung sowohl in Belgien als auch in Frankreich »unschuldige Zivilisten, Männer wie Frauen, in großer Zahl ermordet, Frauen vergewaltigt und Kinder umgebracht wurden«.

Sie stellten fest, dass Offiziere der deutschen Armee im Rahmen einer Terrorisierungskampagne Plünderung, Brandstiftung und mutwilliges Zerstören von Eigentum befahlen oder duldeten, ohne dass dies unter Berufung auf eine angebliche militärische Notwendigkeit hätte gerechtfertigt werden können. In vielen Fällen wurden auch die Gesetze und Bräuche des Krieges verletzt, so zum Beispiel durch die Verwendung von Zivilisten, darunter Frauen und Kinder, als Kugelfang für die deutschen Truppen, durch die Tötung von Verwundeten und Gefangenen sowie durch Verletzung der Einrichtungen des Roten Kreuzes und Nichtbeachtung der weißen Flagge als Zeichen der Übergabe.

Zum Schluss erklärten die Ausschussmitglieder, ihre Feststellungen seien zwar sehr schwerwiegend, aber die Pflicht gebiete ihnen, sie als völlig erwiesene Tatsachen aufzuzeichnen: »Mord, Sinnenlust und Plünderung herrschten in vielen Teilen Belgiens in einem Ausmaß, das in keinem Krieg zwischen zivilisierten Völkern während der letzten drei Jahrhunderte seinesgleichen hatte.«

Aber wenn diese Verbrechen auch mehr als nur zufällige »Ausschreitungen« isolierter Einheiten oder einzelner Divisionen waren, wurden sie doch nicht im Zuge einer organisierten Terrorkampagne verübt, die vor Ausbruch der Feindseligkeiten geplant war und in gehorsamer Befehlserfüllung gewissenhaft verwirklicht wurde. Während des Zweiten Weltkrieges hingegen wurden von deutscher Seite Kriegsverbrechen in einem noch nicht dagewesenen Ausmaß begangen. Sie waren Bestandteil der nazistischen Konzeption des totalen Krieges und wurden auf Grund eines vorher ausgearbeiteten und vereinbarten Planes verübt, dessen Ziel es war, die Einwohner der überfallenen und besetzten Gebiete zu terrorisieren und auszubeuten und alle die Menschen zu vernichten, die den deutschen Eroberern und der Naziherrschaft besonders feindlich gesinnt waren.

Vor dem Krieg hatten die Nazis durch das »Führerprinzip« im eigenen Land eine Tyrannei errichtet, die fast ohnegleichen in der Geschichte war. Sie förderten und nährten den Rassenhass durch die »Herrenrassentheorie«, deren letztes und zwangsläufiges Ziel die Weltherrschaft ist. Sie hetzten Bruder gegen Bruder, Kinder gegen Eltern, Christen gegen Juden. Sie versuchten, ein ganzes Volk zu Verbrechern zu machen, und wer sich nicht verführen ließ, wurde terrorisiert und schließlich ins Konzentrationslager geworfen. Nur wenn man sich vergegenwärtigt, was zwischen 1933 und 1939 in

Deutschland geschah, kann man die Verbrechen, die während des Krieges in den besetzten Gebieten begangen wurden, im richtigen Zusammenhang sehen. Unterdrückung der freien Meinungsäußerung einschließlich der Pressefreiheit, Beherrschung des Gerichtswesens, Vermögensbeschlagnahme, Beschränkung des Rechtes auf friedliche Versammlung, Brief und Telegrammzensur, Abhören von Telefongesprächen, Reglementierung der Arbeit, Abschaffung der Religionsfreiheit: Das sind die Mittel, mit denen ein Tyrann seine Untertanen in Fesseln schlägt. Wenn Hitler seine »Herrenrasse« schon so gering schätzte, ist es da verwunderlich, dass er die Völker der überfallenen Länder für weniger als Ungeziefer hielt?

Dass das deutsche Volk in seiner Gesamtheit nicht ohne weiteres nachgab und die Nazidoktrin und das Naziprogramm nicht bereitwillig akzeptierte, wird nicht bestritten. Andernfalls hätte es keine SS, keinen SD (Sicherheitsdienst des Reichsführers SS) und keine Gestapo gegeben. Nur durch Terror, Folter, Hunger und Tod vernichteten die Nazis im eigenen Land die Gegner ihres Regimes, und ihre Unterdrückungsorganisationen sammelten dadurch die Erfahrungen, die sie später im Ausland mit solcher Gründlichkeit und Brutalität anwandten, dass sie zum Alpdruck und zur Geißel des besetzten Europa wurden.

Die in diesem Buch beschriebenen Verbrechen waren keine Zufallserscheinungen; das beweist allein schon ihr Ausmaß. Die Versklavung von Millionen Menschen und ihre Verschleppung nach Deutschland, die Ermordung und Misshandlung von Kriegsgefangenen, die massenweise Hinrichtung von Angehörigen der Zivilbevölkerung, die Erschießung von Geiseln und die »Endlösung« der Judenfrage: Das alles war von langer Hand geplant. Daran kann es keinen Zweifel geben, denn die Nazis lieferten selbst mit all den sorgfältig aufbewahrten Protokollen, Berichten, Verzeichnissen, Befehlen und anderen Dokumenten, die den Alliierten nach der Kapitulation der deutschen Streitkräfte in Europa in die Hände fielen, unanfechtbares Beweismaterial. Denn wenn die Nazis Kriegsgefangene mit verbotenen Arbeiten beschäftigten, erstatteten sie der entsprechenden Armeeformation Meldung; wenn sie plünderten, legten sie lückenlose Verzeichnisse ihrer Beute an; wenn sie Juden und andere Menschen vergasten, sandten sie ausführliche Berichte an das Reichssicherheitshauptamt (RSHA); wenn sie Geiseln erschossen, schlugen sie an den öffentlichen Gebäuden Listen an, »pour décourager les autres« [»um die Übrigen zu entmutigen«, Anm. des Verlags]; wenn sie zwangsweise schmerzhafte und abscheuliche Experimente an Insassen ihrer Konzentrationslager Vornahmen, legten sie sorgfältig Handakten an. Sobald sie ein Verbrechen begingen, trugen sie mit charakteristischer Gründlichkeit dokumentarische Belege darüber zusammen.

In seinem Buch *Mein Kampf* hatte Hitler Jahre zuvor geschrieben:

> Die stärkere Rasse wird die schwächere verdrängen, denn der Lebenswille in seiner letzten Form wird die absurden Schranken der sogenannten Humanität der Individuen einreißen, um den Weg frei zu machen für die Humanität der Natur, die die Schwachen vernichtet, um ihren Platz den Starken zu geben.

Das ist das Gesetz des Dschungels; kein Wunder, dass es so viel Elend, Todesangst, Zerstörung und Tod in seinem Gefolge hatte. Und wie wurden diese verbrecherischen Pläne ausgeführt? Das deutsche Oberkommando und der Generalstab können sich nicht aller Verantwortung entziehen.

Als Hitler im Jahre 1933 durch den alten Feldmarschall von Hindenburg an die Macht berufen wurde, rümpften zweifellos viele dieser Militärs die Nase über ihn. Aber es dauerte nicht lange, bis die meisten von ihnen seine Komplizen wurden; und wer wie Werner von Fritsch nicht mitmachte, wurde mit bezeichnender Unverfrorenheit beseitigt. Von da an hatte Hitler die ganze Pyramide des deutschen Offizierskorps mit dem militärischen Ja-Sager Keitel an der Spitze geschlossen hinter sich. Diese Männer leisteten ihm Vorschub und unterstützten ihn bei der Planung und Durchführung des Aggressionskrieges und bei der Verübung zahlloser Kriegsverbrechen und Verbrechen gegen die Menschlichkeit. Erst als die Woge der Nazierfolge merklich abebbte, wurde in den Gängen des deutschen Kriegsministeriums kritisches Geflüster hörbar.

Der Internationale Militärgerichtshof zur Aburteilung der deutschen Hauptkriegsverbrecher in Nürnberg lehnte es ab, den Generalstab und das Oberkommando zu einer verbrecherischen Organisation zu erklären. Im Nürnberger Urteil wird indessen von diesen Männern gesagt:

> Sie sind in großem Maße verantwortlich gewesen für die Leiden und Nöte, die über Millionen Männer, Frauen und Kinder gekommen sind. Sie sind ein Schandfleck für das ehrenhafte Waffenhandwerk geworden. Ohne ihre militärische Führung wären die Angriffsgelüste Hitlers und seiner Nazikumpane akademisch und ohne Folgen geblieben, sie waren eine rücksichtslose, militärische Kaste. Viele dieser Männer haben mit dem Soldatentod des Gehorsams gegenüber militärischen Befehlen ihren Spott getrieben. Wenn es ihrer Verteidigung zweckdienlich ist, so sagen sie, sie hatten zu gehorchen; hält man ihnen Hitlers brutale Verbrechen vor, deren allgemeine Kenntnis ihnen nachgewiesen wurde, so sagen sie, sie hätten den Gehorsam verweigert. Die Wahrheit ist, dass sie an all diesen Verbrechen rege teilgenommen haben oder in schweigender Zustimmung verharrten, wenn vor ihren Augen größer angelegte und empörende Verbrechen begangen wurden, als die Welt je zu sehen das Unglück hatte.

Das Führerkorps, die Gestapo, der SD und die SS aber waren die Hauptinstrumente der Tyrannei, deren sich Hitler bediente. Sie waren es, die diese schrecklichen Verbrechen ausführten: die Massenmorde in den Konzentrationslagern, die Ermordung und Misshandlung von Kriegsgefangenen, die Verschleppung ausländischer Arbeiter zur Zwangsarbeit, die inquisitorischen Verhöre, die Folterungen und die Experimente an menschlichen Versuchskaninchen. Dieses gefürchtete »Schwarze Korps« mit Heinrich Himmler an der Spitze lastete fünf Jahre lang gleich einer schwarzen todesschwangeren Gewitterwolke auf dem besetzten Europa.

Das erste Kapitel dieses Buches beschreibt die Entstehung, die Bildung und den Aufbau dieser Organisationen sowie die sadistische Grausamkeit, die all ihre Handlungen kennzeichnete.

I Die Instrumente der Hitlertyrannei

Unmittelbar nach seinem Machtantritt begann Hitler, mit der Nazipartei den gemeinsamen Plan, die gemeinsame Verschwörung zu verwirklichen, deren Ziele bereits in *Mein Kampf* dargelegt worden waren und die durch Verbrechen gegen den Frieden, Kriegsverbrechen und andere Verbrechen gegen die Menschlichkeit erreicht werden sollten. Der organisatorische Rahmen dieser Verschwörung war die Nazipartei; das Führerkorps bildete gleichsam den zivilen Befehlsweg, auf dem der Hauptplan in die Tat umgesetzt wurde. Jedes seiner Mitglieder wurde jährlich neu vereidigt: »Ich schwöre Adolf Hitler unverbrüchliche Treue. Ich schwöre ihm und den Führern, die er mir bestimmt, unbedingten Gehorsam.«

Vom »Führer« ausgehend, ergoss sich der Strom der Nazidoktrin über Gauleiter, Kreisleiter, Ortsgruppenleiter, Zellenleiter und Blockwarte in jedes Heim. Der Gauleiter war für den Gau, der Kreisleiter für den Kreis und der Blockwart für etwa fünfzig Haushalte verantwortlich. Jeder dieser Funktionäre hatte auf seiner Ebene einen Stab von Mitarbeitern, die das Leben der Bürger von allen Seiten her beeinflussten: auf dem Gebiet der Erziehung, der Propaganda, der Presse, des Finanzwesens und der Justiz.

Unmittelbar nach Hitler kamen die Reichsleiter: Rosenberg, von Schirach, Frick, Bormann, Frank, Ley, Goebbels und Himmler. Jeder war dem Führer für ein bestimmtes Gebiet der Nazipolitik unmittelbar verantwortlich. Sie führten die Anweisungen ihres Führers aus. Es galt als ihre Hauptaufgabe, »dem Führer in der Partei immer ein scharf geschliffenes Schwert zu erhalten«. Sie befassten sich mit der allgemeinen Politik, nicht mit Einzelheiten der Verwaltung. Der Bedeutung nach folgten an nächster Stelle die Verwaltungsfunktionäre, über die einmal gesagt wurde, dass jeder von ihnen ein kleiner Cäsar war.

Deutschland war in Gaue aufgeteilt worden, an deren Spitze jeweils ein Gauleiter stand, der dem Führer für sein Gebiet unmittelbar verantwortlich war. Der Gau war weiter unterteilt in Kreise, Ortsgruppen, Zellen und Blocks. So konnte der Nazifunktionär auf alle Gebiete des Lebens Einfluss nehmen; und der kleinste Cäsar – der Blockwart – war der größte Tyrann von allen. Er war es, der jeden Haushalt bespitzelte; er war es, der in jeder Familie einen Zuträger hatte; auf seiner Ebene bekam jeder einzelne die ganze Wucht der Nazipropaganda zu spüren.

Dem Parteihandbuch zufolge war es die Pflicht des Blockwarts, »die Verbreiter schädigender Gerüchte feststellen zu lassen« und seinen Vorgesetzten zu melden.

> Der Blockwart muss nicht nur ein Prediger und Verfechter der nationalsozialistischen Weltanschauung gegenüber den seiner politischen Betreuung anvertrauten Volks- und Parteigenossen sein, sondern er muss auch dahin wirken, dass seinem Blockbereich angehörende Parteigenossen praktische Mitarbeit leisten […].

Außerdem hatte der Blockwart über jeden Haushalt eine Akte zu führen. In der Person des Blockwarts stand jedem kleinen Deutschen sein Führer von Angesicht zu Angesicht gegenüber, und es gab eine halbe Million von ihnen. So hielt Hitler das ganze Reich am Zügel.

Wie im Frieden, so war es auch im Kriege. Es gab einen Gauleiter in Holland und einen Gauleiter im Elsass; Polen, die baltischen Staaten, die sogenannten Ostgebiete, sie alle hatten ihren Gauleiter, und die Erfahrungen, die man in den Anfängen des Nazismus im eigenen Land gemacht hatte, wurden nun im Ausland verwertet. Dasselbe System, das die Deutschen unter den Willen des Führers gezwungen hatte, sollte dazu dienen, die Völker der Länder, die von seinen Armeen überfallen worden waren und unter deutscher Besatzung standen, gleichfalls zu unterjochen.

Es gab zweifellos viele Deutsche, die niemals glühende Nazis waren. Sie betrachteten Hitler als einen gemeinen Emporkömmling und seine Spießgesellen als üble Schläger. Aber von diesen Deutschen gehörte keiner der SS an, die den Kern des Nazismus bildete und deren Mitglieder ausnahmslos fanatische Jünger ihres Führers waren, die keine andere Bindung gegenüber Gott oder den Menschen kannten.

Zu Beginn des Prozesses gegen die deutschen Hauptkriegsverbrecher in Nürnberg erschien in den Spalten einer Lokalzeitung der Bericht eines Journalisten über den Besuch eines Lagers, in dem SS-Angehörige interniert waren. Alle hatten ihm nur die eine Frage gestellt: »Was haben wir denn anderes getan als unsere Pflicht?« Wenn man die Mittäterschaft bei mehreren Millionen Morden und die Anstiftung dazu als Pflichterfüllung bezeichnen kann, dann hatten sie darüber hinaus tatsächlich kaum etwas anderes getan.

Dieses Buch enthält Kapitel über die Vernichtung der Juden, die Versklavung und Verschleppung von Arbeitern aus den besetzten Gebieten, die Erschießung von Geiseln, die Massenhinrichtung von Zivilisten sowie die Ermordung und Misshandlung von alliierten Kriegsgefangenen. Bei all diesen Verbrechen spielten die SS, der SD und die Gestapo eine führende Rolle. Im Frieden waren diese Organisationen von den Naziführern mit der »Unschädlichmachung« (ein euphemistisches Synonym für Ermordung) jeder Opposition betraut worden. Im Krieg sollten sie jeden Widerstand gegen die deutsche Besatzung brechen. Die Ähnlichkeit der Methoden, die zur Verwirklichung dieser Ziele angewandt wurden, gewährleistete, dass der normale Dienst dieser Organisationen im Frieden gleichzeitig ihre Ausbildung für den Krieg darstellte. Durch Verfolgung, Terror, Folterungen und die allgegenwärtige Drohung des Konzentrationslagers hatten sie in Deutschland Hitlers Herrschaft gesichert. Im Kriegsfalle sollten sie mit den gleichen, jetzt ausgiebig erprobten und vervollkommneten Mitteln die Einwohner der von den deutschen Truppen überfallenen und besetzten Länder niederhalten.

Im Jahre 1929, vier Jahre vor Hitlers Machtantritt, war Heinrich Himmler zum »Reichsführer SS« ernannt worden; er übernahm damals den Befehl über die Schutzstaffeln, die zu jenem Zeitpunkt nur 280 Mitglieder zählten, und ging daran, diese Truppe zu einer privaten Armee und Polizei auszubauen, in die nur zuverlässige und fanatische Anhänger des Führers aufgenommen wurden. Als Hitler Reichskanzler wurde, hatte die SS eine Stärke von 52 000 Mann erreicht. Als ihre Aufgabe wurde es bezeichnet, den Führer und die innere Sicherheit des Reiches zu schützen, und Himmler ließ niemanden im Zweifel über die Methoden, mit denen man vorzugehen beabsichtigte:

> Wir werden unablässig unsere Aufgabe, die Garanten der Sicherheit Deutschlands im Innern zu sein, erfüllen, ebenso wie die deutsche Wehrmacht die Sicherung der Ehre, der Größe und des Friedens des Reiches nach außen garantiert. Wir werden dafür sorgen, dass niemals mehr in Deutschland, dem Herzen Europas, von innen oder durch Emissäre von außen her die jüdisch-bolschewistische Revolution der Untermenschen entfacht werden kann. Unbarmherzig werden wir für all diese Kräfte, deren Existenz und Treiben wir kennen, am Tage auch nur des geringsten Versuchs, sei er heute, sei er in Jahrzehnten oder in Jahrhunderten, ein gnadenloses Richtschwert sein.

Ein gnadenloses Schwert waren sie zweifellos, aber sie kannten weder Ehre noch Gerechtigkeit.

Für solche Aufgaben brauchte man eine hochorganisierte Streitmacht, und so wurde die aus zwölf Hauptämtern bestehende Oberste Führung der SS gebildet. Der Kern der SS, die Allgemeine SS, war der Stamm, von dem sich die übrigen Organisationen abzweigten. Sie war nach militärischen Gesichtspunkten aufgebaut und gliederte sich in Oberabschnitte, Abschnitte, Standarten und andere untere Formationen bis hinunter zu den Scharen. Bei Kriegsausbruch zählte sie in ihren Reihen 240 000 Schurken übelster Sorte. Ihre Mitglieder waren in der Regel nicht auf bestimmte Aufgaben spezialisiert; sie wurden zu jeder Art von SS-Dienst herangezogen und waren, um einen Ausdruck aus dem Militärwesen zu benutzen, die gemeinen Soldaten der Schutzstaffeln. Es war eine ihrer abscheulichen Aufgaben, das Personal für die Konzentrationslager zu stellen, und fast alle Wachmannschaften dieser Lager kamen aus den Reihen der Allgemeinen SS.

Der Bedeutung nach folgte an nächster Stelle der Sicherheitsdienst, der später im ganzen besetzten Europa ebenso wie im Reich selbst unter den gefürchteten Initialen SD bekannt wurde. Ursprünglich nur der Geheimdienst der SS, erlangte er, nachdem Hitler zum Reichskanzler gemacht worden war, immer größere Bedeutung, und 1939 war er eine der Hauptabteilungen des RSHA. Sein Chef, Reinhard Heydrich, hatte ihn inzwischen zu einem weitverzweigten Spionagesystem ausgebaut, das mit Argusaugen das Privatleben jedes deutschen Bürgers überwachte und zum alleinigen Spionage- und Gegenspionageorgan der Nazipartei wurde.

Drei Jahre nach Hitlers Machtantritt wurde Himmler unter Beibehaltung seiner Funktion als Reichsführer SS zum Chef der Polizei im Innenministerium ernannt, und damit begann die Reorganisation der deutschen Polizei. Sie wurde in zwei verschiedene Zweige aufgegliedert: die uniformierte Polizei oder Ordnungspolizei (Orpo) und die Sicherheitspolizei (Sipo), die 1939 mit dem SD unter der Leitung des RSHA zusammengefasst wurde.

Die Geheime Staatspolizei oder Gestapo, wie sie allgemein hieß, war eine staatliche Organisation. Sie wurde 1933 in Preußen durch Göring ins Leben gerufen. Sie war eine politische Polizei. Im Gegensatz zur gewöhnlichen Polizei befasste sie sich nicht mit der Verhütung und Aufdeckung von Verbrechen, sondern mit der Unterdrückung jedes unabhängigen politischen Denkens und jeder individuellen politischen Überzeugung. Ihre Aufgabe war es, jede Opposition gegen das Hitlerregime zunichte zu machen.

Schließlich war das System der Unterdrückung völlig ausgebaut; in der Mitte dieses Spinnennetzes saß Himmler, umgeben von seiner SS, und dahinter reckte sich drohend der Schatten der Konzentrationslager. So wurde Deutschland »ganz und gar vom Nationalsozialismus ergriffen«, wie sich Hitler 1938 in einer Reichstagsrede ausdrückte. So wurde die Nation mobilisiert. Und zu welchem Zweck? Für die Aggression, für die Eroberung, für die Weltherrschaft, für den totalen Krieg. Und der Krieg kam – mit Invasionen und Erfolgen, bis zwei Drittel Europas den deutschen Stiefel im Nacken hatten. Und die SS, der SD und die Gestapo waren zur Stelle, damit es so bliebe. Die Maschine der Nazityrannei war gut geschmiert. Jahre zuvor mit Sorgfalt und Geschick entworfen und konstruiert, war sie schon in Friedenszeiten praktisch erprobt worden. Nun sollte ihre große Stunde kommen!

Bei ihrem Vorstoß auf feindliches Territorium wurden die deutschen Armeen von sogenannten Einsatzgruppen der Sipo und des SD begleitet, die eigens zu diesem Zweck gebildet worden waren und von Gestapo- und Kripoangehörigen im Range von SS-Offizieren befehligt wurden. Die Mannschaften der Einsatzgruppen waren Angehörige der Waffen-SS und der Orpo. Ihre Einheiten wurden den Armeegruppen und Armeen zugeteilt und operierten gewöhnlich in der Etappe. Sie standen zwar unter dem taktischen Befehl des Armeebefehlshabers, erhielten ihre Sonderaufgaben jedoch vom RSHA, dem sie direkt verantwortlich waren. Wenn diese Sonderaufgaben erfüllt waren und die Kampfhandlungen weiter vorrückten, erhielt das Besatzungsregime eine weniger provisorische Basis. Die Einsatzgruppen wurden zu Standquartieren der Sipo und des SD mit eigenen Zuständigkeitsbereichen. Sie hatten unter dem Militärbefehlshaber des besetzten Gebietes, aber unabhängig von ihm, ihren eigenen Befehlsweg mit direkter Verbindung zum Chef der Sicherheitspolizei und des SD. In den von deutschen Truppen besetzten Ländern war das ausführende Organ gewöhnlich die Gestapo, die eine viel breitere Organisation darstellte als der SD oder die Kripo. Von 1943 bis 1945 hatte sie rund 50 000 Mitglieder, während die Kripo und der SD nur 15 000 bzw. 3 000 zählten. Die Initialen SD dienten gewöhnlich im deutschen Spionage- und Polizeidienst offiziell und inoffiziell gleichzeitig als Bezeichnung für die

Sipo und den SD, und in diesem Sinne werden sie auch in den weiteren Kapiteln dieses Buches verwendet. In den besetzten Ländern trugen die Gestapoangehörigen, wenn sie nicht in Zivil arbeiteten, im Allgemeinen den schwarzen Uniformrock der SS mit dem Abzeichen des SD.

Vom Anfang bis zum Ende des Krieges waren die SS-Leute Spezialisten für »Schweinereien«, und nicht zufällig wurden gerade sie damit betraut, den Auftakt zur Invasion Polens zu geben. Alles war sorgfältig für den Überfall vorbereitet. Am 22. August 1939 machte Hitler in einer Rede vor seinen Oberbefehlshabern auf dem Obersalzberg folgende Ausführungen:

> Die Vernichtung Polens steht im Vordergrund. Das Ziel ist die Beseitigung der lebendigen Kräfte, nicht das Erreichen einer bestimmten Linie. Ich werde einen propagandistischen Anlass zur Auslösung des Krieges geben, gleichgültig ob er glaubhaft ist. Der Sieger wird später nicht danach gefragt, ob er die Wahrheit gesagt hat oder nicht [...]. Ich habe nur Angst, dass mir noch im letzten Moment irgendein Schweinehund einen Vermittlungsplan vorlegt [...]. Der Weg für den Soldaten ist frei, nachdem ich die politischen Vorbereitungen getroffen habe.

Und zu diesem Zweck inszenierten die Nazis mit Hilfe der SS Grenzzwischenfälle. Einer von ihnen war der Überfall auf den Sender Gleiwitz an der polnischen Grenze. Durch diese Aktion, die als »Unternehmen Himmler« bekannt war, sollte der Anschein erweckt werden, als sei von polnischer Seite ein Überfall auf den Sender verübt worden. Reinhard Heydrich sagte bei der Instruktion des SD-Beamten, der die Aktion ausführen sollte: »Ein handfester Beweis für polnische Angriffe ist für die Auslandspresse und für die deutsche Propaganda nötig.«

Fünf oder sechs SD-Leute sollten den Rundfunksender angreifen und lange genug besetzt halten, dass ein Polnisch sprechender Deutscher aus ihrer Begleitung eine Rede in polnischer Sprache halten konnte. Darin sollte gesagt werden, dass jetzt die Zeit für einen

Konflikt zwischen Deutschland und Polen gekommen sei; alle Polen müssten sich zusammenschließen und jeden Deutschen niedermachen, der ihnen Widerstand leiste. Nach Erhalt dieser Instruktionen begab sich der Einsatzleiter nach Gleiwitz, wo er auf das Stichwort von Heydrich warten sollte. Bei dieser Gelegenheit suchte er Heinrich Müller auf, den Chef des Amtes IV des RSHA, der sich zu der Zeit im gleichen Bezirk aufhielt und der ihm von einem weiteren geplanten Grenzzwischenfall berichtete. Diesmal sollten Angriffe polnischer Soldaten auf deutsche Truppen vorgetäuscht werden. Die Gestapo wollte für dieses Unternehmen eine Anzahl verurteilter Krimineller zur Verfügung stellen, die in polnischer Uniform tot auf dem Schauplatz der Handlung Zurückbleiben sollten, nachdem man ihnen zuvor tödlich wirkende Spritzen verabreicht und mit Gewehren Schusswunden beigebracht hätte. Dadurch sollte der Eindruck erweckt werden, als seien diese »Polen« bei einem Angriff auf deutsche Truppen gefallen. Einen dieser Strohmänner, die in allen Korrespondenzen mit dem Deckwort »Konserven« bezeichnet wurden, wollte die Gestapo auch für das Gleiwitzunternehmen zur Verfügung stellen.

Der Zwischenfall von Gleiwitz ereignete sich am Abend vor der deutschen Invasion Polens; er wurde von dem SS-Führer des Stoßtrupps folgendermaßen beschrieben:

> Am Mittag des 31. August 1939 bekam ich von Heydrich per Telefon das Schlüsselwort, dass der Anschlag um acht Uhr abends desselben Tages zu erfolgen habe. Heydrich sagte: »Um diesen Anschlag auszuführen, melden Sie sich bei Müller wegen der ›Konserven‹.« Ich tat dies und wies Müller an, den Mann in der Nähe der Radiostation abzuliefern. Ich […] ließ ihn am Eingang der Station hinlegen. Er war am Leben, aber nicht bei Bewusstsein. Wir nahmen die Radiostation wie befohlen, hielten eine drei oder vier Minuten lange Rede über einen Notsender, feuerten einige Pistolenschüsse ab und verließen den Platz.

Und wie die SS den Vorhang zur Invasion Polens aufgezogen hatte, so sollte sie ihn am Schluss der Vorstellung auch fallen lassen. Im

April 1945 arbeitete Obergruppenführer Ernst Kaltenbrunner Pläne für die Zerstörung der Konzentrationslager und die Beseitigung all ihrer Insassen aus. Alle Beweise für das Ausrottungsprogramm sollten vernichtet werden. Diese Pläne, die unter den Deckworten »Wolke A-1« und »Feuerwolke« bekannt waren, kamen niemals zur Ausführung. Das Drama endete, ehe der Vorhang fallen konnte.

Der SD und die Gestapo waren gemeinsam für den Massenmord an Millionen unschuldiger Zivilisten in den besetzten Gebieten und für die Folterung und Misshandlung von Tausenden weiterer Menschen verantwortlich. »Nacht-und-Nebel«-Gefangene, Geiseln, alliierte Soldaten, Seeleute und Flieger, die an Stoßtruppkommandos teilgenommen hatten – sie alle wurden dem SD zur »Sonderbehandlung« übergeben.[1] Durch das System der Einsatzgruppen waren der SD und die Gestapo auch für die Ermordung von zahllosen Juden im Rahmen des »Endlösungs«-Programms verantwortlich.

In einem späteren Kapitel dieses Buches findet sich ein Bericht über das Blutbad, das diese Gruppen in der Ukraine und auf der Krim unter Obergruppenführer Ohlendorf anrichteten, zu dessen Aussagen einer der Anwälte der Vereinigten Staaten von Amerika im Nürnberger Prozess sagte:

> Die Menschheit wird nicht sobald seine ekelerregende Schilderung der verderbten Totschläger vergessen, denen sich selber der Magen umdrehte bei dem entsetzlichen Anblick, der sich ihnen beim Öffnen der Türen dieser Todes wagen am Rand der Gräber bot. Das waren die Männer, die mit der Zigarette im Mund am Rand von Panzergräben saßen und ihren nackten Opfern mit automatischen Waffen kaltblütig ins Genick schossen. Das waren die Männer, die ihren eigenen Leichenzählungen zufolge rund zwei Millionen Männer, Frauen und Kinder ermordeten. Das waren die Männer des SD.

Sie gingen in ihren Methoden manchmal so weit, dass es selbst Leuten wie dem Generalkommissar für Weißruthenien zu viel war. Nachdem der SD auf Litauen losgelassen worden war, wandte sich dieser Kommissar über den Gauleiter von Riga schriftlich an Rosenberg, der damals Reichsminister für die besetzten Ostgebiete war, und wies, fast noch in entschuldigendem Ton, darauf hin, dass das Verhalten des SD »beinahe an Sadismus grenze«. Nach den Einzelheiten seines Berichtes zu urteilen, dürfte das jedoch noch eine beschönigende Bezeichnung gewesen sein.

> Dass man Schwerverwundete lebendig begraben hat, die sich dann aus den Gräbern wieder herausgearbeitet haben, ist eine so bodenlose Schweinerei, dass der Vorfall dem Führer und dem Reichsmarschall gemeldet werden müsste. […] Die Zivilverwaltung in Weißruthenien gibt sich die größte Mühe, die Bevölkerung entsprechend den Weisungen des Führers und des Reichsministers für Deutschland zu gewinnen. Mit den hier geschilderten Methoden lässt sich dieses Bemühen nicht in Einklang bringen.

In den Kriegsgefangenenlagern wurden Sonderbeauftragte des SD und der Gestapo stationiert, um die Gefangenen zu sieben und alle auszusondern, die sie für rassisch oder politisch unerwünscht hielten. Diese Gefangenen wurden dann zwecks »Sonderbehandlung«, was im Todesvokabular der SS Ermordung bedeutete, ins Konzentrationslager gebracht. Der SD war auch zusammen mit der Gestapo für die Ausführung des »Kugelerlasses« vom vierten März 1944 verantwortlich. Nach diesem Erlass sollten geflüchtete kriegsgefangene Offiziere und Unteroffiziere, mit Ausnahme der britischen und amerikanischen, bei ihrer erneuten Festnahme ausnahmslos dem SD übergeben werden. Sie kamen dann ins Konzentrationslager Mauthausen, wo sie durch Genickschuss umgebracht wurden.

Die genannten Organisationen wurden außerdem von Reichsminister Fritz Sauckel dazu benutzt, gewaltsam ausländische Arbeiter für sein Sklavenarbeitsprogramm zu beschaffen. Sie halfen, das Projekt in den besetzten Gebieten zu verwirklichen, und wenn die unglücklichen Verschleppten in Deutschland eintrafen, wurden sie von der Gestapo überwacht. Diese war auch dafür verantwortlich, dass sie bei einer etwaigen Flucht aus den Arbeitslagern, in denen sie für die Dauer ihrer physischen Arbeitsfähigkeit interniert waren, wieder festgenommen wurden.

Im August 1942 erließ Keitel einen Befehl, demzufolge der SD und die Gestapo unverzüglich Gegenmaßnahmen ergreifen sollten, wenn über dem besetzten Gebiet oder über Deutschland einzelne Fallschirmspringer mit Sonderaufträgen abgesetzt werden: »Soweit Einzelabspringer durch Angehörige der Wehrmacht festgenommen werden, sind sie unter Benachrichtigung der zuständigen Abwehrstelle unverzüglich der nächsten Dienststelle des Chefs der Sicherheitspolizei und des SD zu übergeben.«

Viele solcher »Einzelgänger« wurden während der Besetzung über Frankreich abgesetzt, wo sie Verbindung zur französischen Widerstandsbewegung aufnehmen und mit ihr zusammenarbeiten sollten. Es war Aufgabe des SD und der Gestapo, diese Personen ausfindig zu machen und sich mit ihnen zu befassen; wurden sie von der Wehrmacht gefangengenommen, mussten sie unverzüglich dem SD übergeben werden. Nach der Vernehmung kamen sie in ein Konzentrationslager, aus dem nur wenige zurückkehrten. Auch eine Anzahl junger Frauen, die auf Veranlassung der französischen Abteilung des britischen Kriegsministeriums von England aus über Frankreich abgesetzt wurden, fanden auf diese Weise den Tod.[2]

Im Oktober 1942 erließ Hitler persönlich den »Kommandobefehl«, der besagte, dass alle Angehörigen der alliierten Streitkräfte, die sich an Kommandounternehmen beteiligten, nach ihrer Gefangennahme getötet werden würden. Mitglieder solcher Kommandos, die einzeln als Agenten oder Saboteure arbeiteten und in irgendeinem besetzten Land der Wehrmacht oder der Zivilpolizei in die Hände fielen, mussten nach diesem Befehl sofort dem SD übergeben werden. Diese Männer, die Uniformen trugen und offen auf feindlichem Gebiet landeten, hatten Anspruch darauf, als Kriegsgefangene behandelt zu werden. In Ausführung des Führerbefehls wurden sie jedoch in großer Zahl von den deutschen Truppen, deren Gefangene sie waren, dem SD übergeben. Die meisten von ihnen wurden dann innerhalb von 24 Stunden hingerichtet, während einige wenige ins Konzentrationslager kamen.

In einigen der besetzten Länder erhielten der SD und die Gestapo auch die Vollmacht, Personen, die sich selbst nichts hatten zuschulden kommen lassen, aber mit angeblichen Rechtsbrechern verwandt waren, nach eigenem Gutdünken hinzurichten oder ins Konzentrationslager zu schicken. Diese typisch nazistische Methode, sich an den unschuldigen Angehörigen von Widerstandskämpfern, die der Festnahme bisher entgangen waren, zu rächen, trug die hochtrabende Bezeichnung »Sippenhaft«. Derartige Vollmachten erhielt die Gestapo zum Beispiel Mitte 1944 in Polen, als sich die Lage dort verschärft hatte und die »härtesten Maßnahmen« gegen »volksfremde Mörder und Saboteure« ergriffen werden sollten.

Der Reichsführer SS befahl daher im Einvernehmen mit dem Generalgouverneur Hans Frank, bei Anschlägen auf Deutsche und bei Zerstörung lebenswichtiger Anlagen durch Gegner des Besatzungsregimes nicht nur den Schuldigen zu erschießen, sondern alle seine männlichen Verwandten hinzurichten und die weiblichen Angehörigen im Alter von über sechzehn Jahren ins Konzentrationslager zu schicken.

Die Gestapo führte auch Verhöre »dritten Grades« an Kriegsgefangenen durch. Zu ihren Methoden gehörten »Brot- und Wasserdiät, schwerer Kerker, Dunkelhaft, Schlafentzug, erschöpfender Drill und Auspeitschen«. Auch das Abreißen von Finger- und Zehennägeln diente als Mittel, um widerspenstige Gefangene zum Reden zu bringen.

Im ganzen besetzten Europa und in Deutschland selbst wurden nur wenige Kriegsverbrechen an der Zivilbevölkerung begangen, bei denen die SS, die Gestapo und der SD nicht eine führende Rolle spielten. Sie ermordeten Hunderttausende Männer, Frauen und Kinder; sie erschossen Kriegsgefangene, die entkommen und wieder festgenommen worden waren, unter dem Vorwand eines erneuten Fluchtversuchs; sie errichteten, bewachten und verwalteten die Konzentrations- und Zwangsarbeitslager; sie räumten Ghettos, brannten sie nieder und schickten ihre Bewohner in Vernichtungslager; sie verschleppten Hunderttausende ausländische Arbeiter zur Zwangsarbeit nach Deutschland; sie richteten gefangengenommene Mitglieder von Kommandounternehmen und Fallschirmspringer hin, und sie schützten deutsche Zivilisten, die alliierte Flieger lynchten.

In einer Rede zum Tag der Polizei sagte ihr Chef, Reinhard Heydrich:

> Die Geheime Staatspolizei, die Kriminalpolizei und der SD sind immer noch von der Heimlichtuerei und dem Geraune einer politischen Detektivgeschichte umgeben. Brutalität, an Sadismus grenzende Unmenschlichkeit und Rücksichtslosigkeit werden den Männern dieses Berufes im Ausland zugeschrieben.

Der dritte und letzte Zweig der Schutzstaffeln war die Waffen-SS, eine speziell für den Aggressionskrieg ausgebildete Truppe. Ihre Entstehung wurde in einem amtlichen Naziorgan, dem Organisationsbuch der Nazipartei für das Jahr 1943, wie folgt beschrieben:

> Die Waffen-SS entstand aus dem Gedanken heraus, dem Führer eine auserlesene, länger dienende Truppe für die Erfüllung besonderer Aufträge zu schaffen. Diese soll es den Angehörigen der Allgemeinen SS sowie Freiwilligen, die den besonderen Bedingungen der Schutzstaffel entsprechen, ermöglichen, auch mit der Waffe in der Hand im Kriege in eigenen Verbänden zum Teil im Rahmen des Heeres für die Verwirklichung der nationalsozialistischen Idee zu kämpfen.

Aber erst bei Ausbruch des Krieges trat diese Streitmacht unter der Bezeichnung »Totenkopfverbände der Waffen-SS« in Erscheinung; aus diesen wurden später die SS-Totenkopfdivisionen, die sich gleich zu Beginn des Krieges, im Mai 1940, in Paradis (Pas de Calais) mit unauslöschlicher Schmach beluden.[3]

Die Waffen-SS war Himmlers »Leibgarde«. Sie unterstand zwar dem taktischen Befehl der höheren Wehrmachtsformationen, wurde jedoch durch die Verwaltungsorgane der SS, denen sie auch in disziplinarischer Hinsicht unterstellt war, ausgerüstet und versorgt. Himmler erwartete von ihr keine ritterliche Kampfesweise, und in einer Rede auf einer Konferenz kommandierender SS-Offiziere sagte er einmal, jeder SS-Rekrut müsse durch und durch von der Notwendigkeit durchdrungen sein, standzuhalten und den Rassenkampf unbarmherzig zu führen.

In den letzten Jahren ist in Deutschland ein ganzes Heer von Apologeten der Waffen-SS aufgetreten, und deutsche Generäle, die als Kriegsverbrecher verurteilt, aber inzwischen durch Gnadenakt wieder freigelassen wurden, halten auf »Stahlhelm-Treffen«[4] entrüstete Reden zu ihrer Verteidigung. Die Männer der Waffen-SS, erklären diese Generäle, seien einfache, aufrechte Soldaten gewesen, die ritterlich für ihr Vaterland und ihren Führer gekämpft hätten, und es wäre eine Beleidigung für die Lebenden und die Toten, die Formation, in der zu dienen sie die Ehre gehabt hätten, als verbrecherisch zu brandmarken. Die wohlerwogene Meinung des Internationalen Militärgerichtshofs in Nürnberg aber wurde im Urteil wie folgt formuliert:

> Es ist erwiesen, dass die Erschießung von unbewaffneten Kriegsgefangenen in einigen Waffen-SS-Divisionen allgemeine Praxis war […] Einheiten der Waffen-SS […] waren auch an der weit verbreiteten Ermordung und Misshandlung von Angehörigen der Zivilbevölkerung der besetzten Gebiete beteiligt. […] Divisionen der Waffen-SS waren für viele Massaker und Grausamkeiten in den besetzten Gebieten – so zum Beispiel für das Blutbad in Oradour und in Lidice – verantwortlich […]. Die Tat eines Angehörigen der Waffen-SS, der im September 1939 in Polen, ganz aus eigenem Antrieb, fünfzig jüdische Arbeiter, die er bewachte, tötete, wurde in der Beurteilung dahingehend beschrieben, dass er als SS-Mann ›besonders empfindlich gegen den Anblick von Juden‹ sei, und dass er ›aus jugendlichem Abenteuergeist gedankenlos‹ gehandelt habe, und eine Strafe von drei Jahren Gefängnis wurde unter einer Amnestie aufgehoben.

Das ist alles natürlich richtig; aber so viel kann man zugunsten der Waffen-SS sagen, insofern unterschied sie sich von der eigentlichen

SS: Ihre Angehörigen waren Amateure des Verbrechens. Ihr Beruf war das Soldatentum; ihre Aufgabe war der Kampf, und Angelegenheiten wie Oradour-sur-Glane hatten den Charakter von Nebenvorstellungen. Die Berufsverbrecher waren die Allgemeine SS, die Gestapo und der SD.

Jeder Bericht über diese verbrecherischen Organisationen wäre unvollständig, wenn man nicht auch mit einigen Worten die Hitlerjugend erwähnte, die das Treibhaus für die künftigen SS-Männer war. Diese Organisation jugendlicher Fanatiker wurde von Baldur von Schirach in den Anfängen der Nazibewegung geschaffen. Ihre Mitglieder waren einer intensiven Beeinflussung durch die Nazipropaganda ausgesetzt; man predigte ihnen die Ungerechtigkeit des Versailler Vertrages, die Notwendigkeit der Gewinnung von Lebensraum, die Herrenrassentheorie, das Führerprinzip und viele andere widerliche Nazidoktrinen und lehrte sie, wie der Nürnberger Gerichtshof in seinem Urteil sagte, die »edle Bestimmung der deutschen Jugend, für Hitler zu sterben«. Von Schirach pflanzte »die große Tradition des Sterbens für eine heilige Sache in die junge Generation in der Gewissheit, dass ihr Blut einst den Weg in die erträumte Freiheit bahnen würde«.[5]

In den Jahren vor 1933, als die Nazipartei sich noch auf einem Tiefpunkt befand und das Tragen ihrer Uniformen illegal war, reiste von Schirach kreuz und quer durch Deutschland und forderte die deutsche Jugend auf, in die HJ einzutreten. »Die HJ«, sagte er, »gewann in dieser Zeit ihr bestes Menschenmaterial. Wer in dieser Verbotszeit zu uns stieß […], setzte alles aufs Spiel […]. Wir fuhren mit Pistolen in der Manteltasche durch das Ruhrgebiet, während die Steine hinter uns herflogen.«

Damals gab es noch viele, die in Adolf Hitler nur den Emporkömmling Schickelgruber sahen. Es war zu erwarten, dass ein Teil der älteren Deutschen, die die Traditionen des Hohenzollern-Deutschland kannten und zurücksehnten, nicht gerade begeistert mit dem neuen Regime zusammenarbeiten würden, ohne freilich aktiv dagegen zu sein. So erschien es äußerst wünschenswert, dass eine neue Generation heranwüchse, die kein anderes Deutschland als das Hitlers kannte. Aber die HJ diente nicht nur dazu, die jungen Menschen neben dem Schulunterricht mit der Ideologie und den Absichten der Nazipartei vertraut zu machen; 1938 wurde sie zu einer natürlichen Rekrutierungsbasis für die SS ausgebaut. Den Auftakt dazu bildete die Einrichtung des Streifendienstes, der faktisch eine eigene Polizei der HJ darstellte. In einer Vereinbarung über die Organisierung des Streifendienstes legten Himmler und von Schirach fest, dass er ähnliche Aufgaben wie die SS erfüllen und als »Sondereinheit zur Sicherstellung des Nachwuchses für die Allgemeine SS« aufgebaut werden sollte.

Auch Rekruten für die Totenkopfverbände der Waffen-SS und für die Junkerschulen sollten aus den Reihen des Streifendienstes gewonnen werden. Damit begann die schrittweise Militarisierung der HJ. Sie wurde nach militärischen Gesichtspunkten organisiert; man führte militärähnliche Ränge ein, und im August 1939 stellte Keitel fest, es würden bereits jährlich 30 000 HJ-Führer im Felddienst ausgebildet. Eine Vereinbarung mit der Wehrmacht werde es ermöglichen, die Zahl zu verdoppeln. Durch diese Ausbildung sollte erreicht werden, »dass sich ein Gewehr in den Händen eines deutschen Jungen ebenso natürlich anfühlt wie eine Feder«, wie von Schirachs Stellvertreter einmal sagte. Während des Krieges, der dieser Vereinbarung auf dem Fuße folgte, begingen Tausende ehemaliger HJ-Mitglieder, die nun in der Waffen-SS dienten, überall in den besetzten Gebieten Kriegsverbrechen wie die Massaker von Oradour-sur-Glane und Paradis. Viele Tausend weitere blutrünstige Strolche brannten darauf, die Stelle der Gefallenen einzunehmen.

Das waren die Instrumente der Hitlertyrannei. Das ganze Buch hindurch werden uns ihre Namen und Untaten immer wieder begegnen. Sie waren die Fäden in dem riesigen Gespinst der Nazikriegsverbrechen. Sie standen hinter jeder Bestialität, hinter jeder Brutalität. Himmler konnte mit Recht stolz auf sie sein, und Europa hatte allen Grund, sie zu fürchten.

II Misshandlung und Ermordung von Kriegsgefangenen

In alten Zeiten wurden Kriegsgefangene entweder niedergemetzelt oder in die Sklaverei geführt. Im Mittelalter wurden sie eingekerkert, ausgetauscht oder gegen Lösegeld freigelassen. Im siebzehnten Jahrhundert begann man, sie als Gefangene des Staates und nicht als persönliches Eigentum derjenigen zu betrachten, die sie gefangengenommen hatten. Aber auch dann wurden sie noch oft sehr grausam behandelt; sie litten große Entbehrungen und waren den verschiedensten Erniedrigungen ausgesetzt.

Erst im achtzehnten Jahrhundert setzte sich nach und nach die Auffassung durch, dass der Zweck der Gefangenhaltung im Gegensatz zur gewöhnlichen Inhaftierung lediglich darin bestehe, die Kriegsgefangenen daran zu hindern, sich wieder ihren eigenen Streitkräften anzuschließen und erneut zu den Waffen zu greifen. Grundlage der völkerrechtlichen Bestimmungen über die Behandlung der Kriegsgefangenen bildete bei Ausbruch des Krieges im Jahre 1939 die Genfer Kriegsgefangenen-Konvention, die am 27. Juli 1929 unterzeichnet worden war. In der Präambel der Konvention gaben die Unterzeichnerstaaten ihrem Wunsch Ausdruck, die unvermeidlichen Härten des Krieges soweit wie möglich zu mildern und die Lage der Kriegsgefangenen zu erleichtern.

Nichtsdestoweniger setzte sich Deutschland im Zweiten Weltkrieg wiederholt über die Bestimmungen der Konvention hinweg. Kriegsgefangene wurden brutal misshandelt, mit verbotenen und gefährlichen Arbeiten beschäftigt, dem SD zur »Sonderbehandlung« übergeben, von deutschen Zivilisten gelyncht, in Konzentrationslager gebracht und nach missglückten Fluchtversuchen erschossen. Oft wurden sie sogar gleich bei der Gefangennahme niedergemetzelt, wenn sie ihre Waffen niedergelegt und sich ergeben hatten.

Am 26. Mai 1940, sechzehn Tage nachdem Hitler seine große Offensive gegen den Westen begonnen hatte, befand sich das britische Expeditionskorps überall auf dem Rückzug. Nur ein Teil der britischen Kräfte hielt sich noch im Pas de Calais und sicherte die Kanalhäfen.

Bei Anbruch der Dunkelheit hatte das 1. Bataillon des 2. Regiments der SS-Totenkopfdivision den La-Bassée-Kanal überquert und eine Stellung in der Nähe von Mont Bernechon bezogen. Am nächsten Morgen stießen die SS-Leute über Le Cornet-Malo vor, und im Laufe des Vormittags erreichten sie die Ortschaft Paradis, wo noch Reste des 2. Bataillons des Norfolk-Regiments einschließlich des Bataillonsstabes lagen.

Um elf Uhr dreißig erhielt der rangälteste Offizier der Überlebenden, Major Ryder, der zu dieser Zeit das Bataillon befehligte, eine Meldung vom Brigadestab. Darin wurde ihm mitgeteilt, dass die Norfolks abgeschnitten seien und von der Brigade keinerlei Unterstützung und keine Nachricht mehr erwarten könnten. Gegen Mittag, als die Munition verbraucht und weiterer Widerstand nicht mehr möglich war, zog Major Ryder die Außenposten zurück und beschloss, einen Übergabeversuch zu machen.

Der erste Versuch scheiterte. Drei Angehörige des Norfolk-Regiments, die sich ohne Schusswaffen mit einem weißen Handtuch ins Freie begaben, wurden von den Deutschen sofort niedergeschossen. Beim zweiten Versuch wurde die Kapitulation angenommen. Aus dem Friedhof und den umliegenden Häusern kamen etwa hundert Überlebende zusammen, die von den Deutschen gefangengenommen wurden. Eine Anzahl Schwerverwundeter wurde in den Kellern des Bataillonsstabes unter der Obhut des Sanitätsoffiziers zurückgelassen, die übrigen mussten auf der Rue Paradis antreten, von wo sie in westlicher Richtung abgeführt wurden.

Nachdem die Gefangenen eine kurze Strecke gegangen waren, hielt man sie wieder an, um sie zu durchsuchen. Dabei waren sie den verschiedensten Beleidigungen und schweren Misshandlungen ausgesetzt. Viele wurden von den SS-Männern, deren Offiziere dabei tatenlos zusahen, mit Gewehrkolben über den Kopf geschlagen. Vor der Übergabe hatten die Norfolks all ihre Waffen vernichtet; was sie an persönlichen Dingen noch bei sich hatten, wurde ihnen bei der Durchsuchung zusammen mit ihren Ausrüstungsgegenständen abgenommen. Nach einer ganzen Weile ließ man sie denselben Weg wieder zurückmarschieren, bis sie, völlig arglos, an ein kleines Feld in der Nähe eines Bauernhauses gelangten. Hier sollte das Massaker stattfinden.

Auf dem Feld waren zwei Maschinengewehre der 4. Kompanie des Totenkopfbataillons in Stellung gebracht worden; der Kompanieführer, Fritz Knochlein, wartete mit einer Gruppe von Offizieren und Unteroffizieren am Straßenrand. Auf seinen Befehl wurden die Gefangenen mit den Händen im Nacken auf das Feld geführt. Dann gab Knochlein den Befehl, zu schießen, der von dem für den MG-Halbzug verantwortlichen Feldwebel weitergegeben wurde.

Beide Maschinengewehre eröffneten zur gleichen Zeit das Feuer. Von rechts nach links bestrichen sie die Kolonne der britischen Gefangenen, die in diesem Augenblick grade über die Schusslinie marschierten und sogleich niedergemäht wurden; einige fielen in eine kleine Bodenvertiefung, was den Soldaten Pooley und O'Callaghan, den beiden einzigen Überlebenden, das Leben rettete, wenn sie auch beide verwundet wurden. Als der Beschuss aufhörte, stürzten sich die Deutschen mit aufgepflanztem Bajonett auf die am Boden Liegenden und töteten alle, die noch Lebenszeichen von sich gaben. Auch die Offiziere und Unteroffiziere schossen mit Pistolen und Gewehren.

Der Besitzer des Gehöftes, der sein Haus während der Kämpfe verlassen hatte, fand am folgenden Tag bei seiner Rückkehr mehr als 200 leere Patronenhülsen an der Stelle, wo die Maschinengewehre gestanden hatten.

Die beiden Überlebenden verhielten sich still, bis die Nacht hereinbrach; dann krochen sie unter dem Leichenhaufen hervor. Drei Tage lang hielten sie sich in einem ausgebrannten Bauernhaus versteckt, wo sie von einer Französin gefunden wurden, die ihnen, soweit es ihr möglich war, trotz der damit verbundenen großen Gefahr beistand und von Zeit zu Zeit etwas zu essen brachte. Schließlich wurden sie von einem französischen Krankenwagen ins Hospital von Bailleul gebracht. Dort fielen sie erneut den Deutschen in die Hände, die sie später als Kriegsgefangene nach Deutschland brachten. Pooley wurde als Schwerverletzter entsprechend den Bestimmungen der Genfer Kriegsgefangenen-Konvention im Jahre 1943 nach England repatriiert, und als er dort den britischen Militärbehörden von seinen Erlebnissen berichtete, wollte ihm zuerst niemand glauben.

Knochleins Kompanie machte sich nicht einmal die Mühe, die Leichen zu beerdigen, und verbrachte die Nacht, einen Steinwurf vom Schauplatz ihres Verbrechens entfernt, mit einem Saufgelage. Die Leichen, die später bestattet worden waren, wurden 1942 auf Veranlassung der französischen Behörden exhumiert und auf den Friedhof von Paradis übergeführt. Bei der Exhumierung konnten etwa fünfzig Opfer identifiziert werden; die übrigen liegen in namenlosen Gräbern. Bei der Untersuchung der Leichen wurde festgestellt, dass einige der niedergemetzelten Gefangenen bereits im Kampf leicht verwundet worden waren, denn an Händen, Armen und Beinen fanden sich noch die Spuren von Verbänden.

Zur Zeit des Massakers[1] unterstand die Totenkopfdivision, zu der Knochleins Einheit gehörte, dem 16. Armeekorps, das von einem Wehrmachtsgeneral befehligt wurde. Irgendjemand informierte das Korpshauptquartier von dem Vorgefallenen, und der Divisionskommandeur erhielt Befehl, einen Bericht zu geben. Da seine Ausführungen unbefriedigend waren, wurde ihm ein Fragebogen mit dem Ersuchen um sofortige Beantwortung zugestellt. Als die Totenkopfdivision den Bereich des Korps verließ, war noch keine Antwort auf den Fragebogen eingegangen. Der Korpskommandeur erstattete daraufhin den höheren Stellen einen ausführlichen Bericht, aber obgleich dieses Dokument schließlich noch nach Berlin weitergeleitet wurde, ist niemals irgendetwas unternommen worden. Zweifellos hat kein anderer als der Chef der Waffen-SS, Heinrich Himmler, damals persönlich eingegriffen, denn es war sicherlich kein Zufall, dass die Totenkopfdivision am 29. Mai, als sie in Bailleul in Quartier lag, von ihm besucht wurde.

Aber die Erschießung der Norfolks in Paradis war nicht der einzige Fall der Ermordung alliierter Kriegsgefangener, die ihre Waffen niedergelegt und sich ergeben hatten. Am 17. Dezember 1944 wurden während der Ardennenoffensive, auf die Gerd von Rundstedt vergeblich seine letzte Hoffnung gesetzt hatte, auf einem Feld in der Nähe von Beignes, Belgien 129 amerikanische Kriegsgefangene ermordet.

Während der Kämpfe geriet eine amerikanische Fahrzeugkolonne auf einer Straße in der Nähe von St. Vith in schweres Artillerie- und Maschinengewehrfeuer. Die Kolonne war gezwungen, zu halten, und die Soldaten sprangen von den Fahrzeugen, um im Straßengraben Deckung zu suchen. Als der Beschuss eine Viertelstunde lang angedauert hatte, tauchten von Weismes her zwei deutsche Panzer und einige Kettenfahrzeuge auf, die an der Straßenkreuzung in Richtung St. Vith nach Süden abbogen. Der Graben, in dem die amerikanischen Soldaten Schutz gesucht hatten, wurde von den deutschen Panzern und Kettenfahrzeugen von der Flanke aus beschossen, und nach schweren Verlusten warfen die Überlebenden ihre Waffen fort und verließen mit erhobenen Armen ihre Deckung, um sich zu ergeben. Man führte sie zu der Straßenkreuzung, nahm ihnen bei dieser Gelegenheit ihre persönliche Habe ab und sammelte sie schließlich auf einem Feld an der Straße nach St. Vith.

Eine Schilderung des niederträchtigen Gemetzels, das dann stattfand, ist in einem offiziellen amerikanischen Bericht enthalten, der nachstehend auszugsweise wiedergegeben wird.

> Andere deutsche Soldaten, die in Panzern und Kettenfahrzeugen an der Straßenkreuzung angekommen waren, durchsuchten die gefangenen Amerikaner an dieser Stelle noch weiter und nahmen ihnen Wertgegenstände ab […].
>
> Ungefähr zur gleichen Zeit versuchte ein leichter deutscher Panzer, sich auf der Straße in eine solche Stellung zu manövrieren, dass seine Kanonen auf die Gruppe der amerikanischen Gefangenen auf dem Feld zielten […].
>
> Einige deutsche Panzer hielten an, als sie an das Feld kamen, auf dem die entwaffneten amerikanischen Kriegsgefangenen mit erhobenen Armen oder hinter den Köpfen zusammengelegten Händen standen. Ein deutscher Soldat, vermutlich ein Offizier oder ein Unteroffizier, in einem der haltenden Fahrzeuge stand auf, zog seine Pistole und feuerte wohlüberlegt in die Gruppe der amerikanischen Kriegsgefangenen. Einer der amerikanischen Soldaten fiel. Dieser Vorgang wiederholte sich noch einmal, und ein anderer amerikanischer Soldat aus der Gruppe fiel zu Boden. Ungefähr gleichzeitig eröffneten Maschinengewehre von zwei Fahrzeugen auf der Straße das Feuer auf die Gruppe amerikanischer Kriegsgefangener auf dem Feld. Alle oder die meisten amerikanischen Soldaten warfen sich auf den Boden und blieben liegen, während das Feuer zwei bis drei Minuten lang anhielt. Die Mehrzahl der Leute auf dem Feld wurde von dem Maschinengewehrfeuer getroffen. Die deutschen Fahrzeuge setzten dann ihren Weg in südlicher Richtung fort, gefolgt von weiteren Fahrzeugen, die ebenfalls aus der Richtung Weismes kamen, und wenn diese Fahrzeuge das Feld erreichten, auf dem die amerikanischen Soldaten lagen, wurde mit Handfeuerwaffen von den fahrenden Fahr zeugen auf die niedergestreckten Leichen […] geschossen […].
>
> Einige deutsche Soldaten, offensichtlich von der Gruppe derer, die an der Straßenkreuzung Wache hielten, gingen dann zwischen den amerikanischen Kriegsgefangenen, die sich noch in ihrer ursprünglichen Lage auf dem Feld befanden […], umher und erschossen mit Pistolen und Gewehren oder erschlugen mit Gewehrkolben oder anderen harten Gegenständen einzeln alle amerikanischen Soldaten, die noch irgendein Lebenszeichen von sich gaben.

In einigen Fällen wurden die Opfer aus nächster Nähe erschossen, denn als die Leichen später geborgen wurden, stellte sich heraus, dass viele von ihnen Schusswunden zwischen den Augen, an den Schläfen oder im Genick aufwiesen.

Die Massaker von Paradis und St. Vith waren unentschuldbare Verletzungen der Gesetze und Bräuche des Krieges bezüglich der Behandlung Gefangener. In den Jahren 1941 und 1942 unternahmen britische Stoßtrupps eine Anzahl erfolgreicher Aktionen gegen die Schifffahrt und wichtige Anlagen in Norwegen, durch die die deutsche Kriegführung wirksam geschädigt wurde. Hitler, den diese Operationen stark beunruhigten, beschloss, abschreckende Maßnahmen zu ergreifen, und erließ am 18. Oktober 1942 einen Befehl über die Behandlung gewisser Kategorien von Kriegsgefangenen, der allgemein unter der Bezeichnung »Kommandobefehl« bekannt ist.

Er enthielt folgende Bestimmungen:

1. Schon seit längerer Zeit bedienen sich unsere Gegner in ihrer Kriegführung Methoden, die außerhalb der internationalen Abmachungen von Genf stehen. Besonders brutal und hinterhältig benehmen sich die Angehörigen der sogenannten Kommandos, die sich selbst, wie feststeht, teilweise sogar aus Kreisen von in den Feindländern freigelassenen kriminellen Verbrechern rekrutieren. Aus erbeuteten Befehlen geht hervor, dass sie beauftragt sind, nicht nur Gefangene zu fesseln, sondern auch wehrlose Gefangene kurzerhand zu töten in dem Moment, in dem sie glauben, dass diese bei der weiteren Verfolgung ihrer Zwecke als Gefangene einen Ballast darstellen oder sonst ein Hindernis sein könnten. Es sind endlich Befehle gefunden worden, in denen grundsätzlich die Tötung der Gefangenen verlangt worden ist.
2. Aus diesem Anlass wurde in einem Zusatz zum Wehrmachtsbericht vom 7. Oktober 1942 bereits angekündigt, dass in Zukunft Deutschland gegenüber diesen Sabotagetrupps der Briten und ihren Helfershelfern zum gleichen Verfahren greifen wird, das heißt: Dass sie durch die deutschen Truppen, wo immer sie auch auftreten, rücksichtslos im Kampf niedergemacht werden.
3. Ich befehle daher: Von jetzt ab sind alle bei sogenannten Kommando- Unternehmungen in Europa oder Afrika von deutschen Truppen gestellten Gegner, auch wenn es sich äußerlich um Soldaten in Uniform oder um Zerstörungstrupps mit und ohne Waffen handelt, im Kampf oder auf der Flucht, bis zum letzten Mann niederzumachen. Es ist dabei ganz gleich, ob sie zu ihren Aktionen durch

Schiffe und Flugzeuge angelandet werden oder mittels Fallschirms abspringen. Selbst wenn diese Subjekte bei ihrer Auffindung scheinbar Anstalten machen sollten, sich gefangenzugeben, ist ihnen grundsätzlich jeder Pardon zu verweigern. Hierüber ist in jedem Einzelfall zur Bekanntgabe im Wehrmachtsbericht eine eingehende Meldung an das OKW zu erstatten.

4. Gelangen einzelne Mitglieder derartiger Kommandos als Agenten, Saboteure usw. auf einem anderen Weg – zum Beispiel durch die Polizei in den von uns besetzten Ländern – der Wehrmacht in die Hände, so sind sie unverzüglich dem SD zu übergeben. Jede Verwahrung unter militärischer Obhut, zum Beispiel in Kriegsgefangenenlagern usw., ist, wenn auch nur für vorübergehend gedacht, strengstens verboten.
5. Diese Anordnung gilt nicht für die Behandlung derjenigen feindlichen Soldaten, die im Rahmen normaler Kampfhandlungen (Großangriffe, Großlandungsoperationen und Großluftlandeoperationen) im offenen Kampf gefangengenommen werden oder sich ergeben. Ebenso wenig gilt diese Anordnung gegenüber den feindlichen Soldaten, die nach Kämpfen auf See in unsere Hand fallen oder nach Kämpfen in der Luft durch Fallschirmabsprung ihr Leben zu retten versuchen.
6. Ich werde für die Nichtdurchführung dieses Befehls alle Kommandeure und Offiziere kriegsgerichtlich verantwortlich machen, die entweder ihre Pflicht der Belehrung der Truppe über diesen Befehl versäumt haben oder die in der Durchführung diesem Befehl zuwiderhandeln.

Gezeichnet: Adolf Hitler

Der Kommandobefehl war eine grobe Verletzung des damals für alle am Krieg beteiligten Staaten verbindlichen Kriegsrechts und Kriegsbrauchs, und Hitler hatte anscheinend gewisse Bedenken hinsichtlich seiner Aufnahme durch die zuständigen Stellen, an die er gerichtet war,[2] denn noch am selben Tag gab er ein Begleitschreiben heraus. Darin erläutert er die Gründe für seinen Entschluss, einen Befehl zu erlassen, der in so krassem Gegensatz zu den internationalen Bestimmungen über die Behandlung von Kriegsgefangenen stand. Er erklärte, es seien wie noch nie zuvor in einem Krieg neue taktische Methoden zur Unterbrechung von Verkehrsverbindungen, zur Einschüchterung jener Teile der Bevölkerung, die für Deutschland arbeiteten, und zur Zerstörung von Industriewerken und -anlagen in den besetzten Gebieten entwickelt worden, die für die deutsche Kriegswirtschaft arbeiteten.

Im Osten nähmen diese Methoden die Form des Partisanenkrieges an, der den Deutschen bereits große Verluste an Menschen, Transportmitteln und Material verursacht habe. England und Amerika bedienten sich, wenn auch unter anderem Namen, einer ähnlichen Art der Kriegführung. Sie benützten Transportflugzeuge, um Truppen, Lebensmittel und Ausrüstungen in die besetzten Gebiete zu schaffen, und setzten Sabotagetrupps von U-Booten oder Schlauchbooten aus an Land. Die Auswirkungen dieser Aktionen, erklärte Hitler, seien äußerst schwerwiegend. Die Zerstörung eines einzigen Kraftwerkes zum Beispiel könne die Flugzeugindustrie viele Tausend Tonnen Aluminium kosten und dadurch den Bau zahlreicher Flugzeuge verhindern. Diese Art der Kriegführung, behauptete er, sei für den Gegner ungefährlich, denn da die Sabotagetrupps in Uniform landeten und außerdem Zivilkleidung bei sich hätten, könnten sie je nach Bedarf als Soldaten oder als Zivilisten auftreten. In dem Brief hieß es weiter:

> Wenn nun die deutsche Kriegführung nicht durch ein solches Verfahren den schwersten Schaden leiden soll, dann muss dem Gegner klargemacht werden, dass jeder Sabotagetrupp ausnahmslos bis zum letzten Mann niedergemacht wird […]. Es kann also unter keinen Umständen gestattet werden, dass ein Spreng-, Sabotage- oder Terroristentrupp sich einfach stellt und gefangengenommen wird, um nach den Regeln der Genfer Konvention behandelt zu werden […].
>
> Ich erwarte deshalb, dass sowohl die Befehlshaber der ihnen unterstellten Armeen als auch die einzelnen Kommandeure nicht nur die Notwendigkeit eines solchen Handelns begreifen, sondern dass sie sich mit aller Energie für die Durchführung dieses Befehls einsetzen […].
>
> *Sollte sich die Zweckmäßigkeit ergeben, aus Vernehmungsgründen einen oder zwei Mann zunächst noch auszusparen, so sind diese nach ihrer Vernehmung sofort zu erschießen.*

Der Verfasser dieses Briefes hätte sich um die Durchführung des Befehls keine Sorgen zu machen brauchen. Dieser wurde fast durchweg buchstabengetreu ausgeführt, und auf vielen Kriegsschauplätzen sind Angehörige britischer Stoßtruppkommandos und des »Special Air Service Regiment«[3], die alle Anspruch darauf hatten, als Kriegsgefangene behandelt zu werden, auf Grund dieses Befehls gesetzwidrig hingerichtet worden.[4]

Den Oberbefehl über die deutschen Streitkräfte in Norwegen hatte damals General von Falkenhorst, der auch auf dem üblichen Wege die Abschrift Nr. 4 des Befehls zusammen mit Hitlers Erläuterungen erhielt. General von Falkenhorst leitete beide Dokumente nicht nur an die ihm unterstellten Befehlshaber weiter, sondern hielt es einige Monate später sogar für notwendig, sie noch einmal ausdrücklich an die darin enthaltenen Vorschriften zu erinnern. So erließ er von sich aus einen weiteren, streng vertraulichen Befehl über die Behandlung von Kriegsgefangenen, der nur für die Offiziere bestimmt war. Von Falkenhorst verwies darin auf den sogenannten Führerbefehl vom 18. Oktober 1942 und erklärte, er habe den Eindruck, dessen Text sei, da er sofort vernichtet werden musste, nicht mehr allen klar im Gedächtnis. Er wiederholte den Wortlaut des dritten Absatzes, unterstrich, dass alle Gefangenen, die zu Vernehmungszwecken zunächst geschont würden, ihre Kameraden unter keinen Umständen um mehr als 24 Stunden überleben dürften, und erinnerte die Offiziere nochmals an die bei Nichtbefolgung des Befehls zu erwartende strenge Bestrafung.

Natürlich müssten bei diesen Aktionen, erklärte von Falkenhorst, alle Zivilisten, norwegische Polizisten und unerwünschte Wehrmachtsangehörige um jeden Preis ferngehalten werden. Strengste Geheimhaltung sei die ausdrückliche Pflicht aller betreffenden Kommandeure; falls in Ausnahmefällen doch einmal Angehörige von Kommandotrupps in Gegenwart von Norwegern oder mit ihrer Hilfe gefasst würden, seien sie nicht an Ort und Stelle zu erschießen, sondern gefangen zu nehmen und auf dem schnellsten Wege dem SD zu übergeben. Von Falkenhorst wiederholte also nicht nur den eigentlichen Führerbefehl, sondern ergänzte ihn noch.[5]

Im September 1942 unternahmen zwei britische Offiziere und zehn Mann eine Aktion gegen die Stadt Glomfjord in Norwegen, die im Combined Operations Headquarters als »Unternehmen Muskete« bekannt war. Ihr Ziel war die Zerstörung eines Wasserkraftwerkes. Nach Erfüllung ihres Auftrages sollten sich die Teilnehmer nach Schweden durchschlagen, da man hoffte, dass sie von dort repatriiert werden würden. Alle trugen Uniform. Der Trupp verließ England am 11. September in einem U-Boot der Freien Französischen Streitkräfte und landete vier Tage später in Norwegen. Am 20. September griff er das Kraftwerk an und verursachte dabei beachtlichen Schaden.

Nach erfolgreicher Ausführung ihres Unternehmens wurden die Angehörigen des Stoßtrupps auf dem Weg nach Schweden angegriffen, und bis auf vier fielen alle einer deutschen Streife in die Hände. Einer wurde dabei verwundet und erlag später seinen Verletzungen; die übrigen, darunter auch die beiden Offiziere, wurden zum Gestapohauptquartier in Oslo und von dort nach Deutschland gebracht.

Was dann mit ihnen geschah, blieb eine Zeitlang ungewiss. Man erfuhr lediglich, die Offiziere seien ins Offizierslager IV (A) gebracht worden, das bei den britischen Gefangenen das »Bösebubenlager« hieß, und von dort seien sie nach eintägigem Aufenthalt verschwunden. Die Eltern des einen Offiziers stellten über das Rote Kreuz Nachforschungen an und erhielten auf Grund einer Erklärung des betreffenden Lagerkommandanten die Auskunft, ihr Sohn sei geflohen. Das stimmte aber nicht, und erst später wurde bekannt, weshalb man sich einer solchen Version bediente: Der Offizier war im Lager von anderen Gefangenen erkannt worden, und die Deutschen konnten daher unmöglich behaupten, er sei im Kampf gefallen. Durch ein erbeutetes deutsches Dokument erfuhr man später, dass beide Offiziere »wegen Beteiligung an einem Sabotageunternehmen« vom SD erschossen wurden.

Ein ähnliches Schicksal ereilte die Angehörigen eines Stoßtrupps mit der Bezeichnung »Freshman« (»Neuling«), der im November 1942 mit zwei Schleppseglern nach Norwegen aufbrach, um das Wasserkraftwerk von Vemork in Südnorwegen anzugreifen. Der Stoßtrupp bestand aus zwei Offizieren und 27 Mann, die alle Uniform trugen; keiner von ihnen ist jemals nach Großbritannien zurückgekehrt. In einem damals veröffentlichten deutschen Kommuniqué hieß es, die Trupps seien zum Kampf gestellt und vernichtet worden. Das traf jedoch nicht zu. Infolge schlechten Wetters wurden die beiden Schleppsegler voneinander getrennt, und der eine ging in der Nähe von Egersund nieder. Elf Insassen überlebten den Aufprall; sie wurden von der Wehrmacht gefangengenommen, in ein Lager gebracht und dann erschossen. Der zweite Schleppsegler stürzte in der Nähe von Stavanger ab, und alle Überlebenden wurden zunächst gefangengenommen und nach einigen Kompetenzstreitigkeiten zwischen Wehrmacht und Gestapo schließlich als Saboteure erschossen.

Im Frühjahr 1943 wurde ein weiteres Stoßtruppunternehmen gegen die Schifffahrt in den norwegischen Häfen und Küstengewässern durchgeführt. An dieser Aktion, die unter dem Decknamen »Operation Checkmate« (»Unternehmen Schachmatt«) bekannt war, beteiligten sich ein Offizier und sechs Mann. Sie trugen alle Uniform. Der ganze Trupp wurde drei bis vier Wochen nach dem Verlassen der britischen Küste gefangengenommen und in das Gefängnis von Grini gebracht. Wo diese Männer die nächsten beiden Jahre zubrachten, ist nicht festgestellt worden. 1945, wenige Wochen vor der Kapitulation Deutschlands, wurden fünf von ihnen im Konzentrationslager Sachsenhausen und einer in Belsen erschossen. Das Schicksal des siebten ist unbekannt, da man seit seiner Gefangennahme nichts mehr von ihm gehört hat.

Diese Aktionen an der Küste Norwegens wurden jedoch nicht nur von britischen Militärangehörigen ausgeführt. 1943 brachen eine Anzahl norwegischer Marineangehöriger und ein britischer Funker zu einem Stoßtruppunternehmen auf. Alle waren durch

Matrosenmützen und khakifarbene Kampfuniformen als Militärangehörige zu erkennen. Die Norweger hatten am linken Ärmel den aufgestickten roten Anker, und der Funker wies sich durch das Abzeichen der britischen Marine aus. Was mit diesen Männern geschah, geht aus einer Erklärung des ehemaligen Obersturmführers der Sipo, Hans Blomberg, hervor, der später als Kriegsverbrecher abgeurteilt und wegen Beteiligung an ihrer Ermordung zum Tode verurteilt wurde.

Blomberg war im Juli 1943 Leiter der Sipo in Bergen; durch den deutschen Admiral Otto von Schrader erfuhr er, dass deutsche Marinestreitkräfte in der Nähe von Bergen ein norwegisches Motorboot aufgebracht und einige Mitglieder der Besatzung, darunter ein paar Verwundete, gefangengenommen hatten. Schrader erklärte, diese Seeleute seien »Piraten und keine Soldaten« und müssten entsprechend dem Befehl des Oberbefehlshabers von der Sipo erschossen werden. Blomberg nahm die Sache selbst in die Hand, und am nächsten Morgen wurden die Gefangenen hingerichtet, nachdem sie zuvor verhört worden waren. In einer Erklärung vor Gericht schilderte Blomberg, wie ihre Leichen fortgeschafft wurden. Man brachte sie mit einem Lastwagen zunächst in eine Garage. In der folgenden Nacht wurden sie in Särge gelegt und auf ein Boot gebracht, dessen Maat ein Oberwachtmeister der Wasserschutzpolizei, ein gewisser Tiedmann aus Hamburg, war. Die Särge versah man mit Sprengladungen, die dann unter Wasser zur Explosion gebracht wurden.

Alle Matrosen und Soldaten, die auf diese Weise umgebracht wurden, waren bona fide Angehörige der alliierten Streitkräfte; sie trugen Uniformen, beteiligten sich an völkerrechtlich einwandfreien Kampfhandlungen und hatten somit Anspruch auf den Schutz der Kriegsgefangenen-Konvention von 1929, die für alle kriegführenden Staaten verbindlich war.

Im September 1944 wurden Fallschirmjäger des SAS in einzelnen Gruppen über den Vogesen abgesetzt, von wo sie Operationen gegen die feindlichen Eisenbahnverbindungen in Ostfrankreich durchführten. Eine solche Gruppe, die aus einem Offizier und zehn Mann bestand, hielt sich in dem kleinen Dorf Raon l'Etape verborgen, als sie von überlegenen Kräften angegriffen wurde. Nach einem kurzen Gefecht, bei dem der Offizier verwundet wurde, gerieten alle in Gefangenschaft. Aber obgleich die Einheit, die sie gefangen nahm, der SS angehörte, wurden sie nach ihrer Vernehmung entgegen dem Kommandobefehl aus irgendwelchen unbekannten Gründen nicht erschossen, sondern der Wehrmacht übergeben.

Als der örtliche SS-Kommandant davon erfuhr, geriet er in helle Wut. Er setzte sofort alle Hebel in Bewegung, und nach 48 Stunden waren die Gefangenen wieder in den Händen der SS. Sie wurden in einem Lager des Sicherheitsdienstes in der Nähe von Straßburg interniert; in der folgenden Woche brachte man sie an eine abgelegene Stelle in der weiteren Umgebung des Lagers, wo sie ihr eigenes Grab schaufeln mussten und dann erschossen wurden. 1945 wurden ihre Leichen von einer britischen Einheit zur Untersuchung von Kriegsverbrechen aufgefunden und exhumiert. Jeder Gefangene war durch Genickschuss getötet worden.

In anderen ähnlichen Fällen wurden ebenfalls zahlreiche Angehörige des SAS entgegen der Kriegsgefangenen-Konvention von 1929 nach der Gefangennahme ermordet. So auch eine Gruppe von 32 Angehörigen des 1. SAS-Regiments, die alle Uniform trugen. Im Departement Vienne wurden sie von Einheiten des deutschen 80. Korps gefangengenommen und ins Gefängnis von Poitiers gebracht. Dort wurden sie unter dem Befehl eines Dr. Herold von Angehörigen der Sipo verhört. Dann kam die Anweisung, die Gefangenen entsprechend dem Kommandobefehl dem SD zu übergeben. Dr. Herold, zu seiner Ehre sei es gesagt, weigerte sich, zur Überraschung aller, sie auszuliefern. Der Stabschef des Korps, Oberst Köstlin, warnte ihn vor den ernsten Konsequenzen, die die Nichtbefolgung des Befehls nach sich ziehen könnte, aber Herold blieb fest.

Die Entscheidung über das weitere Schicksal der Gefangenen lag somit beim Befehlshaber des Korps, General Kurt Gallenkamp, dessen Stabschef angewiesen wurde, ihre Erschießung zu veranlassen.

Vom Korpshauptquartier wurde ein Offizier abkommandiert, der dafür zu sorgen hatte, dass der Befehl auch ausgeführt wurde. Zwei Tage später brachte man Leutnant C. und 29 seiner Kameraden beim Morgengrauen mit einem Lastwagen von Poitiers zur Hinrichtungsstätte. Als sie dort ankamen, teilte der Vertreter des Korps, Hauptmann Schönig, dem Offizier mit, dass er und seine Leute »auf Befehl Hitlers« erschossen würden. Schönig erklärte weiter, er schäme sich in diesem Augenblick, die Uniform eines deutschen Offiziers zu tragen. Er sah sich indessen die Erschießungen mit an, sammelte die Kennmarken der Gefangenen ein und meldete den Behörden des Roten Kreuzes auftragsgemäß, sie seien im Kampf gefallen.[6]

Etwa zur gleichen Zeit wurde eine weitere Gruppe britischer Fallschirmspringer bei Paris von einem Flugzeug in der Nähe ihres Ziels abgesetzt. Auch sie trugen vollständige Kampfausrüstung. Kurz nach der Landung wurden sie von örtlichen deutschen Kräften umzingelt. Sie erlitten Verluste, und schließlich wurden sieben von ihnen gefangengenommen und nach Paris in das berüchtigte Gestapo-Hauptquartier in der Avenue Foch gebracht. Dort wurden sie verhört. Es scheinen dann Zweifel aufgetaucht zu sein, ob man sie wieder der Wehrmacht aushändigen sollte, die sie gefangengenommen hatte, oder ob sie nach dem Kommandobefehl hinzurichten wären. Deshalb wurde dem RSHA in Berlin ein Bericht über ihre Vernehmung mit dem Ersuchen um Instruktionen für ihre weitere Behandlung übermittelt. Da Berlin nicht antwortete, wurde noch zweimal gemahnt.

Etwa einen Monat später traf schließlich die Antwort ein: Die Gefangenen sollten binnen 24 Stunden, und zwar »in Zivil«, erschossen werden. Am nächsten Tag ließ man sie Zivilkleidung anlegen und verlud sie auf einen Lastwagen, der vor dem Gestapo-Hauptquartier bereitstand. Man gab ihnen ein paar Butterbrote und erklärte, sie würden »eine lange Reise machen«. Die Fahrt dauerte vier Stunden und endete auf einem Feld in der Nähe von Noailles. Dort mussten die Gefangenen aussteigen und zu einer Lichtung in einem benachbarten Wald marschieren. Die Wachen, die mit Maschinenpistolen bewaffnet waren, ließen sie in einer Reihe antreten, und dann stellte sich das Hinrichtungskommando ihnen gegenüber auf.

Der Führer des deutschen Kommandos holte ein Stück Papier hervor und las den britischen Soldaten mit Hilfe eines Dolmetschers vor, dass sie der Zusammenarbeit mit dem französischen Maquis für schuldig befunden und zum Tode durch Erschießen verurteilt worden seien. In Wirklichkeit hatte keinerlei Gerichtsverfahren stattgefunden, und ein derartiges Urteil hätte in jedem Falle nicht den Tatsachen entsprochen. Außerdem hatte der britische Trupp bewaffnet und in Uniform eine legale Luftlandung vorgenommen. Was dann geschah, wird am besten mit den Worten von zwei Überlebenden wiedergegeben. Einer von ihnen war ein Tscheche, der in der britischen Armee diente:

> Ich öffnete meine Handschellen mit meinem Uhrenschlüssel und rannte den Berg hinunter. Ich wurde nicht getroffen. Später schlug ich mich zu einem französischen Dorf durch, und nachdem ich mich ein paar Tage versteckt gehalten hatte, schloss ich mich der französischen Widerstandsbewegung an.

Der andere, ein Fallschirmspringer namens Jones, sagte:

> Ich rannte, was ich nur konnte. Als ich etwa fünfzehn Schritte zurückgelegt hatte, fiel ich hin, da ich durch die Handschellen das Gleichgewicht verlor. Es brach eine tolle Schießerei los, aber ich wurde nicht getroffen. Nach einer kleinen Weile kroch ich zu einer Gruppe von Bäumen und stellte mich hinter einen von ihnen. Ich sah die Leichen von vier meiner Kameraden am Boden liegen, doch keine Spur von den Deutschen; aber in der Nähe der Straße, in 150 Schritt Entfernung, war eine starke Schießerei im Gange. Ich hielt mich eine Zeitlang in den Wäldern versteckt. Dann gelang es mir, ein französisches Dorf zu erreichen.

Die unmittelbar Verantwortlichen für diese Erschießung wussten sehr wohl, dass der Befehl aus Berlin eindeutig gesetzwidrig war, denn es hieß ausdrücklich, dass die Gefangenen in Zivil erschossen werden sollten, damit man sie für Mitglieder des Maquis halten konnte. Außerdem erfolgte die Hinrichtung in einem Wald, der mehr als vier Fahrtstunden von Paris entfernt war, und alle wussten genau, dass es sich bei ihren Opfern um britische Kriegsgefangene handelte, die in offenem Kampf und in voller Uniform gefangengenommen worden waren.

1943, als die alliierten Bombenangriffe auf Deutschland immer heftiger wurden, befahl der Oberbefehlshaber der Luftwaffe, in den Wohnbezirken der Großstädte Kriegsgefangenenlager einzurichten, um der Bevölkerung auf diese Weise einen gewissen Schutz zu verschaffen. Wurde dieser Zweck nicht erreicht, so hatte man zum Trost wenigstens die Gewissheit, dass bei Angriffen auch kriegsgefangene alliierte Flieger unter den Opfern sein würden. Am 3. September 1943 kam aus dem Führerhauptquartier folgender Befehl:

> …Ob. d. L. schlägt vor, diese Lager innerhalb städtischer Wohngebiete einzurichten, zugleich als Schutz für die betreffende städtische Bevölkerung, und darüber hinaus alle bestehenden Lager mit den zur Zeit etwa 8000 englischen und amerikanischen Luftwaffenkriegsgefangenen in luftgefährdete Großstädte zu verlegen…

Dieser Befehl stand in klarem Gegensatz zum Geist des neunten Artikels der Kriegsgefangenen-Konvention von 1929, nach dem Kriegsgefangene nicht dazu benutzt werden durften, gewisse Punkte oder Gebiete durch ihre Anwesenheit vor einer Bombardierung zu schützen. Außerdem besagte Artikel zwei:

> Die Kriegsgefangenen unterstehen der Gewalt der feindlichen Macht, aber nicht der Gewalt der Personen oder Truppenteile, die sie gefangengenommen haben. Sie müssen jederzeit menschlich behandelt und insbesondere vor Gewalttätigkeiten, Beleidigungen und öffentlicher Neugier geschützt werden. Vergeltungsmaßnahmen gegen sie sind verboten.

In flagranter Verletzung dieser Bestimmungen wurden viele alliierte Flieger, die aus kampfunfähig gemachten Flugzeugen über Deutschland absprangen, nicht als Kriegsgefangene behandelt, sondern von deutschen Zivilisten, die oft von hohen Beamten aufgestachelt und in jedem Falle gedeckt wurden, misshandelt, geschlagen und ermordet.

Göring, Himmler und Kaltenbrunner hielten eine Reihe bedeutsamer Konferenzen ab, auf denen eine Liste der Fliegeroperationen aufgestellt wurde, die im Gegensatz zu normalen Kriegshandlungen als Terrorakte gelten sollten. Alle Bombenangriffe auf die Zivilbevölkerung waren danach als Terrorangriffe anzusehen, und es wurde beschlossen, dass »das Lynchrecht die Regel sein sollte«. In einem Befehl, den Himmler am 10. August 1943 an alle höheren SS- und Polizeiführer herausgab und der von ihnen mündlich an ihre Untergebenen weitergegeben wurde, findet sich folgende Stelle: »Es ist nicht Aufgabe der Polizei, sich in Auseinandersetzungen zwischen deutschen Volksgenossen und abgesprungenen englischen und amerikanischen Terrorfliegern einzumischen.«

Das deutsche Volk wurde dazu angestiftet, abgeschossene alliierte Flieger zu »bestrafen«. In einem Artikel im *Völkischen Beobachter* vom 29. Mai 1944 schrieb Goebbels:

> Es ist nur mit Hilfe der bewaffneten Macht möglich, bei solchen Angriffen abgeschossene Feindpiloten in ihrem Leben zu sichern, da sie sonst von der heimgesuchten Bevölkerung totgeschlagen werden. Wer hat hier Recht, die Mörder, die nach ihren feigen Untaten noch eine humane Behandlung seitens ihrer Opfer erwarten, oder die Opfer, die sich nach dem Grundsatz zur Wehr setzen wollen: Auge um Auge, Zahn um Zahn? Diese Fragen dürften nicht schwer zu beantworten sein. Es scheint uns kaum noch möglich und erträglich, deutsche Polizei und Wehrmacht gegen das deutsche Volk einzusetzen, wenn es Kindermörder so behandelt, wie sie es verdienen.

Auch Martin Bormann übermittelte im Mai 1944 allen Reichsleitern, Gauleitern und Kreisleitern ein Rundschreiben zu dieser Frage. Nach der Feststellung, dass oft Frauen und Kinder von englischen und amerikanischen Fliegern auf der Straße beschossen worden waren, erklärte er:

> Mehrfach ist es vorgekommen, dass abgesprungene oder notgelandete Besatzungsmitglieder solcher Flugzeuge unmittelbar nach der Festnahme durch die auf das Äußerste empörte Bevölkerung an Ort und Stelle gelyncht wurden. Von polizeilicher und strafrechtlicher Verfolgung der dabei beteiligten Volksgenossen wurde abgesehen.

Nach Erhalt dieses Rundschreibens gab der Gauleiter von Westfalen-Süd, Albert Hoffmann, allen Landräten, Bürgermeistern und Polizeibeamten seines Bereichs die folgende Anweisung:

> Sämtliche Jagdbomber-Piloten, die abgeschossen werden, sind grundsätzlich der Volksempörung nicht zu entziehen. Ich erwarte von allen Dienststellen der Polizei, dass sie sich nicht als Beschützer dieser Gangstertypen zur Verfügung stellen. Behörden, die dem Volksempfinden zuwiderhandeln, werden von mir zur Rechenschaft gezogen. Alle Polizei- und Gendarmeriebeamten sind unverzüglich über diese meine Auffassung zu informieren.

Der Gauleiter von Baden und Elsass, der berüchtigte Robert Wagner, erließ für seinen ganzen Gau den Befehl, sämtliche abgeschossenen oder abgesprungenen Flieger zu töten. Er erklärte, die Angriffe verursachten große Verheerungen in Deutschland, es sei ein unmenschlicher Krieg, und kein gefangengenommener Flieger solle als Kriegsgefangener behandelt werden, denn er verdiene keine Gnade.[7]

Diese systematische Aufwiegelung blieb nicht ohne Ergebnis. In den Jahren 1944 und 1945 kam es zu zahlreichen Angriffen deutscher Zivilisten auf alliierte Flieger, die das Recht hatten, als Kriegsgefangene behandelt zu werden, und viele von ihnen wurden von der Bevölkerung gelyncht oder von Polizei- oder Volkssturmangehörigen erschossen.

Ein Deutscher namens Grüner, der Wagner unterstand, beschrieb dem Vertreter einer amerikanischen Kommission zur Untersuchung von Kriegsverbrechen, wie er auf dem Weg durch Rheinweiler vier britische Flieger entdeckte, die von deutschen Soldaten aus dem Rhein gerettet worden waren. Die Soldaten lehnten es ab, sich mit den Gefangenen zu befassen, und so beschloss Grüner, sie entsprechend den Befehlen Wagners persönlich hinzurichten. Er schoss mit einer Maschinenpistole alle vier von hinten nieder und warf die Leichen dann wieder in den Rhein.

Am 21. Juni 1944 wurden über Mecklenburg zwei Flugzeuge vom Typ »Liberator« abgeschossen. Die Besatzungen beider Maschinen, insgesamt fünfzehn Mann, waren unverletzt. Alle wurden unter dem üblichen Vorwand des »Fluchtversuchs« erschossen. Dieses Verbrechen wird durch ein Dokument bestätigt, das in den Stabsakten des 11. Luftgaukommandos gefunden wurde. Wie es darin heißt, wurden sechs Besatzungsangehörige bei einem Fluchtversuch erschossen und die übrigen neun der Polizei in Waren übergeben. Von diesen wurden weitere sieben erschossen, und zwar bei einem »Fluchtversuch« auf dem Transport in ein 'Gefangenenlager. Auch die beiden Offiziere wurden noch am gleichen Tag unter demselben Vorwand umgebracht.

Einen besonders feigen Anschlag verübten Angehörige der Allgemeinen SS und der Hitlerjugend gemeinsam in der süddeutschen Stadt Pforzheim. Im Februar 1945 wurde Pforzheim von alliierten Flugzeugen heftig angegriffen und stark zerstört. Die Bevölkerung hatte große Verluste, und viele Obdachlose mussten in das benachbarte Huchenfeld evakuiert werden. Etwa drei Wochen später erhielt ein Bomber vom Typ »Flying Fortress« auf dem Rückflug von einem Angriff auf Leipzig in der Nähe von Baden-Baden einen Flaktreffer. Die Besatzung – zehn britische Offiziere und Offiziersanwärter – konnte sich durch Absprung retten. Sieben von ihnen wurden gefangengenommen und vorübergehend im Gefängnis von Bühl inhaftiert. Am nächsten Morgen führte man sie durch die Straßen von Pforzheim, wo sie von den Einwohnern misshandelt wurden, und brachte sie dann nach Huchenfeld. Dort sperrte man sie ins Kesselhaus der neuen Schule ein, wo sie sich für die Nacht einrichten sollten. Aber ehe sie dies tun konnten, brach ein ganzer Trupp Zivilisten die Tür auf und drang in den Keller ein. Unter ihnen befand sich auch der Bürgermeister, der dazu eigens von einer Hochzeitsfeier geholt worden war. Die Wachen lieferten ihre Gefangenen auf Gedeih und Verderb der tobenden Menge aus, von der sie zunächst misshandelt und dann zum Friedhof geschleift wurden. Unterwegs konnten drei der Flieger entkommen, einer von ihnen, ein Offizier, wurde jedoch später wieder ergriffen und aufs nächste Polizeirevier gebracht. Am Tag darauf holte man ihn aus seiner Zelle und führte ihn an einer Gruppe von Einwohnern vorbei, die am Eingang eines Luftschutzraumes standen. Sie fielen über ihn her und schlugen ihn fast buchstäblich zu Brei. Schließlich gab ihm ein sechzehnjähriger Hitlerjunge – nach dessen eigenen Worten – einen »Gnadenschuss« in den Kopf. Die deutsche Polizei tat nichts, um die Menge zu zügeln, und nahm auch keine Verhaftungen vor. Die übrigen vier Gefangenen, denen es nicht gelungen war, zu entkommen, wurden von der Menge zum Friedhof gebracht und dort erschossen.

Die Hitlerjugend spielte bei dieser Angelegenheit eine wesentliche Rolle. Ein Beteiligter schrieb später: »Der Bannführer hielt eine kurze Ansprache, die unser junges Blut zum Kochen brachte, dann verteilte er Waffen und Munition. Man sagte uns, in der Huchenfelder Schule seien sieben britische Flieger; wir sollten sie herausholen und erschießen.«

Als die Menge in den Keller stürzte, tat sie es in der klaren Absicht, die Gefangenen dort zu töten, und nur durch das Eingreifen des Bürgermeisters wurden sie erst noch zum Friedhof gebracht. Seine Sorge galt jedoch nicht den Fliegern. Er wandte sich lediglich mit allem Nachdruck gegen die Idee, sie ausgerechnet im Schulkeller zu erschießen. »Es würde unsere Kinder, die da hineingehen müssen, ständig gruseln«, meinte er. Kurz nach der Erschießung der Flieger kehrte der Bürgermeister zu der Hochzeitsfeier zurück, von der man ihn am frühen Abend so unvermittelt fortgeholt hatte.

In der Nacht vom 24. zum 25. März 1944 entflohen 76 kriegsgefangene Offiziere der britischen Luftwaffe aus dem Stammlager »Luft III« in Sagan, Schlesien. Fünfzehn von ihnen wurden bald wieder festgenommen und ins Lager zurückgebracht; drei Gefangenen gelang die Flucht, acht wurden nach ihrer Festnahme der Gestapo übergeben, und die übrigen fünfzig wurden erschossen. Den ersten Anhaltspunkt für ihr Schicksal gab eine Erklärung des Oberkommando der Wehrmacht (OKW), die der amtierende Kommandant am 6. April dem rangältesten britischen Offizier des Lagers vorlas. Darin wurde behauptet, von den Flüchtigen seien 41 erschossen worden – einige, als sie sich ihrer Festnahme widersetzten und andere bei einem erneuten Fluchtversuch auf dem Rücktransport ins Lager. Namen wurden nicht genannt. Neun Tage später erhielt der britische Offizier eine Liste mit den Namen von 47 Erschossenen, und einen Monat später wurden drei weitere Namen mitgeteilt. In jedem Fall wurden dieselben Gründe angegeben.

Es traf aber durchaus nicht zu, dass diese Männer erschossen worden waren, weil sie sich ihrer erneuten Gefangennahme widersetzt oder abermals zu flüchten versucht hatten. Sie waren vielmehr alle auf direkten Befehl Hitlers von der Gestapo umgebracht worden.

Die erste Nachricht von ihrem Geschick erreichte die Außenwelt, als der Gesandte der Schweiz in Berlin, Monsieur Naville, im Juni die Antwort auf eine Anfrage erhielt, die er als Vertreter der Schutzmacht an die deutsche Regierung gerichtet hatte. In dieser Antwortnote hieß es, 37 Gefangene britischer Nationalität und dreizehn nichtbritischer Nationalität, die aus dem Gefangenenlager »Luft III« entflohen waren, seien erschossen worden, als sie sich ihrer erneuten Festnahme widersetzten oder abermals zu fliehen versuchten. Die Urnen mit ihrer Asche seien zur Bestattung nach Sagan übergeführt worden. Naville ließ sich jedoch nicht täuschen. In seiner Antwort auf die deutsche Note bezeichnete er die Verbrennung als »höchst ungewöhnlich, da es normalerweise üblich ist, einen Gefangenen mit militärischen Ehren in einem Sarg zu bestatten«. Weiter wies er darauf hin, dass von diesen fünfzig Offizieren, die in den verschiedensten Gegenden Deutschlands wieder aufgegriffen wurden, aller Wahrscheinlichkeit nach einige nur verwundet worden wären, wenn sie tatsächlich, wie behauptet, Widerstand geleistet oder einen zweiten Fluchtversuch unternommen hätten. Jedenfalls sei es höchst unwahrscheinlich, dass alle dabei getötet worden seien.

So unklug es von den Deutschen war, diese Lücke in ihrer Beweisführung zu übersehen, so weise war ihre Weigerung, der Schutzmacht, wie es sonst üblich war, Einzelheiten über die tatsächlichen Umstände mitzuteilen, unter denen die Offiziere ums Leben gekommen waren. Aber lassen wir Keitel selbst sprechen. Er berichtete, dass er eines Morgens die Meldung von der Flucht und zugleich auch die Mitteilung erhielt, dass etwa fünfzehn der flüchtigen Offiziere in der Umgebung des Lagers wieder ergriffen worden seien. »Beim Mittags-Lagevortrag in Berchtesgaden hatte ich die Absicht, diesen an sich sehr unangenehmen, weil in kürzester Zeit dritten Vorfall einer solchen Massenflucht nicht zu melden.«

Himmler kam ihm jedoch zuvor und machte seinem Führer in Keitels Anwesenheit von dem Vorgefallenen Meldung. Hitler tobte und erklärte, die Flüchtigen sollten nach ihrer Festnahme in den Händen des SD bleiben und der Wehrmacht nicht zurückgegeben werden. Er beauftragte Himmler, dafür zu sorgen, dass dies auch geschehe. Nach der Konferenz ließ Keitel den Leiter der für die Kriegsgefangenen zuständigen Abteilung des OKW und General von Grävenitz zu sich kommen. Keitel machte einen aufgeregten und nervösen Eindruck, als sie sein Büro betraten. Er berichtete, dass Göring ihm soeben in Hitlers Gegenwart Vorwürfe gemacht hatte, weil wieder einige Kriegsgefangene entkommen waren. Diese Ausbrüche müssten aufhören, sagte er. Man werde sehr strenge Maßnahmen ergreifen: »Die [Entflohenen] werden erschossen, die meisten sind wohl schon tot.« General von Grävenitz protestierte und erklärte, das gehe nicht, denn in der Genfer Konvention von 1929 werde ausdrücklich festgelegt, dass Flucht kein ehrenrühriges Vergehen sei. Sein Protest blieb jedoch wirkungslos.

Die Erschießungen wurden von der Gestapo vorgenommen. Nach der Konferenz bei Hitler hatte Himmler alle Hebel in Bewegung gesetzt, und auf Befehl Kaltenbrunners war von den zuständigen Stellen eine Großfahndung eingeleitet worden. Innerhalb weniger Tage waren die geflohenen Offiziere bis auf drei wieder festgenommen, die meisten von ihnen in Schlesien; einige waren jedoch bis Kiel und Straßburg gekommen. Dann trat die Gestapo in Aktion. Das folgende ist ein Bericht über die Erschießung eines der Opfer, den die Anklagevertretung im Prozess gegen Max Wielen und siebzehn Gestapoangehörige, die an diesem Verbrechen teilnahmen, dem Gericht vorlegte.

Fliegerleutnant H. hatte schon das Elsass erreicht, als er von der Kripo wieder festgenommen und ins Gestapo-Hauptquartier in Straßburg gebracht wurde. Der Erschießungsbefehl lag noch nicht vor, aber im weiteren Verlauf des Tages traf ein Fernschreiben vom RSHA ein, in dem die Dienststelle in Straßburg angewiesen wurde, den britischen Kriegsgefangenen unverzüglich in Richtung Breslau zu befördern und unterwegs auf der Flucht zu erschießen. Ein Leichenbestatter sollte angewiesen werden, die Leiche in ein Krematorium zu bringen und sie dort verbrennen zu lassen. Die Urne war dem Leiter der Kriminalpolizei im RSHA zu übersenden. Über den Inhalt des Fernschreibens und die Angelegenheit überhaupt durften nur die unmittelbar Beteiligten informiert werden. Sie wurden durch Handschlag zu strengstem Stillschweigen verpflichtet. Die Erledigung dieser Aufgabe war sofort zu melden, und das Fernschreiben musste sogleich vernichtet werden.

Es wurde vereinbart, Fliegerleutnant H. auf dem Weg zum Konzentrationslager Natzweiler zu töten und die Leiche im Lager verbrennen zu lassen. Der Gefangene wurde von zwei Gestapo-Leuten namens Driesner und Hilker sowie einem Fahrer, der gleichfalls der Gestapo angehörte, im Auto abtransportiert. Unterwegs erlaubte man ihm, auszusteigen und im Wald sein Bedürfnis zu verrichten. Während des Aufenthalts wurde er von Driesner in eine Unterhaltung verwickelt und dabei von Hilker hinterrücks erschossen. Dann brachte man die Leiche nach Natzweiler; dem Lagerkommandanten wurde gesagt, es handle sich um einen Kriegsgefangenen, der beim Fluchtversuch erschossen worden sei.

Auf ähnlichem Wege kam ein anderer der flüchtigen Gefangenen um, der zu seinem Unglück gefasst wurde, als er nur noch eine halbe Meile von der Schweizer Grenze entfernt war. Wie im ersten Fall, wurde Natzweiler als Verbrennungsort ausersehen. Kurz vor der Ankunft im Lager ließ der Leiter der Eskorte das Auto unter dem Vorwand anhalten, er wolle austreten gehen; der Gefangene, der Handschellen trug, wurde gefragt, ob er nicht auch aussteigen möchte. Er tat es und wurde auf dieselbe Weise wie Fliegerleutnant H. erschossen.

Vier weitere Offiziere wurden in der Nähe von Kiel ergriffen, und Oscar Schmidt, ein Beamter der Gestapo in Kiel, der an ihrer Ermordung beteiligt war, schilderte, wie er eines Morgens mit sechs anderen Gestapoangehörigen – Post, Kahler, Jacobs, einem anderen Schmidt, Denkmann und Struve – zu seinem Chef beordert wurde. Sie erhielten den Befehl, nach Flensburg zu fahren, um dort vier britische Offizierskriegsgefangene in Empfang zu nehmen. Im Falle des geringsten Fluchtversuchs sollten sie von der Schusswaffe Gebrauch machen. Dabei wurde ihnen zu verstehen gegeben, dies bedeute nichts anderes, als dass die Offiziere »beseitigt« werden müssten. Die Nichtbefolgung dieses Befehls, der von Kaltenbrunner gekommen sei, werde mit dem Tod bestraft; außerdem würden ihre Familien dadurch mit Schande bedeckt. Ein ähnliches Schicksal erwarte jeden, der über die Angelegenheit reden würde. Post erhielt den Befehl über die Gestapo-Angehörigen, die kurz vor Mittag in Flensburg ankamen und die vier Offiziere nach dem Mittagessen übernahmen. Sie fesselten den Gefangenen die Hände auf dem Rücken und verluden sie in zwei Autos, die im Hof der Kripo-Dienststelle bereitstanden. Einen der Offiziere nahm Post selbst in seinem Wagen mit, die anderen drei fuhren im zweiten Auto, in dem sich auch der Fahrer Jacobs und die beiden Schmidt befanden.

Die Methode der Hinrichtung wurde zweifellos auf höherer Ebene beschlossen, denn ebenso wie bei den Morden im Elsass und an der Schweizer Grenze vereinbarte man auch in diesem Fall, den Offizieren unterwegs an einer bestimmten Stelle Gelegenheit zu geben, ihr Bedürfnis zu verrichten. Oscar Schmidt sollte dann das Signal zum Schießen geben. Posts Wagen hielt bereits am vorgesehenen Tatort, als der zweite ihn erreichte und von dem auf der Straße stehenden Denkmann zum Halten aufgefordert wurde. Oscar Schmidt ließ die Gefangenen aussteigen, um ihr Bedürfnis zu verrichten. Sie kamen der Aufforderung nach und wurden auf ein Feld geführt, wobei ihnen Schmidt in ein paar Schritt Abstand folgte. In seinem Bericht heißt es weiter:

> Als ich nur noch etwa sechs Schritt von der Gruppe entfernt war, stieß einer der Offiziere plötzlich einen Schrei aus, und alle liefen auseinander; gleichzeitig wurden Schüsse abgefeuert, und die Offiziere fielen hin und lagen mit dem Gesicht auf dem Boden. Ich sah Franz Schmidt und Jacobs in diesem Augenblick mit gezogener Pistole direkt hinter den Offizieren. Ich hatte auch eine Pistole in der Hand; sie war geladen und entsichert [...], in diesem Augenblick rief mir Post zu: »Du hast nicht geschossen, der Mann lebt.« Da erhob sich einer der Offiziere, und Post, der Kahler das Gewehr aus der Hand gerissen hatte, gab zwei Schüsse auf den am Boden liegenden Offizier ab. Ich war nicht dazu gekommen, auf diesen Offizier zu schießen, denn er hatte sich sofort zu Boden geworfen, als die ersten Schüsse abgegeben wurden. Nachdem Post diesen Offizier zweimal in den Rücken geschossen hatte, schoss er allen übrigen Offizieren, die, anscheinend tot, auf dem Boden lagen, noch einmal mit dem Gewehr in den Kopf. Dann entfernte er ihre Handschellen. Ich erhielt den Befehl, auf die Ankunft eines Leichenwagens zu warten und die Leichen dann zur Verbrennung ins Krematorium zu bringen, was ich auch tat.

Etwa drei Monate später erfuhren die Täter von ihrem Chef, dass eine Kommission des Roten Kreuzes kommen würde, um die Angelegenheit zu untersuchen. Sie wurden alle erneut zum Tatort gebracht und angewiesen, bei etwaigen Vernehmungen zu sagen, die Offiziere seien erschossen worden, als sie zur Hecke am Rand des Feldes liefen, um sich der Wagen zu bemächtigen. Dabei schärfte man ihnen abermals ein, welch fürchterliche Folgen sie erwarteten, falls einer von ihnen den wahren Sachverhalt schildern sollte. Auf diese Weise wurden fünfzig kriegsgefangene britische Offiziere kaltblütig hingemordet, und in jedem Falle ging ein offizieller Bericht an das RSHA, dass sie bei einem Fluchtversuch getötet worden seien.

Die zivilisierte Welt war entsetzt, als sie von diesem Verbrechen erfuhr, das im Urteil des Internationalen Militärgerichtshofs in Nürnberg als »klarer Mord unter völligem Bruch des Völkerrechts« bezeichnet wurde.

Im November 1944 gab das OKW besondere Anweisungen – den sogenannten »Kugelerlass« – heraus, wonach ganze Kategorien von Kriegsgefangenen der Sipo und dem SD zu übergeben waren:

1. alle wieder ergriffenen sowjetischen Kriegsgefangenen;
2. alle sowjetischen Offiziers-Kriegsgefangenen, die sich weigerten zu arbeiten;
3. alle sowjetischen Kriegsgefangenen, die von den sogenannten Einsatzkommandos des SD in den Kriegsgefangenenlagern ausgesondert wurden;
4. alle Insassen von Kriegsgefangenenlagern, denen ein Vergehen zur Last gelegt wurde, für dessen Bestrafung der Kommandant keine hinreichenden disziplinarischen Befugnisse zu haben meinte;
5. alle Kriegsgefangenen, die unter einen Sonderbefehl des OKW fielen.

Die »Sonderbehandlung«, der sämtliche Angehörige dieser Kategorien damit ausgeliefert wurden, bestand darin, dass man ihnen zunächst den Kriegsgefangenenstatus aberkannte; dann kamen sie ins Konzentrationslager Mauthausen, wo sie durch Genickschuss umgebracht wurden. In Mauthausen wurden sie als »K«-Gefangene[8] geführt. Im Gegensatz zu den gewöhnlichen Häftlingen wurden sie bei ihrer Ankunft im Lager nicht registriert, und ihre Namen waren außer den Mitarbeitern der »Politischen Abteilung«[9] niemandem bekannt.

Man brachte die Opfer sogleich in den Arrestblock, wo sie sich entkleiden mussten; dann führte man sie in einem Raum in der Nähe des Krematoriums, der zu Tarnungszwecken als Duschraum bezeichnet wurde, in Wirklichkeit jedoch speziell für Hinrichtungen durch Erschießen oder Vergasen bestimmt war. Ein französischer Offizier, der selbst in Mauthausen interniert war, beschrieb eine der Methoden, mit denen diese »K«-Gefangenen umgebracht wurden:

> Das Erschießen erfolgte mit Hilfe einer Meßvorrichtung. Der Gefangene wurde mit dem Rücken an einen Meßstab gestellt, der mit einer automatischen Vorrichtung versehen war. Sobald der Holzschieber, mit dem die Größe gemessen wurde, den Kopf berührte, wurde ein Schuss ins Genick des Gefangenen ausgelöst.

Manchmal wurden die Opfer auch in Gruppen, nur mit Hemd und Unterhose bekleidet, in den Steinbruch geführt und dort mit Maschinengewehren niedergemäht. In jedem Falle lautete der Vermerk auf dem Totenschein: »Beim Fluchtversuch erschossen.«

Im Feldzug gegen die Sowjetunion war es von Anfang an offenkundig, dass die Deutschen beabsichtigten, sich über alle Gesetze und Gepflogenheiten bezüglich der Gefangenenbehandlung hinwegzusetzen. Die UdSSR gehörte zwar ursprünglich nicht zu den Partnern der Genfer Kriegsgefangenenkonvention, sie war aber der »Konvention über die Kranken und Verwundeten« beigetreten. Außerdem war sie eine der Signatarmächte der Haager Konvention. Im Prozess gegen die Hauptkriegsverbrecher in Nürnberg wurde behauptet, die Genfer Konvention hätte für den Feldzug gegen die Sowjetunion keine Gültigkeit gehabt, aber der Internationale Gerichtshof entschied, dass dies doch der Fall war.

Schon Ende des 19. Jahrhunderts waren mit der Den Haager Konvention gewisse Regeln über die Rechte und Pflichten der kriegführenden Staaten hinsichtlich der Behandlung von Kriegsgefangenen aufgestellt worden, und die vertragschließenden Parteien dieser Konvention erklärten, dass

> in Fällen, die in den von ihnen angenommenen Artikeln nicht vorgesehen sind, die Einwohner und die Kriegführenden unter dem Schutz und der Zuständigkeit der Prinzipien des Völkerrechts stehen, wie es sich von den unter zivilisierten Völkern üblichen Bräuchen, von den Gesetzen der Menschlichkeit und von dem Diktat des öffentlichen Gewissens herleitet [...]. Die vertragschließenden Parteien werden ihren bewaffneten Landstreitkräften Instruktionen erteilen, die den Bestimmungen entsprechen, und die im Anhang der vorliegenden Konvention aufgeführten Gesetze und Bräuche des Landkrieges respektieren.

In diesen beigefügten Bestimmungen finden sich folgende Artikel:

> Artikel 3. Die bewaffneten Streitkräfte der Kriegführenden können aus Kämpfenden und Nichtkämpfenden bestehen; im Falle der Gefangennahme durch den Feind haben beide das Recht, als Kriegsgefangene behandelt zu werden.
>
> Artikel 4. Kriegsgefangene sind in der Macht der feindlichen Regierung und nicht in der der Einzelpersonen, die sie gefangengenommen haben. Sie müssen human behandelt werden.
>
> Artikel 6. Der Staat kann die Arbeit der Kriegsgefangenen mit Ausnahme der Offiziere entsprechend ihrem Rang und ihrer Fähigkeit in Anspruch nehmen. Die Arbeit soll nicht übermäßig sein und soll nicht mit den Kriegshandlungen in Verbindung stehen.
>
> Artikel 7. Die Regierung, in deren Hände die Kriegsgefangenen gefallen sind, ist für ihren Unterhalt verantwortlich. In Ermangelung eines besonderen Übereinkommens zwischen den Kriegführenden sollen die Kriegsgefangenen in Bezug auf Rationen, Unterbringung und Kleidung den Truppen der Regierung, die sie gefangengenommen hat, gleichgestellt sein.
>
> Artikel 23. Es ist insbesondere verboten, einen Feind zu töten oder zu verletzen, der sich, nachdem er die Waffen niedergelegt oder über keinerlei Verteidigungsmittel mehr verfügt, ergeben hat.

Auf jeden Fall war Deutschland also auf Grund internationaler Vereinbarungen im Krieg gegen die Sowjetunion von Anfang an zumindest verpflichtet, alle gefangengenommenen Angehörigen der bewaffneten Streitkräfte, ob kämpfendes oder nichtkämpfendes Personal, als Kriegsgefangene zu betrachten. Deutschland war verpflichtet, sie während ihrer Gefangenschaft human zu behandeln, es musste sie auf angemessene Weise unterbringen, kleiden und ernähren und durfte sie weder im Übermaß arbeiten lassen noch für Aufgaben verwenden, die mit den Kriegshandlungen in Verbindung standen. Dem Gegner musste Pardon gewährt werden, und wenn er sich ergeben hatte, durfte man ihn nicht töten. Das war jedem deutschen Soldaten genau so bekannt, denn die »Zehn Gebote« in seinem Soldbuch besagten unter anderem: »Kein Feind, der sich ergeben hat, darf getötet werden.«[10]

In einer neuen Ausgabe des Handbuchs der deutschen Armee, die am 1. August 1939, genau einen Monat vor dem Überfall auf Polen, erschien, wurden viele der obengenannten Bestimmungen zitiert; aber gleich vom ersten Augenblick des Angriffs auf die Sowjetunion an verletzten die Deutschen die eine wie die andere in flagranter Weise, und die Greuel, die sie an den wehrlosen Gefangenen verübten, erinnern an die barbarischen Methoden des Mittelalters. Sie setzten ihre Gefangenen den brutalsten Misshandlungen aus; sie ließen sie hungern; sie zwangen sie, den ganzen strengen Winter unter freiem Himmel zu kampieren; sie ließen sie schuften, bis sie an Entkräftung starben; sie beschäftigten sie zu Tausenden mit Arbeiten, die in unmittelbarem Zusammenhang mit den Kriegshandlungen standen und oft unter feindlichem Artilleriebeschuss vor sich gingen; und sie erschossen alle politischen Kommissare und Politruks nach der Gefangennahme.

All diese Verletzungen des Völkerrechts waren im Voraus geplant. Vor dem Angriff auf die Sowjetunion erklärte Hitler seinen Generälen, der neue Feldzug würde mit anderen Methoden geführt werden, und da die Sowjetunion die Kriegsgefangenen-Konvention nicht unterzeichnet hätte, brauche sich Deutschland nicht an ihre Bestimmungen zu halten. Einige Monate vor dem Beginn der Invasion gab Generalleutnant Reinecke, der Chef des Amtes für Kriegsgefangenenwesen beim OKW, den zuständigen Stellen den ausdrücklichen Befehl, die sowjetischen Gefangenen unter freiem Himmel in Stacheldrahtumzäunungen unterzubringen, wenn für den Bau von Barackenlagern »keine Zeit« sei; in besonderen Instruktionen wurden die Wachmannschaften angewiesen, bei einem Fluchtversuch jeden Gefangenen »ohne Warnzeichen« niederzuschießen.

In einem vor Beginn der Invasion herausgegebenen Befehl über das »Verhalten der Truppe im Osten« wurde es als »missverstandene Menschlichkeit« bezeichnet, gefangengenommene sowjetische Soldaten mit Lebensmitteln zu versorgen. Schließlich wurde auf höchster Ebene beschlossen, die politischen Kommissare der Roten Armee überhaupt nicht als Kriegsgefangene anzuerkennen. Sie sollten gar nicht erst in das rückwärtige Gebiet gebracht, sondern »spätestens in den Durchgangslagern erledigt« werden. Der Chef der sogenannten »Abwehr«, Admiral Canaris schrieb damals ans OKW:

> Das Genfer Kriegsgefangenenabkommen gilt zwischen Deutschland und der UdSSR nicht, daher gelten lediglich die Grundsätze des allgemeinen Völkerrechts über die Behandlung von Kriegsgefangenen. Diese haben sich seit dem 18. Jahrhundert dahin gefestigt, dass die Kriegsgefangenschaft weder Rache noch Strafe ist, sondern lediglich Sicherheitshaft, deren einziger Zweck es ist, die Kriegsgefangenen an der weiteren Teilnahme am Kampf zu verhindern. Dieser Grundsatz hat sich im Zusammenhang mit der bei allen Heeren geltenden Anschauung entwickelt, dass es der militärischen Auffassung widerspreche, Wehrlose zu töten oder zu verletzen [...]. Die Anordnungen für die Behandlung sowjetischer Kriegsgefangener gehen von einer grundsätzlich anderen Auffassung aus.

Dieser freilich recht zaghafte Protest blieb unbeachtet. Keitel legte die Denkschrift mit dem Vermerk ab: »Die Bedenken entsprechen den soldatischen Auffassungen vom ritterlichen Krieg! Hier handelt es sich um die Vernichtung einer Weltanschauung! Deshalb billige ich diese Maßnahmen und decke sie.«

Im März 1941, drei Monate vor dem Einfall in die Sowjetunion, erläuterte Hitler auf einer Konferenz in der Reichskanzlei vor einem prominenten Auditorium führender Militärs, darunter die Feldmarschälle Keitel und von Leeb sowie die Generäle Haider, von Manstein und Hoppner, seine allgemeinen Vorstellungen von dem bevorstehenden neuen Feldzug sowie dessen Ziele und die Methoden, mit denen er geführt werden sollte. Es werde, erklärte er, ein weltanschaulicher Krieg zur Ausrottung des »barbarischen asiatischen Bolschewismus« vom Krieg im Westen, und Begriffe wie Ritterlichkeit und Soldatenehre seien dabei fehl am Platz. In der Roten Armee werde der Bolschewismus von den jeder sowjetischen Einheit zugeteilten politischen Kommissaren am Leben gehalten, die deshalb beseitigt werden müssten. Die Kommissare, behauptete Hitler, würden auf unehrenhafte Weise kämpfen, und ihr Geschick werde daher nicht dem Gutdünken irgendeines Militärgerichts überlassen werden. So verurteilte Hitler drei Monate vor dem Beginn des Krieges gegen die Sowjetunion alle politischen Kommissare zum Tode.

In der Roten Armee gab es 1941 in allen Formationen und allen größeren Einheiten einen politischen Kommissar im Rang eines Offiziers. Ähnliche Funktionen übten unter den Mannschaften die sogenannten »Politruks« aus. Kommissare wie Politruks waren Angehörige der bewaffneten Streitkräfte und hatten im Falle der Gefangennahme Anspruch darauf, als Kriegsgefangene behandelt zu werden.

Im Juni gab das OKW eine »Direktive für die Behandlung politischer Kommissare« heraus. Die Präambel begann mit der Prophezeiung, die politischen Kommissare würden mit gemeinen Methoden kämpfen und deutsche Kriegsgefangene misshandeln. Man werde sie daher nicht als Soldaten anerkennen und ihnen nicht den Schutz des Völkerrechts zubilligen: »Es muss daher sogleich und ohne weiteres Aufheben mit aller möglichen Strenge gegen sie vorgegangen werden. Falls sie gefangengenommen werden, sind sie daher sogleich zu beseitigen, wenn sie kämpfen oder Widerstand leisten.«[11]

In dem Befehl wurde dann darauf hingewiesen, dass alle politischen Kommissare durch ein besonderes Abzeichen auf dem Uniformärmel zu erkennen seien; sie müssten sofort nach der Gefangennahme von den übrigen Kriegsgefangenen abgesondert und dann »beseitigt« werden. Bei der Entscheidung darüber, ob ein vermutlicher Kommissar als überführt oder nicht überführt zu betrachten sei, sollte »der persönliche Eindruck und das Verhalten des Kommissars prinzipiell als bedeutsamer erachtet werden als die Fakten des Falles, die möglicherweise nicht bewiesen werden können«. Kommissare, die im Hinterland festgenommen wurden, sollten einem Sonderkommando des SD übergeben werden, wodurch ihr Schicksal automatisch besiegelt war. Diesen Befehl, den Keitel auf Anweisung seines Führers herausgab, leitete Feldmarschall von Brauchitsch als Oberbefehlshaber mit seiner Unterschrift an die deutsche Armee weiter; in einem Vorwort erklärte er, die Beseitigung der politischen Kommissare nach ihrer Aussonderung habe unter dem Kommando eines Offiziers außerhalb des eigentlichen Kampfgebietes und möglichst unauffällig zu erfolgen.

So ging dieser Befehl an alle Einheiten der deutschen Armee. Von den Generälen, die sie an ihre Truppen herausgaben, bis hinunter zu den unteren Offizieren, die sie auszuführen hatten, muss sich jeder über ihren verbrecherischen Charakter im Klaren gewesen sein. Aber Hitler scherte sich nicht darum, ob man seine Maßnahmen begriff oder nicht. Er erwartete, wie er sich einmal ausdrückte, nicht, dass das Offizierskorps seine Befehle verstand, sondern dass es sie bedingungslos ausführte.

Der Kommissarbefehl ist von mehreren Kriegsverbrechertribunalen für rechtswidrig erklärt worden; im Urteil des Internationalen Militärgerichtshofes in Nürnberg wurde er als »systematischer Mordplan« bezeichnet, und das war er auch. In Ausführung seiner Bestimmungen sind während des ganzen Krieges in der Sowjetunion an allen Fronten Kommissare umgebracht worden. In den ersten drei Monaten des Feldzuges wurden diese Instruktionen derartig gewissenhaft ausgeführt, dass ein deutscher General Ende September 1941 beim OKW protestierte, weil der Vormarsch dadurch behindert wurde. Es ist bezeichnend, dass dieser Protest ebenso wie die Einwände des Generals von Falkenhausen gegen die Geiselerschießungen in Belgien[12] nicht aus Gründen der Humanität oder im Interesse der Gesetzlichkeit, sondern aus reinen Zweckmäßigkeitserwägungen erfolgte. In der Roten Armee war es damals allgemein bekannt geworden, dass die politischen Kommissare bei der Gefangennahme nicht als Kriegsgefangene behandelt wurden. Dieses Wissen aber war für die Soldaten nur ein Grund mehr, bis zum letzten Mann zu kämpfen. So kam es, dass sich ihr Widerstand immer mehr versteifte; der deutsche Vormarsch verlangsamte sich, und die Verluste der Deutschen nahmen zu. Der Kommissarbefehl war also zumindest kurzsichtig, aber Hitler wollte ihn nicht zurücknehmen, und das Gemetzel ging weiter.

Es ist erwiesen, dass von der deutschen Elften Armee in der Zeit vom September 1941 bis zum November 1942, als sie dem Befehl des Feldmarschalls von Manstein unterstand, eine große Anzahl Kommissare »erledigt« wurden. Dieser General protestierte nicht ein einziges Mal schriftlich gegen den Befehl, wenn er auch behauptete, er sei, als er ihn erhielt, sehr entrüstet darüber gewesen, weil er seiner Ansicht nach allen militärischen Traditionen zuwiderlief. Bei seiner Aburteilung erklärte er jedoch, es sei ihm nicht um die Frage der Gesetzlichkeit, sondern nur um die Ehre seiner Truppe gegangen. Vor dem Internationalen Militärtribunal in Nürnberg behauptete er im Zeugenstand:

> Es war der erste Fall, in dem ich in einen Konflikt zwischen meiner Gehorsamspflicht und meiner soldatischen Auffassung kam […]. In der Praxis ist der Befehl auch nicht ausgeführt worden. Meine Divisionskommandeure, die den Befehl schon unabhängig von mir im Reich bekommen hatten, waren meiner Auffassung […]. Und die Truppe stand diesem Befehl innerlich ablehnend gegenüber.

Wieso aber wusste die Truppe von diesem Befehl? Er war nur für die Oberbefehlshaber der Armeen und die Luftwaffenchefs bestimmt; den unteren Formationen sollte er mündlich bekanntgegeben werden. Man darf also wohl schlussfolgern, dass der Befehl, wenn die Truppe seinen Inhalt kannte, auch nach unten weitergegeben wurde, und das konnte nur durch die Befehlshaber geschehen. Auf jeden Fall ist es eine erwiesene Tatsache, dass die Angehörigen der deutschen Armeen während ihres Vormarsches in den Jahren 1941 und 1942 viele Kommissare ermordeten; erst später, als sich die Nazis auf dem Rückzug befanden und die Kommissare nicht mehr die Verfolgten, sondern die Verfolger waren, verringerte sich die Zahl der Opfer.

Der sechste Artikel der Haager Bestimmungen besagt, dass der Staat die von seinen Truppen gefangengenommenen und in seinem Gewahrsam befindlichen Kriegsgefangenen mit Ausnahme der Offiziere entsprechend ihrem Rang und ihrer Fähigkeit zur Arbeit heranziehen kann. Diese Arbeit darf nicht übermäßig anstrengend sein und »soll nicht mit den Kriegshandlungen in Verbindung stehen«. Die Auslegung des Begriffes der verbotenen Arbeiten bietet gewisse Schwierigkeiten. Dem betreffenden Artikel der Haager Bestimmungen zufolge ist das Verbot nicht auf gefährliche Arbeiten beschränkt, denn solche Arbeiten sind sinngemäß schon durch die Forderung nach humaner Behandlung ausgeschlossen, wenn dies auch nicht ausdrücklich erwähnt wird. Die enthaltene Formulierung »nicht mit den Kriegshandlungen in Verbindung stehen« ist so umfassend, dass es unter den Bedingungen moderner Kriege, in denen fast die gesamten Menschenreserven des Staates zur Befriedigung der militärischen Erfordernisse herangezogen werden, kaum eine Beschäftigung gibt, von der mit Recht gesagt werden könnte, dass sie nichts mit den Kriegshandlungen zu tun hat.

Artikel 31 der Genfer Konvention von 1929 besagt jedoch, dass die Arbeit der Kriegsgefangenen nicht direkt mit den Kriegshandlungen in Verbindung stehen dürfe. Nun gibt es zwar kein präzises Kriterium dafür, ob eine Arbeit direkt oder nur indirekt mit den militärischen Operationen zu tun hat, aber es kann wohl nicht bezweifelt werden, dass der Bau von Schanzanlagen in der Kampfzone jedenfalls in direktem Zusammenhang mit den Kriegshandlungen steht und dass das Räumen von Minenfeldern im Allgemeinen recht gefährlich ist …

Im sog. »OKW-Prozess« stellte sich das Gericht auf den Standpunkt, dass der Einsatz von Kriegsgefangenen beim Bau befestigter Feldstellungen im Kampfgebiet »unter den Bedingungen des modernen Krieges« als gefährliche Arbeit zu betrachten ist und dass die Verwendung von Gefangenen für solche Arbeiten wie auch für das Minenräumen eindeutig durch das Völkerrecht verboten ist und ein Kriegsverbrechen darstellt.

Im November 1941 gab das deutsche Oberkommando eine Direktive an alle Armeegruppen und Armeen in der Sowjetunion über die Aufstellung von »Kriegsgefangenen-Bataillonen« heraus. Hier ein Auszug daraus:

> Die Erfordernisse der Kriegswirtschaft verlangen, dass ein Deutscher nach Möglichkeit nur dann beschäftigt werden sollte, wenn er nicht durch einen Ausländer oder einen Kriegsgefangenen ersetzt werden kann. Eine Anzahl der Pflichten in der Armee und im Felde, an die viele deutsche Soldaten bisher gebunden waren, können durch Kriegsgefangene ausgeführt werden, wenn sie strikt und wirksam in das militärische System eingebaut werden. Das Oberkommando wird daher Kriegsgefangenen-Bataillone aufstellen.[13]

Diese Direktive wurde durch Erlass entsprechender Ausführungsbefehle von allen unteren Formationen an der Ostfront verwirklicht. Schon vor der Herausgabe der Direktive des OKW hatten Kommandeure auf mittlerer Ebene Befehle zur Bildung von Arbeitskompanien erlassen. Ein solcher Befehl war auch von der Elften Armee mit der Unterschrift des Stabschefs Wöhler herausgegeben worden. Es hieß darin, die Gefangenen seien wertvolle Arbeitskräfte, und es sollten Arbeitskompanien gebildet werden, damit sie schnellstens »für militärische Aufgaben der Truppe im Operationsgebiet« verwendet werden könnten.

So holte man die Gefangenen aus ihren Stacheldrahtverhauen und stellte sie den Artillerie-, Pionier- und Nachrichteneinheiten zur Verwendung im Kampfgebiet zur Verfügung. Die Infanterieregimenter wurden ermächtigt, einen Teil der Kriegsgefangenen, die ihnen in die Hände fielen, gleich zur Verwendung an der Front zurückzubehalten. Auch die Kutscher der Versorgungs- und der Munitionsnachschub-Kolonnen der Artillerie wurden durch sowjetische Kriegsgefangene ersetzt und den Kampfeinheiten zugeteilt.

All diese Maßnahmen standen eindeutig in Widerspruch zu den Haager Bestimmungen, aber gleich von Beginn des Feldzuges an offenbarte das deutsche Oberkommando die Absicht, bei der Verwendung sowjetischer Gefangener keine Rücksicht auf die Kriegsgesetze zu nehmen. Im Juli 1941 erließ das OKW eine Direktive, nach der gewisse Kategorien von Gefangenen nicht nach Deutschland gebracht, sondern im Kampfgebiet beschäftigt werden sollten, und der erwähnte Befehl der 11. Armee vom 3. August 1941 setzte diesen Beschluss in die Tat um.

Auf diese Weise wurden innerhalb eines Monats 43 000 Gefangene im vorgeschobenen Nachschubdienst und weitere 13 000 beim Bau von Verteidigungsstellungen eingesetzt. Diese Arbeit, die im Kampfgebiet und in der Etappe geleistet wurde, war eindeutig militärischer Art; die Gefangenen besorgten den Transport von militärischem Material, Ausrüstungen und Munition für die vorgeschobenen Einheiten, sie legten Verteidigungsstellungen an, und die Deutschen selbst bezeichneten ihre Arbeit als »von größter Bedeutung für die Durchführung der Operationen«. Dass diese Politik systematisch betrieben wurde, steht außer Frage. Die Eintragungen in den Kriegstagebüchern deutscher Formationen der verschiedensten Ebenen beweisen, dass während der Jahre 1942 und 1943 eine große Anzahl Kriegsgefangener zum Bau von Befestigungen gezwungen wurde.

Doch damit nicht genug. Die Gefangenen wurden auch weitgehend zum Räumen von Minenfeldern herangezogen. In einem vom deutschen 33. Korps herausgegebenen Befehl heißt es unter Bezugnahme auf eine Direktive des OKW, besonderer Nachdruck werde auf den Beschluss des Oberkommandierenden gelegt, dass außer im Gefecht und bei unmittelbar drohender Gefahr eines Angriffs nur sowjetische Gefangene für das Suchen von Minen und das Räumen von Minenfeldern verwendet werden sollten, um deutsches Blut zu schonen. Zu diesem Zweck seien besondere Kriegsgefangenen-Einheiten aufzustellen. Noch verwerflicher war die Praxis, Kriegsgefangene an der Spitze vorrückender deutscher Einheiten durch die feindlichen Minenfelder zu treiben. Hätte man sie nur dazu verwendet, ihnen bekannte Lücken in den Minenfeldern anzugeben, wäre nicht viel dagegen zu sagen, obgleich auch das formal ein Bruch der Haager Bestimmungen gewesen wäre. Aber hier wurden Menschen dazu benutzt, die Minen auszulösen und für die vorrückenden Deutschen unschädlich zu machen. In den Befehlen über die Auswahl und Verwendung von Gefangenen zum Auslösen der Minen war die Anweisung enthalten, sorgfältig darauf zu achten, dass sie »keine größeren Schritte machen, um den Minen aus dem Weg zu gehen«.

Viele Fälle brutaler Misshandlung sowjetischer Kriegsgefangener sind untersucht und bestätigt worden. Man folterte sie mit glühenden Eisenstangen, stach ihnen die Augen aus, schlitzte ihnen den Bauch auf und hackte ihnen Füße, Hände, Finger, Ohren und Nase ab. Nach dem deutschen Rückzug am Dnjepr fand man die Leichen eines sowjetischen Bataillonskommandeurs und seines Kommissars. Die Toten waren mit den Armen und Beinen an Pfähle genagelt, und in ihre Körper hatte man, anscheinend mit Taschenmessern, fünfzackige Sterne geschnitten; nicht weit davon entfernt lag die Leiche eines anderen sowjetischen Soldaten, dem man die Füße verbrannt und die Ohren abgeschnitten hatte. Oft wurden gefangengenommene Krankenschwestern und Pflegerinnen vergewaltigt und geschändet. In der Nähe von Smolensk wurden zahlreiche verwundete Gefangene erschossen oder mit dem Bajonett erstochen. Im Winter pflegten deutsche Soldaten und ihre Offiziere allen Gefangenen, auch den Frauen, ihre warmen Sachen fortzunehmen, ja sie zogen sogar die Toten aus und ließen sie splitternackt liegen.

In dem kleinen Dorf Popowka im Rayon Tula trieben die Deutschen 140 kriegsgefangene Angehörige der Roten Armee in eine Scheune, die sie dann in Brand setzten. Bei Leningrad töteten sie während ihres Rückzuges durch Sprengpatronen 150 sowjetische Kriegsgefangene, die sie zuvor geschlagen und gefoltert hatten. Dann verstümmelten sie die Leichen. Im Dezember 1941 richteten die Deutschen, wiederum in der Nähe von Smolensk, 200 Kriegsgefangene hin, nachdem sie sie nackt und barfuß durch die Stadt Kowdrowo geführt und unterwegs bereits alle, die nicht mehr weiterkonnten, getötet hatten. Auch einige Einwohner, die den Gefangenen auf ihrem Weg durch die Straßen Brot anboten, wurden kurzerhand erschossen.

Es gab auch Befehle zum Tätowieren der Gefangenen:

> Die sowjetischen Kriegsgefangenen sind durch ein besonderes und dauerhaftes Merkmal zu kennzeichnen. Das Merkmal besteht aus einem nach unten geöffneten spitzen Winkel von etwa 45° und 1 cm Schenkellänge auf der linken Gesäßhälfte, etwa handbreit von der Afterspalte entfernt. Als Farbstoff ist chinesische Tusche zu verwenden.

Die Zustände, die in den deutschen Kriegsgefangenenlagern in der Sowjetunion herrschten, spotteten jeder Beschreibung. Ihre Insassen wurden zu Tausenden umgebracht, Kranke erhielten keine ärztliche Hilfe. In einem Lager in der Nähe von Smolensk starben täglich 200 Menschen an Kälte, Hunger, Typhus oder Ruhr. Kranke, ausgemergelte Gefangene wurden gezwungen, im Smolensker Kraftwerk zu arbeiten, und wer vor Erschöpfung zusammenbrach, wurde von den Wachen kurzerhand erschossen. Das Lagerhospital glich einem Schlachthaus. Ein Arzt, der in den ersten Monaten des Jahres 1942 dort arbeitete, erklärte, dass es im tiefsten russischen Winter keine Heizung gab. Die Verwundeten lagen unverbunden auf dem blanken Fußboden, ihre Kleidung und ihr Bettzeug waren mit Eiter und Exkrementen bedeckt.

Auch im Zivilgefängnis von Orel wurde ein Kriegsgefangenenlager eingerichtet. Als sich die Deutschen zurückzogen, nahm eine Ärztekommission die Aussagen einiger Sanitätsoffiziere des Lagers zu Protokoll: Die Tagesverpflegung der Gefangenen bestand aus 200 Gramm Brot und einem Liter Suppe, die aus verfaulten Sojabohnen und verdorbenem Mehl zubereitet war. Dem Mehl, aus dem das Brot gebacken wurde, war Sägemehl beigemischt. Der Nährwert der Tagesration erreichte im Höchstfall 700 Kalorien. Bei dieser Ernährung sollten die Gefangenen täglich elf bis zwölf Stunden arbeiten. Sie waren dazu natürlich nicht imstande; viele von ihnen starben buchstäblich an physischer Erschöpfung. Zu Hunderten litten die Gefangenen dieses Lagers an Ödemen, die ausschließlich auf die systematische Aushungerung zurückzuführen waren; eine solche Diagnose zu stellen, war jedoch nicht zulässig. Die Schwellung der Gliedmaßen wurde stets als Folge einer Herz- oder Nierenkrankheit hingestellt, und schon die bloße Bezeichnung »Hungerödem« war verboten. Brennmaterial und reines Trinkwasser fehlten völlig, und das Lager wimmelte von Ungeziefer. Die Sterblichkeit nahm Massencharakter an, und mindestens 3 000 Menschen gingen allein an Unterernährung zugrunde. Täglich starben im Durchschnitt sechs Gefangene, und die Lebenden schliefen neben den Toten.

Dabei war dieses Lager nicht einmal schlimmer als alle übrigen, denn in den ersten Monaten des Feldzuges kümmerte sich das deutsche Oberkommando nicht darum, ob seine Kriegsgefangenen lebten oder starben. Erst später, als man ihre Bedeutung als Sklavenarbeiter erkannte, wurden größere Anstrengungen gemacht, um sie am Leben zu halten. Die Mindestration der Kriegsgefangenen für einen Zeitraum von 28 Tagen setzte das OKW wie folgt fest: sechs Kilogramm Brot, 400 Gramm Fleisch, 400 Gramm Fett und 600 Gramm Zucker. Gefangene, die besonders schwere Arbeiten verrichteten, erhielten etwas höhere Sätze.

In dem Befehl einer deutschen Division wurde ausdrücklich vorgeschrieben, dass den sowjetischen Gefangenen ohne Zögern alle noch brauchbaren Stiefel abgenommen werden sollten. Kein Wunder, dass diese Menschen, die, halb verhungert und ihrer Kleidung beraubt, schutzlos im Freien der bitteren Kälte des Winters 1941/42 ausgesetzt waren, wie die Fliegen starben.

Doch nicht nur durch Hunger, Vernachlässigung und die Unbilden der Witterung gingen sie zugrunde: Am 24. Juli 1941, einen Monat, nachdem Hitlers Armeen in die Sowjetunion eingefallen waren, gab das deutsche Oberkommando eine grundsätzliche Direktive über die Behandlung sowjetischer Kriegsgefangener, ihre Siebung, Zusammenfassung und Verwendung im Operationsgebiet heraus. Sie sollten danach in fünf Kategorien eingeteilt werden, von denen eine die »politisch untragbaren Elemente: Verdächtige, Kommissare und Agitatoren« umfasste. Alle Angehörigen dieser Kategorie unterlagen der »Sonderbehandlung«, das heißt, die Sonderkommandos der Gestapo und des SD, die es in jedem Kriegsgefangenenlager gab, siebten diese »politisch untragbaren Elemente« aus, wobei sie, nach den Worten des Befehls, »so unauffällig wie möglich« vorzugehen hatten. Die Liquidierungen sollten dann unverzüglich und möglichst weit von den Durchgangslagern und den Dörfern entfernt erfolgen, damit die übrigen Kriegsgefangenen und die Zivilbevölkerung nichts merkten. Soweit die Instruktionen; in der Praxis wurden die Gefangenen jedoch fast alle in Konzentrationslager gebracht.

Zu ihrer letzten Fahrt verfrachtete man sie wie Gefrierfleisch in geschlossene Waggons, in denen sie oft ohne Nahrung und Wasser drei bis vier Tage eingesperrt blieben. Als einer dieser Kriegsgefangenenzüge an seinem Bestimmungsort eintraf, entströmte den fünfzig Waggons beim Öffnen der Türen wahrhaft unerträglicher Leichengeruch: Die Hälfte der Gefangenen war tot, viele lagen im Sterben, und die wenigen, die noch die Kraft besaßen, hinauszustürzen, um Wasser zu trinken, wurden von den Wachen erschossen. In einem anderen Zug war am Zielbahnhof niemand mehr am Leben: Aus den dreißig Waggons wurden 1500 Leichen herausgeholt.

III Kriegsverbrechen auf Hoher See

Bei Ausbruch des Krieges zwischen England und Deutschland 1939 galt es seit über drei Jahrhunderten allgemein als zulässig, Handelsschiffe des Gegners durch eigene Kriegsschiffe zu kapern und aufzubringen, so dass ein Prisengericht das Schiff und seine Fracht gegebenenfalls beschlagnahmen konnte. Auch neutrale Schiffe durften angehalten und durchsucht werden, und wenn sie Konterbande an Bord hatten, konnte das Prisengericht ihre Beschlagnahmung verfügen.

Weiter hatte sich – und zwar schon als internationaler Kriegsbrauch – allgemein die Auffassung eingebürgert, dass ein Schiff, wenn überhaupt, nur nach vorheriger Kaperung zerstört werden durfte, sofern es sich der Durchsuchung nicht widersetzte und nicht in Gewässern angetroffen wurde, die ausdrücklich zur »Kriegszone« erklärt waren. Dabei galt es von vornherein als Widerstand gegen eine Durchsuchung durch Kriegsschiffe des Gegners, wenn Schiffe im Geleit fuhren; sie mussten daher damit rechnen, ohne Warnung versenkt zu werden. Niemals aber durfte ein alleinfahrendes Handelsschiff ohne vorherige Aufforderung, zu halten und sich durchsuchen zu lassen, zerstört werden.

Im Ersten Weltkrieg wurden diese allgemein anerkannten Regeln des Seerechts jedoch so oft verletzt, dass es äußerst wünschenswert erschien, die Rechtslage noch einmal genau zu bestimmen. Dies geschah durch Artikel 22 des Londoner Flottenvertrages von 1930 zwischen den Vereinigten Staaten, Großbritannien, Frankreich, Italien und Japan.[1]

Artikel 22 dieses Vertrages besagte:

1. Bei ihrem Vorgehen gegen Handelsschiffe müssen U-Boote sich nach den Bestimmungen des Völkerrechts richten, welchem Überwasserschiffe unterworfen sind.
2. Insbesondere darf, mit Ausnahme des Falles der fortgesetzten Weigerung zu stoppen, nachdem die ordnungsgemäße Aufforderung hierzu ergangen ist, oder des tatsächlichen Widerstandes gegen Besichtigung oder Untersuchung, ein Kriegsschiff, es sei ein Überwasserschiff oder ein Unterseeboot, ein Handelsschiff nicht versenken oder zur Seefahrt untauglich machen, ohne vorher die Passagiere, die Bemannung und die Schiffspapiere an einen sicheren Ort gebracht zu haben. Hierbei werden die Boote des Schiffes nicht als ein sicherer Ort angesehen, es sei denn, dass die Sicherheit der Passagiere und der Bemannung bei den herrschenden See- und Wetterverhältnissen durch die Nähe von Land oder durch die Anwesenheit eines anderen Schiffes, welches in der Lage ist, sie an Bord zu nehmen, gewährleistet ist.

Diese Formulierung war klar und eindeutig, und niemand konnte sich darauf berufen, dass er sie nicht verstand. Wenige Stunden nach Ausbruch des Zweiten Weltkrieges wurde es jedoch offenkundig, dass Deutschland sie völlig zu missachten beabsichtigte: Am Abend des 3. September 1939 wurde der Dampfer »Athenia« auf der Fahrt nach Amerika auf Hoher See von einem deutschen U-Boot versenkt. Fast hundert Menschen kamen dabei ums Leben.

Der *Völkische Beobachter*, das Organ der Nazipartei, erschien am 23. Oktober 1939 mit der Schlagzeile: »Churchill versenkte die ›Athenia‹«. Unter einer Fotografie des Schiffes standen folgende Ausführungen:

> Das Bild oben zeigt die stolze »Athenia«, den Ozeanriesen, den Churchills Verbrechen vernichtete. Deutlich sieht man die große Funkanlage an Bord des Dampfers. Nirgends aber wurden SOS-Rufe des Schiffes vernommen. Warum schwieg die »Athenia«? Weil ihr Kapitän

der Welt nichts mitteilen durfte. Er hütete sich wohlweislich, die Welt darüber aufzuklären, dass Winston Churchill den Versuch unternommen hatte, das Schiff durch Explosion einer Höllenmaschine zu versenken. Er wusste es wohl, aber er musste schweigen. Fast 1 500 Menschen wären ums Leben gekommen, hätte der ursprüngliche Anschlag Churchills das Ergebnis gehabt, das der Verbrecher wünschte. Ja, er hoffte sehnlich, dass die hundert Amerikaner, die auf dem Dampfer fuhren, den Tod in den Fluten finden möchten, damit sich der Zorn des von ihm belogenen amerikanischen Volkes gegen Deutschland als den vermutlichen Urheber der Tat richten sollte. Ein Glücksfall war es, dass die Mehrzahl dem ihnen von Churchill zugedachten Schicksal entging. Unser Bild rechts zeigt zwei verwundete Passagiere. Sie wurden von dem Frachtdampfer »City of Flint« gerettet und, wie hier ersichtlich, dem amerikanischen Küstenschutzboot »Gibb« zur weiteren ärztlichen Behandlung übergeben. Sie sind eine stumme Anklage gegen den Verbrecher Churchill. Sie rufen ihn ebenso wie die Schatten der Umgekommenen vor das Gericht der Welt und legen dem britischen Volk die Frage vor: »Wie lange noch darf ein Mörder eines der traditionsreichsten Ämter versehen, das Großbritanniens Geschichte kennt?

Ein wirklich recht anmaßender Schwindel vonseiten eines Landes, das sich inzwischen auf der Anklagebank der Geschichte für viele Millionen Morde zu verantworten hatte. In Wirklichkeit hatte Sich alles ganz anders abgespielt. In den späten Abendstunden des 3. September 1939 war der Dampfer »Athenia« von dem U-Boot U 30, das unter dem Befehl des später gefallenen Oberleutnants Lemp stand, ohne Warnschuss torpediert worden. Das U-Boot hatte gewartet, bis es dunkel wurde, und war dann aufgetaucht. Ein Angehöriger der Besatzung, der die Versenkung mit angesehen hatte, musste eine eidesstattliche Erklärung unterzeichnen, dass er »alle Ereignisse des Tages aus seinem Gedächtnis auslöschen würde«. Sobald die Versenkung bekannt wurde, behaupteten Admiral Raeder und die deutsche Admiralität in einem offiziellen Dementi, dass zu der fraglichen Zeit kein U-Boot in dem betreffenden Gebiet gewesen sein könnte. Die Admirale Raeder und Dönitz wussten indessen beide Mitte September 1939, dass die »Athenia« durch das von

Oberleutnant Lemp befehligte U-Boot versenkt worden war, denn der Kommandant meldete selbst den Vorfall. Man versuchte dann, die Angelegenheit so hinzustellen, als habe er das Schiff irrtümlich für einen auf Feindfahrt befindlichen bewaffneten Handelskreuzer gehalten. Dönitz erklärte, alle U-Boot-Offiziere seien angewiesen worden, solchen Schiffen besondere Aufmerksamkeit zuzuwenden; er habe ihnen jedoch nicht gesagt, um was für Fahrzeuge es sich dabei handeln könnte, und auch kein Schiff namentlich genannt.

Es ist höchst unwahrscheinlich, dass an der Behauptung, das U-Boot U 30 habe die »Athenia« mit einem Handelskreuzer verwechselt, irgendetwas Wahres war, denn ein Befehl vom 22. September 1939 besagte, es müsse in allen Fällen so vorgegangen werden, dass »die Versenkung eines Handelsschiffes im Logbuch durch den Hinweis auf eine mögliche Verwechslung mit einem Kriegsschiff oder einem Hilfskreuzer gerechtfertigt wird«. Dieser Befehl wurde fünf Tage vor der Rückkehr des U-Bootes U 30 zum Stützpunkt Wilhelmshaven herausgegeben; es ist somit klar, dass sich Dönitz bereits fünf Tage, ehe er Gelegenheit hatte, Lemp über den Vorfall zu befragen, diese Entschuldigung zurechtlegte. Es war auch bezeichnend, dass keinerlei disziplinarische Maßnahmen gegen den Kommandanten ergriffen wurden. Das Oberkommando der Marine (OKM) stellte sich auf den Standpunkt, ein Kriegsgerichtsverfahren sei nicht erforderlich, da der Kapitän »in gutem Glauben gehandelt« habe. Dönitz selbst vertrat die Auffassung, Lemp müsste sowieso freigesprochen werden, und ein solcher Prozess würde daher nur unnötiges Aufsehen erregen und Zeit kosten.

Im Kriegstagebuch des Chefs des U-Boot-Kommandos findet sich unter dem 27. September 1939 folgende Eintragung : »U 30 läuft ein. Es versenkte die Dampfer ›Blairlogies‹ und ›Fanad‹.« Übrigens wurde das Logbuch von U 30 gefälscht: Man entfernte die erste Seite und ersetzte sie durch eine neue. Die Fälschung wurde indessen nicht so sorgfältig vorgenommen, wie man es bei der deutschen Gründlichkeit hätte annehmen sollen. Während nämlich auf den Originalseiten des Logbuches alle Daten mit römischen Ziffern geschrieben waren, wurden sie auf der ausgewechselten Seite mit arabischen Ziffern angegeben. Jede Erwähnung des Dampfers »Athenia« wurde in dem gefälschten Text sorgfältig vermieden.

Als die »Athenia« versenkt wurde, waren noch keine zwölf Stunden seit der Kriegserklärung zwischen Deutschland und Großbritannien vergangen. Die Deutschen hatten nicht lange gewartet, um die Welt wissen zu lassen, dass sie beabsichtigten, das Protokoll von 1936[2] zu missachten und zu den Piratenmethoden aus der Zeit des Ersten Weltkrieges zurückzukehren. Doch es sollte noch schlimmer kommen.

Zu Beginn des Krieges war Dönitz Befehlshaber der U-Boot-Waffe, der wichtigsten Waffe der deutschen Marine, die in den dann folgenden Jahren Millionen Tonnen alliierten und neutralen Schiffsraumes versenkte. Es war nicht zu erwarten, dass sich die U-Boot-Kommandanten unter dem Befehl eines Mannes wie Dönitz allzuviel Gewissensbisse über die Methoden des U-Boot-Krieges machen würden. Dönitz war einer der fanatischsten Nazis; im *Jahrbuch für die deutsche Marine*, Jahrgang 1944, wurde er als ein Mann bezeichnet, der stets »ein Führer und Inspirator für alle ihm unterstehenden Kräfte« war. Die Äußerungen, die er in der Öffentlichkeit machte, zeugen von seinem Fanatismus, und dass es ihm gelang, seine Untergebenen ganz mit seinen eigenen Anschauungen zu durchdringen, beweist die Rücksichtslosigkeit, mit der sie bis zuletzt den uneingeschränkten U-Boot-Krieg führten.

Ein Memorandum über die »Möglichkeiten der zukünftigen Seekriegsführung«, das im Oktober 1939 von Admiral Raeder und dem deutschen Marinestab vorbereitet wurde, erläuterte den Charakter der geplanten Seekriegsführung. Nach der Feststellung, dass bei den Angriffen auf die britischen Seewege die rücksichtslosesten Methoden angewandt werden müssten, wobei möglichst alle Unternehmungen im Einklang mit dem geltenden Völkerrecht stehen sollten, wurde darauf hingewiesen, dass andere Maßnahmen, die »vom militärischen Standpunkt für notwendig betrachtet werden, auch dann durchgeführt werden müssen, wenn sie nicht im Rahmen des bestehenden internationalen Rechts liegen, sofern ein entscheidender Erfolg von ihnen erwartet werden kann. Im Prinzip sollte Widerstand gegen den Feind daher auf einer gewissen gesetzlichen Konzeption beruhen, selbst wenn das die Schaffung eines neuen Seekriegskodexes nach sich zieht.«[3]

Wieder einmal sollte also der Zweck die Mittel heiligen.

Der Verlauf des U-Boot-Krieges gegen die alliierte und neutrale Handelsschifffahrt entsprach ganz dem von Admiral Raeder vorgezeichneten rücksichtslosen Kurs. Von Anfang an wurden Handelsschiffe der Gegner wie auch neutraler Länder ohne Warnung versenkt, und mit wenigen Ausnahmen geschah dabei nichts, um die Passagiere oder die Besatzungen zu retten. Später, als es üblich geworden war, bestimmte Gebiete zu Gefahrenzonen zu erklären, führten die U-Boote auch außerhalb dieser Zonen weiterhin ohne vorherige Warnung Angriffe durch.

Das erste neutrale Handelsschiff, das von einem deutschen U-Boot ohne vorherige Warnung versenkt wurde, war der dänische Dampfer »Vendia«. Er befand sich am 30. September 1939 ohne Ladung auf der Fahrt nach dem Clyde, als er von einem U-Boot unmittelbar im Anschluss an zwei rein formale Warnschüsse durch Torpedo versenkt wurde, obgleich sich der Kapitän bereits durch Funkspruch bereit erklärt hatte, den Durchsuchungsbefehlen des U-Bootes nachzukommen. Zum Verlassen des Schiffes blieb ihm keine Zeit mehr.

Noch ehe der November zu Ende ging, war es allgemein üblich geworden, neutrale Schiffe unter ähnlichen Umständen zu versenken. Am 12. November versenkte ein deutsches U-Boot den norwegischen Tanker »Arne Kjode« ohne jede vorherige Warnung. Das Schiff war von einem neutralen Hafen zu einem anderen unterwegs; sein Kapitän und vier Angehörige der Besatzung wurden von einem anderen Schiff geborgen, nachdem sie viele Stunden in offenen Booten auf dem Meer umhergetrieben waren. Der U-Boot-Kommandant selbst machte keinen Versuch, die norwegische Besatzung zu retten.

Im Januar 1941 verkündete Hitler: »Jedes Schiff mit oder ohne Geleit, das vor unseren Torpedorohren erscheint, wird torpediert.« Nach den Drohungen zu urteilen, die dieser Ankündigung vorausgingen, war sie wohl in erster Linie an die Adresse Amerikas gerichtet; als sie dann aber auf der anderen Seite des Atlantiks große Entrüstung auslöste, behaupteten die Deutschen, der Befehl bezöge sich nur auf Schiffe innerhalb der »Kriegszone«. Aber auch außerhalb der Kriegszone war kein Schiff vor ungesetzlichen Angriffen sicher, wie die Versenkung der »City of Benares« am 17. September 1940 deutlich bewies. Dieser 11 000 Tonnen große Passagierdampfer hatte etwa 400 Reisende und Mannschaften an Bord, darunter ungefähr hundert Kinder. Er wurde außerhalb der »Kriegszone« ohne Warnung versenkt, und 258 Passagiere, darunter 77 Kinder, kamen ums Leben. Zur Zeit des Angriffes herrschte äußerst schlechtes Wetter mit heftigen Hagel- und Regenschauern und hohem Seegang. Das Schiff wurde gegen 22 Uhr torpediert, und infolge der Dunkelheit und des Sturmes kenterten vier Rettungsboote, als sie zu Wasser gelassen wurden; andere gingen später bei dem starken Seegang unter. Viele Kinder starben an den Strapazen.

Im Laufe jenes ersten Kriegswinters wuchs die Zahl der unschuldigen Opfer der deutschen Rücksichtslosigkeit unaufhörlich; Mannschaften und Passagiere trieben tagelang, von den Stürmen des Atlantiks geschüttelt, in offenen Booten auf dem Wasser; sie hielten sich an Planken fest, bis einer nach dem anderen versank, weil die Finger das Holz vor Kälte nicht mehr umklammern konnten; Besatzungsmitglieder wurden von U-Booten mit Maschinengewehren beschossen, als sie die Rettungsboote flottmachten oder ziellos auf der öligen See dahintrieben. War das der »rücksichtslose«, aus »militärischer Notwendigkeit geborene« neue Seekriegskodex, den Admiral Raeder in seiner Denkschrift von 1939 erwähnte? Wer sich noch an die düsteren Tage des Jahres 1917 erinnerte, wusste, dass er zumindest keine Neuheit darstellte.

Bei der Torpedierung des britischen Dampfers »Sheaf Mead« am 27. Mai 1940, die 31 Besatzungsangehörigen das Leben kostete, zeichnete sich der betreffende U-Boot-Kommandant durch ein besonders niederträchtiges Verhalten gegenüber den Besatzungsmitgliedern aus, die sich nach dem Untergang ihres Schiffes an Sparren und gekenterte Rettungsboote klammerten. Es handelte sich um Kapitänleutnant Oehrn, der das U-Boot U 37 befehligte. Der leitende Ingenieur der »Sheaf Mead« beschrieb ihn als »jungen, gut gewachsenen Mann von etwa 28 Jahren. Er hatte blondes Haar und sah ziemlich gut aus. Er sprach gut Englisch mit einer sehr tiefen Stimme.«

Nach der Eintragung zu urteilen, die sich unter dem betreffenden Datum im Tagebuch dieses jungen Mannes befindet,[4] scheint ihm das Ganze großen Spaß gemacht zu haben:

> 27. Mai 12:52 – Dampfer gesichtet, westlicher Kurs, etwa 5000 Tonnen. Geschwindigkeit zehn Knoten. Nehmen die Verfolgung auf.
>
> 14:44 – Boot jetzt in Position. Getaucht. Seegang behindert Tauchen und Beobachtung […], mit Volldampf, bleiben auf gleicher Höhe […], nur noch kurze Zeit bis zum Abschuss […]. Die Entfernung nimmt ab […] Torpedorohr klar – soll ich schießen oder nicht? Geschützbedienung gleichfalls klar […]. Hurra, eine Heckkanone, ein Flakgeschütz oder etwas Ähnliches. Feuer! Kann nicht fehlgehen […]. Periskop ausgefahren, beobachte […] Treffer […], Entfernung 320 Meter. Heck sackt stark ab. Mannschaft springt in die Boote. Bug hebt sich. Will mich mal umsehen.
>
> 15:54 – Aufgetaucht. Achterschiff unter Wasser. Bug steigt höher. Die Rettungsboote sind jetzt zu Wasser. Ihr Glück. Ein Bild vollkommener Ordnung. Der Bug richtet sich sehr hoch auf. Zwei Mann erscheinen von irgendwoher im Vorderteil des Schiffes. Sie springen und rennen in großen Sprüngen über das Deck zum Heck. Das Heck verschwindet. Ein Boot kentert. Dann eine Kesselexplosion. Zwei Mann fliegen mit ausgespreizten Gliedern durch die Luft […]. Dann ist alles vorbei. Ein großer Haufen von Schiffstrümmern schwimmt umher. Wir nähern uns, um den Namen zu ermitteln. Die Mannschaft hat sich auf Schiffstrümmer und gekenterte Boote gerettet. Wir fischen einen Rettungsring auf. Kein Name daran.
>
> 16:48 – Ich frage einen Mann auf dem Floß. Er sagt: ›Nix Name‹, wobei er kaum den Kopf dreht. Ein junger Bursche im Wasser ruft: ›Help, help, please!‹ Die anderen sind sehr gefasst. Sie sehen bedrückt

und ziemlich müde aus. Ein Ausdruck kalten Hasses liegt auf ihren Gesichtern. Zurück auf den alten Kurs…

Nachdem der U-Boot-Kommandant sein Opfer versenkt hatte, kreuzte er noch eine halbe Stunde lang in dem Gebiet. Zwei Männer standen mit Bootshaken an Deck, um die Rettungsboote fernzuhalten. Auch die übrige Besatzung blieb an Deck und fotografierte die Überlebenden. Später tauchte das U-Boot an, ohne den Überlebenden irgendwelchen Beistand geleistet zu haben.[5]

Im Januar 1940 gab das OKM eine Direktive heraus, durch die die Marine ermächtigt wurde, in feindlichen Küstengewässern, die vermint sein konnten, alle Schiffe durch U-Boote zu versenken. Die U-Boot-Kommandanten wurden angewiesen, sich stets so zu verhalten und ihre Waffen so einzusetzen, dass der Eindruck erweckt würde, die Explosionen seien durch Minen verursacht worden. Die Anweisung, Besatzungen versenkter Handelsschiffe ihrem Schicksal zu überlassen, wurde anscheinend erstmalig im Mai 1940 herausgegeben. Der ständige Kriegsbefehl Nummer 154 des U-Boot-Kommandos enthielt folgenden Passus:

> Keine Leute retten und mitnehmen. Keine Sorge um Boote des Dampfers. Wetterverhältnisse und Landnähe sind gleichgültig.[6] Nur Sorge um das eigene Schiff […]. Wir müssen hart in diesem Krieg sein. *Der Gegner hat den Krieg angefangen, um uns zu vernichten, es geht also um nichts anderes.*

Als die Vereinigten Staaten von Amerika in den Krieg eintraten und Deutschland sich mit der Tatsache vertraut machen musste, dass seine Gegner jetzt über weit größeren Schiffsraum und eine fast unerschöpfliche Schiffsbaukapazität verfügten, wurden noch drastischere Befehle erteilt. Die U-Boot-Kommandanten erhielten Anweisung, nicht nur von einer Rettung schiffbrüchiger Besatzungen abzusehen, sondern sie sogar zu töten.

Weniger als einen Monat nach dem japanischen Angriff auf Pearl Harbour hatte Hitler Gelegenheit, dem Botschafter Japans in Berlin diese neue Phase zu erläutern. Er sagte, die Amerikaner könnten zwar viele Schiffe bauen, aber der Mangel an geeigneten Mannschaften werde ihnen die größten Schwierigkeiten machen. Er habe daher die Absicht, alle Handelsschiffe ohne Warnung zu versenken. Deutschland kämpfe um seine Existenz, und auf humane Gefühle könne dabei keine Rücksicht genommen werden. Er beabsichtige, den Befehl zu geben, dass die U-Boote nach dem Abschuss der Torpedos auftauchen und die Rettungsboote zusammenschießen sollten. Nach der stenografischen Notiz, die von diesem Meinungsaustausch gemacht wurde, stimmte Botschafter Oshima »diesen Ausführungen des Führers aufrichtig zu und sagte, dass auch die Japaner gezwungen seien, diese Methoden anzuwenden«. Im September des gleichen Jahres erhielten alle U-Boot-Kommandanten aus Dönitz' Hauptquartier als geheime Kommandosache folgenden Befehl:

> Jeglicher Rettungsversuch von Angehörigen versenkter Schiffe, also auch Auffischen von Schwimmenden und Anbordgabe auf Rettungsboote, Aufrichten gekenterter Rettungsboote, Abgabe von Nahrungsmitteln und Wasser haben zu unterbleiben. Rettung widerspricht den primitivsten Forderungen der Kriegführung nach Vernichtung feindlicher Schiffe und Besatzungen [...]. Hart sein. Daran denken, dass der Feind bei seinen Bombenangriffen auf deutsche Städte auf Frauen und Kinder keine Rücksicht nimmt.

Unter demselben Datum, an dem dieser Befehl durchgegeben wurde, schrieb Dönitz in sein Kriegstagebuch :

> Alle Kommandanten werden nochmals darauf hingewiesen, dass Rettungsversuche von Angehörigen versenkter Schiffe den primitivsten Forderungen der Kriegführung nach Vernichtung feindlicher Schiffe und ihrer Besatzung widersprechen.

Dem Kommandeur der 5. U-Flottille in Kiel, Heinz Möhle[7], erschien der Befehl unklar; er ersuchte daher einen höheren Offizier aus Dönitz' Stab um nähere Auskunft. Der Sinn des Befehls wurde ihm an zwei Beispielen erläutert. Das erste betraf ein U-Boot, das auf der Ausfahrt zu einer Unternehmung in der Bucht von Biskaya ein Schlauchboot mit den überlebenden Besatzungsmitgliedern eines britischen Flugzeuges sichtet. Da sich das vollbeladene Boot auf Fernfahrt befand, konnte keine Rede davon sein, die Flugzeugbesatzung an Bord zu nehmen. Der U-Boot-Kommandant fuhr in weitem Bogen um das Schlauchboot herum und setzte die Fahrt fort. Als er bei seiner Rückkehr zum Stützpunkt die näheren Umstände meldete, wurde ihm erklärt, er hätte die Überlebenden, da er sie nicht zu Vernehmungszwecken mitnehmen konnte, auf den Meeresgrund schicken sollen, damit sie nicht eines Tages von neuem kämpfen könnten. Das zweite Beispiel war der Hinweis des Stabsoffiziers, dass in den ersten Monaten des U-Boot-Krieges gegen die Vereinigten Staaten in flachen Gewässern vor der amerikanischen Küste sehr beträchtliche Mengen an Schiffsraum versenkt worden seien. Die meisten Besatzungsmitglieder wären dabei in Folge der Nähe des Festlandes gerettet worden, was man in Dönitz' Hauptquartier für höchst bedauerlich halte.

Der Internationale Militärgerichtshof in Nürnberg stellte sich auf den Standpunkt, der »Laconia-Befehl«, wie die Anweisung genannt wurde, habe nicht ausdrücklich die Tötung der überlebenden Besatzungsangehörigen versenkter Schiffe angeordnet. Er sei jedoch zweideutig abgefasst und müsse schärfstens verurteilt werden.

Bei der Unterweisung der U-Boot-Kommandanten, die vor neuen Einsätzen standen, las Möhle den Befehl stets ohne Kommentar vor und erwähnte lediglich die oben angeführten Beispiele. Die Kommandanten mussten dabei zwangsläufig den Eindruck gewinnen, dass das Oberkommando der Marine von ihnen die Tötung der Schiffsbesatzungen erwartete. Vielleicht wollte Möhle sein eigenes Gewissen ein wenig beruhigen, wenn er ihnen dann zum Abschluss sagte: »Der B. d. U. [Befehlshaber der U-Boote, Anm. des Verlags] kann euch offiziell einen solchen Befehl nicht geben, das hat jeder mit seinem Gewissen zu vereinbaren.« Von deutscher Seite ist immer wieder behauptet worden, der »Laconia-Befehl« habe die

U-Boot-Kommandanten lediglich davon abhalten sollen, ihre Mannschaften durch Hilfeleistungen für die Überlebenden in Gefahr zu bringen. Dieses Ziel hätte indessen durch einen Hinweis auf den ständigen Kriegsbefehl Nummer 154[8] erreicht werden können. Überdies wäre der Befehl dann auch nicht so unklar formuliert worden, denn bei der Abfassung solcher Instruktionen wird stets berücksichtigt, dass sie dem Feind in die Hände fallen können.

Welche Ansichten der Großadmiral in dieser Frage wirklich vertrat, ergibt sich aus einer Rede, die er Anfang Oktober 1942 bei einer Inspektion der 2. Unterseeboot-Lehrdivision hielt.[9] In seiner Ansprache an die Lehrgangsteilnehmer erklärte er, die U-Boot-Erfolge hätten sich zwar verringert, aber die Lage werde sich in Kürze bessern, denn es sei für die Alliierten sehr schwer, genügend Besatzungen für ihre Schiffe zu finden. Die alliierten Seeleute hielten die Route über den Atlantik für gefährlich, weil die deutschen U-Boote ihre Schiffe immer noch in großer Zahl versenkten. Viele dieser Seeleute seien schon mehr als einmal mit ihren Schiffen torpediert worden und hätten keine Lust, weiter zur See zu fahren. Dönitz sagte dann, er begreife nicht, wie deutsche U-Boote immer noch die Besatzungen versenkter Handelsschiffe retten könnten, da sie sich dabei doch selbst in Gefahr brächten. Sie arbeiteten dadurch für den Feind, denn die geretteten Mannschaften würden wieder mit neuen Schiffen auslaufen. Es sei jetzt ein Stadium erreicht worden, da der totale Krieg auch zur See geführt werden müsse. Die Schiffsbesatzungen seien für die U-Boote genauso ein Ziel wie die Schiffe selbst. Die Zuhörer entnahmen daraus, dass der totale Krieg künftig nicht nur gegen die Schiffe, sondern auch gegen ihre Besatzungen geführt werden müsse, und wer kann es ihnen verdenken? Die Entscheidung des Nürnberger Gerichtshofs, dass der Großadmiral im Sinne der Anklage bewusst die Tötung von Überlebenden torpedierter Schiffe befohlen habe, war gewiss kein Fehlentscheid.

Sechs Monate nach dem Erlass des »Laconia-Befehls« wurde der Dampfer »Peleus«, ein vom britischen Ministerium für Kriegstransporte gechartertes griechisches Schiff, durch das unter dem Befehl von Kapitänleutnant Heinz Eck stehende U-Boot U 852 im Atlantik versenkt. Die »Peleus« war ohne Fracht auf der Fahrt nach La Plata; sie hatte am 8. März 1943 Freetown verlassen, und am Abend des 13. März befand sie sich unmittelbar südlich des Äquators, etwa 300 Meilen von der nächstgelegenen Stelle der afrikanischen Küste entfernt. Von den 35 Mann Besatzung, größtenteils Griechen, kamen nur drei mit dem Leben davon.

Gegen 17:50 Uhr trafen zwei Torpedos das Schiff, das in weniger als drei Minuten sank. Die meisten Besatzungsangehörigen konnten sich indessen noch retten und klammerten sich an Wrackteile und umhertreibende Planken. Das U-Boot tauchte auf und näherte sich einem der Rettungsboote der »Peleus«, in dem sich drei Überlebende befanden. Ein Englisch sprechender Offizier wurde von dem Kommandanten beauftragt, den Namen des torpedierten Schiffes zu ermitteln. Er ließ einen der Überlebenden, den Dritten Offizier der »Peleus«, an Bord holen, der ihm die gewünschten Auskünfte über den Namen des Schiffes und des Kapitäns, die Fracht sowie den Ursprungs- und Bestimmungshafen gab und die Frage beantwortete, ob noch irgendwelche anderen Schiffe in der Nähe seien. Der betreffende Offizier kehrte dann zum Kommandoturm zurück, um dem Kommandanten Bericht zu erstatten; dieser teilte ihm daraufhin mit, es sei beschlossen worden, alle Spuren der Versenkung durch Tötung der Überlebenden zu beseitigen.

Inzwischen nahm man dem Dritten Offizier der »Peleus« den Rettungsgürtel ab und setzte ihn wieder auf das Floß, von dem man ihn geholt hatte. Eck ließ dann mit Maschinengewehren auf die Flöße schießen, und die Besatzung warf Handgranaten zwischen die Überlebenden. Soweit bekannt, wurden alle, bis auf drei, getötet. Die Überlebenden trieben 25 Tage auf ihren Flößen unter freiem Himmel dahin, bis sie von einem portugiesischen Schiff aufgenommen wurden. In eidesstattlichen Erklärungen schilderten sie ihre Erlebnisse.

Einer von ihnen, ein Grieche namens Liossis, erklärte, er habe gerade Wache gehabt, als er die Spur zweier Torpedos bemerkte, die von Steuerbord auf das Schiff zukamen; er habe daraufhin sogleich befohlen, um neunzig Grad beizudrehen. Beide Torpedos trafen indessen die »Peleus«; Liossis wurde ins Wasser geschleudert und schwamm umher, bis er ein Wrackteil fand, an das er sich klammern konnte. Zusammen mit einem anderen Griechen versuchte er, ein Floß zu erreichen, das vor ihnen trieb. Kurz darauf tauchte das U-Boot auf, fuhr um die Trümmer herum und näherte sich dem Floß, auf dem sich der Dritte Offizier befand, der dann an Bord geholt und ausgefragt wurde. Inzwischen hatte Liossis sein Floß mit dem anderer schiffbrüchiger Besatzungsmitglieder zusammengebunden. Da kam das U-Boot erneut heran und forderte sie auf, näherzukommen. In der Hoffnung auf Hilfe näherten sich Liossis und seine Gefährten dem deutschen U-Boot, das plötzlich mit einem Maschinengewehr auf sie zu schießen begann. Einer der Schiffbrüchigen wurde mehrmals getroffen; die Flöße waren bald von Kugeln durchlöchert, gingen jedoch nicht unter. Da warfen die Deutschen Handgranaten. Die U-Boot-Besatzung schoss noch lange mit Maschinengewehren und warf weitere Handgranaten, bis das Boot unmittelbar vor dem Dunkelwerden abdrehte.

Der Kommandant des U-Bootes U 852 erklärte in seinem Prozess, er habe die Flöße durch Maschinengewehrfeuer versenken lassen wollen; er schwor jedoch, es seien zu der Zeit keine Besatzungsmitglieder der »Peleus« zu sehen gewesen, und er habe niemals Befehl gegeben, auf die Überlebenden zu schießen. Er gab zu, dass sein Chefingenieur Einwände gegen die Vernichtung aller Spuren erhoben hatte und dass durch diesen Beschluss keine Möglichkeit mehr zur Rettung von Menschenleben bestand, da er den Befehl hatte, keine Überlebenden an Bord zu nehmen. Er sagte, er habe den »Laconia-Befehl« erhalten.[10] Ohne Zweifel wäre Kapitänleutnant Eck im Gegensatz zum Kommandanten des U-Bootes U 156, Korvettenkapitän Hartenstein, der sechs Monate zuvor den Dampfer »Laconia« versenkt hatte, bei der Rückkehr zum Stützpunkt vom Großadmiral zu seiner Rücksichtslosigkeit beglückwünscht worden. Aber es sollte anders kommen. Die Fahrt, auf der er die »Peleus« versenkte, war seine erste und letzte als U-Boot-Kommandant, und anstatt nach Kiel zurückzukehren, um den Dank seines Admirals und seines Führers entgegenzunehmen, musste er nach einem Luftangriff am 2. Mai 1944 sein Schiff an der Küste von Somaliland, wo er dann in Kriegsgefangenschaft geriet, auf Strand setzen.

Der Kommandant, der die »Laconia« versenkte, hatte Überlebende geborgen und für seine Rücksichtnahme einen sanften Verweis einstecken müssen, weil er den Verlust seines Schiffes riskiert hatte. Der Großadmiral schrieb in seinem Bericht über Hartensteins Unternehmen: »Der Vorfall ist ein erneuter Beweis dafür, als was für ein Handikap sich menschliches Empfinden einem Feind gegenüber erweisen kann.«

Am 5. Juli 1944 wurde die »Noreen Mary« achtzehn Meilen westlich von Kap Wrath durch das U-Boot U 247 versenkt. Sie war zu der Zeit auf Fischfang an der Westküste von Schottland und hatte 325 Kisten Fisch an Bord. Vier Tage zuvor war sie von Ayr ausgelaufen, und jetzt befand sie sich auf der Fahrt zu den Fischgründen vor der Butt of Lewis. Gegen acht Uhr abends bemerkte ein Angehöriger der Deckmannschaft, James MacAlister, zwei Torpedospuren an der Backbordseite. Sie schienen etwa acht Fuß voneinander entfernt zu sein und gingen in etwa zehn Fuß Entfernung am Schiff vorbei. Im selben Augenblick sah er in etwa 150 Schritt Entfernung genau in der Kiellinie einen Kommandoturm. MacAlister rief alle Matrosen an Deck, aber ehe sie oben waren, war das U-Boot bereits getaucht, und der Maat wollte MacAlisters Bericht keinen Glauben schenken.

Etwa eine Stunde später tauchte das U-Boot an der Steuerbordseite auf und eröffnete sogleich mit einem Maschinengewehr das Feuer. Die »Noreen Mary« fuhr mit einer Geschwindigkeit von drei Knoten, und da schönes Wetter mit klarer Sicht und ruhiger See herrschte, erhöhte sie die Geschwindigkeit sogleich auf zehn Knoten. Aber das U-Boot nahm die Verfolgung auf und setzte den Beschuss fort. Durch die ersten Salven wurden drei Besatzungsangehörige, darunter der Kapitän, getötet. Dann begann das U-Boot, mit einem schwereren Geschütz vom Kommandoturm aus zu schießen; das erste Geschoss traf den Kessel, so dass das Schiff stoppte und alles in Rauch gehüllt wurde. Die restlichen sieben Besatzungsmitglieder waren inzwischen in Deckung gegangen, aber bald wurden drei weitere getötet; das U-Boot begann dann, aus beiden Geschützen feuernd, um den Bug herum zur Backbordseite zu fahren.

MacAlister und der Maat versuchten, das Rettungsboot loszumachen; da der Maat dabei getötet wurde, ging MacAlister in die unter dem Wasserspiegel gelegene Kombüse in Deckung. Der Fischdampfer hatte jetzt starke Schlagseite, und um 22:10 Uhr kenterte er und sank. Die Überlebenden wurden ins Meer geschleudert. MacAlister schwamm umher, bis er das kieloben treibende Rettungsboot erreichte, auf das er hinaufkletterte. Das U-Boot war noch nicht untergetaucht und fuhr auf das gekenterte Rettungsboot zu, wobei es einen kurzen Feuerstoß abgab. Als es bis auf etwa siebzig Schritt herangekommen war, ließ sich MacAlister ins Wasser zurückgleiten und wartete dort, bis das U-Boot zu schießen aufhörte und untertauchte.

Am nächsten Tag gegen fünf Uhr früh nahm der britische Fischdampfer »Lady Madelaine« die beiden einzigen Überlebenden, MacAlister und den zweiten Maschinisten des Fischdampfers, an Bord. Von den andern acht Besatzungsangehörigen der »Noreen Mary« wurden sechs getötet; zwei werden vermisst. Sie waren wahrscheinlich ertrunken.[11]

U 247 war eines der modernsten deutschen U-Boote und befand sich auf seiner ersten Feindfahrt. Es hatte zwei große Geschütze an Bord, eins auf dem Achterdeck und eins vor dem Kommandoturm; ein weiteres, kleineres Geschütz, das wie ein Schnellfeuergeschütz aussah, befand sich auf dem Vorderdeck, Die »Noreen Mary« war ein gewöhnlicher Fischdampfer, der seiner üblichen Beschäftigung nachging; wie alle kleinen Schiffe, war aber auch er während des Krieges zum Schutz gegen die deutschen Flugzeuge, die alles und jedes zum Ziel ihrer Angriffe nahmen, mit einem Maschinengewehr auf einer Flakplattform ausgerüstet. Im Kriegstagebuch des Kommandanten fand sich nach dem Vermerk über den Abschuss von zwei Torpedos, die fehlgingen, für 20.55 Uhr die Eintragung:

> Aufgetaucht. Fischdampfer. Griffen das nächstliegende Schiff an. Nach drei Minuten stoppte es ab.

Dann wird beschrieben, wie ein Schuss abgefeuert wurde, als der Fischdampfer stilllag; die Schlusseintragung lautete:

> 21.51 – Versenkt durch Flakbeschuss in die Breitseite. Sank achtern ab.

Dem Chef der Operationsabteilung des Befehlshabers der U-Boot-Waffe scheint diese Heldentat gut gefallen zu haben, denn er kommentierte die Eintragung im Kriegstagebuch mit folgenden Worten: »Die Versenkung des Fischereifahrzeuges durch Flak in diesem Gebiet zeugt von großem Offensivgeist und Verve […]. Operation unter schwierigen Bedingungen gut ausgeführt.« In Wirklichkeit war es gemeinster Mord.

Vom ersten bis zum letzten Tag des Krieges nahm dieses Morden auf Hoher See bei Tag und Nacht seinen Fortgang. Wie im Ersten Weltkrieg führte Deutschland einen uneingeschränkten U-Boot-Krieg gegen kriegführende wie auch gegen neutrale Länder unter Missachtung des Protokolls von 1936 und entgegen den Sitten und Gepflogenheiten der zivilisierten Welt.

IV Misshandlung und Ermordung der Zivilbevölkerung im besetzten Gebiet

In früherer Zeit hatten kriegführende Staaten die unumschränkte Gewalt über das von ihnen besetzte Gebiet. Sie konnten es verwüsten, die Einwohner töten oder in die Gefangenschaft führen und sich ihr gesamtes Eigentum aneignen. Im 18. und 19. Jahrhundert vollzogen sich jedoch große Veränderungen, die schließlich zur Annahme der Haager Konvention über die Gesetze und Gebräuche des Landkrieges durch die Haager Friedenskonferenz von 1907 führten. Artikel 46 dieser Konvention besagt: »Die Ehre und die Rechte der Familie, das Leben der Bürger und das Privateigentum sowie die religiösen Überzeugungen und gottesdienstlichen Handlungen sollen geachtet werden.« Im Zweiten Weltkrieg wurde dieser Artikel überall in den von Deutschland besetzten Gebieten immer wieder verletzt.

Millionen Menschen wurden als Sklaven von Haus und Hof verschleppt und Tausende als Geiseln getötet; Hunderte ungerechtfertigte Repressalien wurden ergriffen und zahllose Städte und Dörfer dem Erdboden gleichgemacht; Tausende Hektar fruchtbaren Ackerlandes wurden durch die Taktik der verbrannten Erde ruiniert; Millionen Juden wurden umgebracht und Hunderttausende unschuldige Zivilisten durch Massenhinrichtungen getötet; Ghettos wurden zerstört und ihre Bewohner getötet oder in Konzentrations- und Vernichtungslager gebracht. Alle Rohstoffe, Schrottvorräte und Maschinen wurden abtransportiert und für die deutsche Wirtschaft verwendet. Aus sämtlichen überfallenen Gebieten wurden massenhaft Kunstschätze, Möbel und Textilien geraubt. Auf einer Konferenz von Angehörigen der deutschen Besatzungsbehörden im August 1942 sagte Göring:

> Sie sind weiß Gott nicht hingeschickt, um für das Wohlergehen der Ihnen anvertrauten Völker zu arbeiten, sondern um das Äußerste herauszuholen, damit das deutsche Volk leben kann. Das erwarte ich von Ihren Energien. Die ewige Sorge um die Fremden muss jetzt endlich einmal aufhören [...]. Es ist mir dabei gleichgültig, ob Sie sagen, dass Ihre Leute vor Hunger umfallen.

Die Besatzungsbehörden arbeiteten bewusst darauf hin, die Einwohner zu terrorisieren und alles und jeden rücksichtslos für die deutsche Kriegführung auszubeuten.

War es auch bis zur Annahme der Genfer Konvention von 1949 völkerrechtlich unter gewissen Umständen zulässig, Menschen als Geiseln festzunehmen, so war es doch nach Artikel fünfzig der Haager Konvention von 1907 eindeutig verboten, sie hinzurichten, sofern sie selbst keine Kapitalverbrechen begangen hatten, für die sie ordnungsgemäß verurteilt worden waren. Dieser Artikel lautet:

> Keine Kollektivstrafe geldlicher oder anderer Natur darf der Bevölkerung auf Grund von Einzelhandlungen auferlegt werden, deren sie nicht in ihrer Gesamtheit für schuldig erachtet werden kann.

In einer Betrachtung zu dieser Frage schrieb Lord Wright 1948 in einem Artikel im britischen *Jahrbuch des Völkerrechts*:

> Meine eigene feste Überzeugung, die sowohl auf prinzipiellen Erwägungen als auch auf dem Studium maßgeblicher Quellen basiert, ist die, dass die Tötung von Geiseln dem Kriegsrecht widerspricht und unter keinen Umständen zulässig ist, sondern dass solche Tötung glatter Mord ist.

Übrigens scheint das bereits im 17. Jahrhundert von keiner geringeren Autorität als Hugo Grotius in seinem Werk *De Jure Belli ac Pacis* festgestellt worden zu sein, aus dem Lord Wright in seinem Artikel folgende Stelle zitiert:

> Geiseln sollten nicht getötet werden, sofern sie selbst nichts verbrochen haben […], in früheren Zeiten wurde allgemein angenommen, dass jede Person das gleiche Recht habe, über das eigene Leben wie über andere in ihrem Besitz befindliche Dinge zu verfügen, und dass dieses Recht stillschweigend oder durch ausdrückliches Einverständnis von den einzelnen an den Staat überging. Es ist daher nicht verwunderlich, wenn wir lesen, dass Geiseln, die persönlich schuldlos waren, für ein von ihrem Staat begangenes Unrecht getötet wurden. Jetzt aber, da besseres Wissen uns gelehrt hat, dass die Herrschaft über das Leben Gott vorbehalten ist, ergibt sich, dass niemand durch seine individuelle Zustimmung einem anderen ein Recht über das Leben, sei es sein eigenes oder das eines Mitbürgers, geben kann.

Die Erschießung von Geiseln gehörte indessen zu den üblichen Methoden der deutschen Behörden in allen militärisch besetzten Ländern.

Nach dem Abschluss des Waffenstillstandes mit Frankreich im Juni 1940 nahmen die deutschen Besatzungsbehörden zunächst eine konziliante Haltung ein. Sie hofften, die Franzosen in ihren Krieg gegen England und später gegen die Vereinigten Staaten von Amerika hineinziehen zu können, und versuchten mit allen ihnen zu Gebote stehenden Mitteln, das französische Volk für eine möglichst weitgehende Mitarbeit und Zusammenarbeit zu gewinnen. Das war jedoch eine fromme Hoffnung, und ihr sanftmütiges Gebaren war zum Scheitern verurteilt. Als sich der Widerstand der Franzosen verschärfte, ließ man die Maske der Großmütigkeit rasch fallen – sie war stets reine Heuchelei gewesen –, und die Nazis zeigten ihr wahres Gesicht. Die Geiselhinrichtungen von Dinant, Laon und Senlis, über die sich die zivilisierte Welt 1914 so entsetzt hatte, verblassten neben den Massakern in Oradour-sur-Glâne, in Lidice, auf dem Balkan, in Warschau, in der Sowjetunion und in den Ardeatinischen Höhlen. Schon vor Ablauf des Jahres 1940 waren die schwarz umrandeten roten Maueranschläge in Paris und anderen Städten und Dörfern ganz Frankreichs zu einer alltäglichen Erscheinung geworden: Sie kündeten von den ersten Geiselerschießungen, die als Vergeltung für deutschfeindliche Zwischenfälle durchgeführt wurden.

Im September 1940 hatte der Oberkommandierende der deutschen Armee in Frankreich Geiseln als »Landeseinwohner« definiert, »die mit ihrem Leben für ein einwandfreies Verhalten der Bevölkerung einzustehen haben«. Die Verantwortung für ihr Schicksal, erklärte er, sei damit in die Hände ihrer Mitbürger gelegt, und die Bevölkerung müsse öffentlich gewarnt werden, dass bei feindseligen Handlungen von Einzelpersonen Geiseln zur Verantwortung gezogen würden. Unschuldige für Vergehen anderer verantwortlich zu machen, war die offizielle Politik und Haltung der Besatzungsbehörden, und es wurden Schritte unternommen, um zu gewährleisten, dass die Drohungen auch verwirklicht wurden. »Androhung ohne Durchführung erscheint wie Schwäche«, hieß es in dem Befehl. Diese Haltung wurde im September 1941 durch den Erlass eines allgemeinen Befehls mit der Unterschrift Keitels von höchster Stelle offiziell gebilligt. Der Befehl, der an die deutschen Militärbefehlshaber in Frankreich, Belgien, Norwegen, Holland, Dänemark, in der Ukraine, in Serbien, Saloniki, Griechenland und Kreta gerichtet war, blieb den ganzen Krieg hindurch in Kraft.

In Bezug auf die Sowjetunion wurde befohlen, für jeden getöteten deutschen Soldaten fünfzig bis hundert Kommunisten umzubringen. Noch im gleichen Monat führte von Stülpnagel diese Anweisung durch seinen berühmten Befehl aus, der in Frankreich als »Geisel-Kodex« bekannt war. Dieser Befehl ist von großer Bedeutung, weil er deutlich zeigt, welche Haltung das deutsche Militärkommando in Frankreich in der Geiselfrage einnahm. Hier einige Auszüge daraus:

I. Geiselnahme
Am 22. August 1941 habe ich folgende Bekanntmachung erlassen:
»Am Morgen des 21. August 1941 ist in Paris ein deutscher Wehrmachtsangehöriger einem Mordanschlag zum Opfer gefallen. Ich bestimme daher:
1. Sämtliche von deutschen Dienststellen oder für deutsche Dienststellen in Frankreich in Haft irgendeiner Art gehaltenen Franzosen gelten vom 23. August ab als Geiseln.

2. Von diesen Geiseln wird bei jedem weiteren Anlass eine der Schwere der Straftat entsprechende Anzahl erschossen werden. […]

III. Geiselgruppen
Auf Grund meiner Bekanntmachung vom 22. August 1941 und meiner Anordnung vom 19. September 1941 [die unter Punkt II. angeführt wurde], sind daher folgende Personengruppen Geiseln: [Es folgt die Aufzählung von sechs solcher Gruppen] […]

VI. Geisellisten
Wenn sich ein Vorfall ereignet, der es gemäß meiner Ankündigung vom 21. August 1941 notwendig macht, Geiseln zu erschießen, muss die Erschießung dem Anlass unverzüglich folgen. Die Bezirkskommandanten haben daher für ihre Bezirke aus dem Gesamtbestand an Häftlingen (Geiseln) diejenigen auszuwählen, die praktisch für eine Exekution in Frage kommen können, und sie in eine Geiselliste aufzunehmen. Diese Geisellisten bilden die Grundlage für die mir im Falle einer Exekution zu machenden Vorschläge.

Nach den bisherigen Beobachtungen kann angenommen werden, dass die Attentäter aus kommunistischen oder anarchistischen Terrorkreisen stammen. Die Bezirkskommandanten haben daher sofort aus den Häftlingen (Geiseln) diejenigen Personen auszuwählen und in die Geiselliste aufzunehmen, die auf Grund ihrer bisherigen kommunistischen oder anarchistischen Haltung, ihrer Funktion in derartigen Organisationen oder ihrer sonstigen bisherigen Haltung für eine Erschießung in erster Linie in Frage kommen. Bei der Auswahl ist zu berücksichtigen, dass die abschreckende Wirkung der Erschießung von Geiseln auf die Attentäter selbst und diejenigen Personen, die in Frankreich oder im Ausland die geistige Verantwortung für Terror- und Sabotagehandlungen tragen, umso größer ist, je bekannter die Personen sind, die erschossen werden.

Nach den gleichen Richtlinien ist eine Geiselliste aus den Reihen der gaullistischen Häftlinge anzulegen.

An dieser Stelle folgen Anweisungen für die Schaffung eines Geisel-Reservoirs:

> In die Liste sind für jeden Bezirk etwa 150 und für den des Kommandanten von Groß-Paris etwa 300 bis 400 Personen aufzunehmen. Da nach Möglichkeit bei der Exekution auf Personen aus dem Tatbereich zurückgegriffen werden soll, haben die Kommandanten jeweils die Personen in die Liste aufzunehmen, die ihren letzten Wohnsitz oder dauernden Aufenthalt in ihrem Bezirk hatten.

Dann werden Instruktionen für die eigentliche Hinrichtung gegeben; der Schlussabsatz lautet:

> Bei der Bestattung der Leichen ist zu vermeiden, dass durch die gemeinschaftliche Beerdigung einer größeren Anzahl im gleichen Friedhof Stätten geschaffen werden, die jetzt oder später Anknüpfungspunkte für eine deutschfeindliche Propaganda bilden könnten. Notfalls hat daher die Bestattung an verschiedenen Orten zu erfolgen.

Ähnliche Befehle wurden in Belgien von General von Falkenhausen, in Holland von Gauleiter Seyß-Inquart und in Norwegen von General von Falkenhorst erlassen. Die Auswirkungen dieser Politik entsprachen nicht immer den Erwartungen ihrer Urheber, und aus Belgien sandte Falkenhausen einen Brief an Keitel, in dem das Prinzip – nicht etwa aus Gründen der Humanität, sondern aus Zweckmäßigkeitsgründen – wie folgt kritisiert wurde :

> In der Anlage wird ein Verzeichnis der bisher in meinem Bereich erfolgten Geiselerschießungen und der Vorfälle, derentwegen diese Erschießungen stattfanden, überreicht. Bei einem großen Teil der Vorfälle, besonders bei den schwerwiegendsten, sind die Täter später gefasst und verurteilt worden.
>
> Dieses Ergebnis ist zweifellos in hohem Maße unbefriedigend. Die Wirkung ist nicht so sehr abschreckend wie zerstörend auf das Gefühl der Bevölkerung für Recht und Sicherheit; die Kluft zwischen den kommunistisch beeinflussten Volksteilen und der übrigen Bevölkerung wird verflacht, alle Kreise werden mit Hassgefühl gegen die Besatzungsmacht erfüllt, und der Feindpropaganda wird wirksamer Hetzstoff gegeben.
>
> Gezeichnet: von Falkenhausen

Falkenhausen beklagte sich mehr als einmal beim OKW über die unerwünschten Auswirkungen des Keitelbefehls. Immer wieder wies er darauf hin, dass in mehreren Fällen die Täter entdeckt wurden, nachdem man unschuldige Geiseln erschossen hatte. Oft gehörten die wirklich Schuldigen nicht denselben Kreisen an wie die hingerichteten Geiseln, erklärte er, und das errege den Groll jener Bevölkerungsschichten, die sich bisher passiv verhalten hätten.

Ende 1942 erhielt Keitel eine weitere Warnung vom Militärbefehlshaber in Holland. Darin hieß es nach einer Mitteilung über die Erschießung einer Anzahl sehr prominenter Geiseln in Rotterdam, die Öffentlichkeit sei zutiefst betroffen. Keine Maßnahme, die die Deutschen seit dem Beginn der Besetzung ergriffen hätten – und es gab wenige Ungeheuerlichkeiten, die sie nicht begangen hatten –, hätte einen so tiefen Eindruck hinterlassen und so starken Groll ausgelöst. Im deutschen Hauptquartier seien viele Briefe eingegangen, einige mit Unterschrift und andere anonym. Der Bericht endete mit der Feststellung: »Zusammenfassend: So viel Ablehnung bis tief in die Kreise der wenigen wirklich deutschfreundlich gesinnten Holländer sah man nie, so viel Hass wurde wohl selten mit einem Mal festgestellt.«

Aber Keitel kümmerte sich nicht um diese Dinge. Sein Befehl vom 16. September 1941 blieb während des ganzen Krieges unwiderrufen, und allein in Frankreich wurden mehr als 29 000 Geiseln hingerichtet. Von Zeit zu Zeit appellierten die deutschen Besatzungsbehörden an die gesamte Bevölkerung, keinen Widerstand zu leisten, und forderten etwaige französische Verräter und Spitzel auf, ihre patriotisch gesinnten Landsleute zu denunzieren. Hier der Wortlaut eines solchen Aufrufes, der im September 1941 veröffentlicht wurde:

> Ich erkenne an, dass sich die große Mehrheit der Bevölkerung ihrer Pflicht bewusst ist, die Besatzungsbehörden in ihrem ständigen Bestreben, Ruhe und Ordnung im Lande im eigensten Interesse der Bevölkerung aufrechtzuerhalten, zu unterstützen.
>
> In Euren Reihen aber befinden sich bezahlte Agenten deutschfeindlicher Mächte, verbrecherische kommunistische Elemente, die nur das

> eine Ziel kennen, Unfrieden zwischen der Besatzungsmacht und der französischen Bevölkerung zu säen […]. Ich will das Leben deutscher Soldaten durch solche Mordbuben nicht mehr länger gefährden lassen und scheue in der Erfüllung dieser meiner Pflicht auch vor den schärfsten Maßnahmen nicht mehr zurück […]. Euch alle rufe ich auf, Eure Verwaltung und Eure Polizei durch schärfste Aufmerksamkeit und Euer persönliches tatkräftiges Eingreifen nunmehr alles zu tun, um an der Ergreifung der Täter mitzuwirken. Durch Verhütung und Aufdeckung des verbrecherischen Treibens muss einer Entwicklung vorgebeugt werden, die die Dinge auf die Spitze treibt und das Land ins Unglück stürzt.
>
> Wer auf deutsche Soldaten, die hier nur ihre Pflicht tun und für die Inganghaltung eines geordneten Lebens sorgen, aus dem Hinterhalt schießt, ist kein Patriot, sondern ein feiger Meuchelmörder und der Feind aller anständigen Menschen. Franzosen! Ich rechne auf Euer Verständnis für meine Maßnahmen, die nur in Eurem eigenen Interesse liegen.
>
> Gezeichnet: von Stülpnagel

Eigentlich ist es verwunderlich, dass das Land, von dem Frankreich im Laufe von siebzig Jahren dreimal überfallen wurde, die Mentalität seines Gegners so schlecht kannte.

Im Oktober 1941 erfolgten die Hinrichtungen von Châteaubriant und Bordeaux. Die Zeitung *Le Phare* brachte am 21. Oktober folgende Veröffentlichung :

> Bekanntmachung: Feige Verbrecher, die im Solde Englands und Moskaus stehen, haben am Morgen des 20. Oktober 1941 den Feldkommandanten von Nantes hinterrücks erschossen. Die Täter sind bisher nicht gefasst. Zur Sühne für dieses Verbrechen habe ich zunächst die Erschießung von fünfzig Geiseln angeordnet.
>
> Falls die Täter nicht bis zum Ablauf des 23. Oktober 1941 ergriffen sind, werden im Hinblick auf die Schwere der Tat weitere fünfzig Geiseln erschossen werden.

Der Innenminister des Vichyregimes, Pucheu[1], stellte eine Liste von sechzig Franzosen zusammen, die in Châteaubriant inhaftiert waren und alle für Kommunisten gehalten wurden, und übermittelte sie General von Stülpnagel. 27 von ihnen wurden in Châteaubriant erschossen, und der Abbé Moyon schrieb als Augenzeuge der Hinrichtung am Tage darauf folgenden Bericht:

> Es war ein schöner, ungewöhnlich milder Herbsttag; seit dem Morgen herrschte herrlicher Sonnenschein. Alle gingen in der Stadt ihrer üblichen Beschäftigung nach. Es herrschte reges Leben in der Stadt, denn es war Mittwoch, also Markttag. Die Einwohner wussten aus der Presse und durch Nachrichten aus Nantes, dass dort ein höherer Offizier getötet worden war, aber sie wollten nicht glauben, dass derart brutale und weitgehende Repressalien ergriffen werden würden. Im Lager Choiseul hatten die deutschen Behörden einige Tage zuvor eine Anzahl Männer, die im Falle von Angriffen auf die Besatzungsstreitkräfte als Geisei dienen sollten, in einer Sonderbaracke untergebracht. Aus den Reihen dieser Männer wurden diejenigen ausgewählt, die an jenem Abend erschossen werden sollten.
>
> Der Pfarrer von Bère beendete gerade sein Mittagessen, als Monsieur Moreau, der Leiter des Lagers Choiseul, bei ihm erschien und mit ein paar Worten den Zweck seines Besuches erläuterte. Er war von Monsieur Lecornu, dem Unterpräfekten von Chateaubriant, geschickt worden, um dem Pfarrer mitzuteilen, dass 27 Männer aus den Reihen der »politischen Gefangenen« von Choiseul am Nachmittag hingerichtet würden; er sollte ihn auffordern, sofort hinzugehen und ihnen beizustehen.
>
> Der Priester war einverstanden und begab sich sogleich ins Lager. Der Unterpräfekt war bereits dort, um den Gefangenen ihr schreckliches Schicksal zu verkünden [...]. Plötzlich war der Lärm von Automotoren zu hören. Die Tür, die ich beim Betreten des Raumes geschlossen hatte, damit wir mehr unter uns waren, wurde aufgerissen, und französische Gendarmen erschienen mit Handschellen. Es kam ein deutscher Feldgeistlicher. Er sagte zu mir: ›Monsieur le Curé, Ihre Mission ist beendet. Sie müssen sich sofort zurückziehen.‹
>
> Allen Franzosen war das Betreten des Steinbruchs, in dem die Hinrichtung stattfand, streng verboten. Ich weiß nur, dass die Geiseln in drei Gruppen von je neun Mann hingerichtet wurden, dass alle Männer, die erschossen wurden, es ablehnten, sich die Augen verbinden zu lassen, dass der junge Mocquet ohnmächtig wurde und hinfiel und dass der letzte Ruf, der sich von den Lippen dieser Helden löste, ein leidenschaftliches ›Vive la France‹ war.

Ein Polizeioffizier namens Roussel sah, wie die verurteilten Männer am Nachmittag in vier deutschen Lastwagen durch Châteaubriant gefahren wurden, vorneweg ein deutscher Offizier in einem Stabswagen. Die Männer trugen Handschellen und sangen patriotische Lieder wie die Marseillaise und das »Abschiedslied« In einem der Lastwagen befand sich eine Gruppe bewaffneter deutscher Soldaten. Etwa zwei Stunden später kehrte der Konvoi von dem Steinbruch, in dem die Hinrichtung stattgefunden hatte, zurück und fuhr in den Schlosshof, wo die Leichen der Geiseln im Keller untergebracht wurden, bis die Särge fertig waren.

Am folgenden Tag, dem 23. Oktober, wurden nach der Erklärung Roussels die Leichen eingesargt, ohne dass irgendwelche Franzosen zugegen waren; alle Zugänge zum Schloss waren von deutschen Posten bewacht. Die Toten wurden dann zu je dreien auf neun verschiedene Friedhöfe in den benachbarten Gemeinden verteilt. Die Deutschen waren darauf bedacht, Orte zu wählen, die nicht an regelmäßig befahrenen Omnibuslinien lagen; vermutlich wollten sie verhüten, dass die Bevölkerung in Scharen die Gräber dieser Märtyrer aufsuchte.

Nur zwei Tage später erschossen die Deutschen in Bordeaux fünfzig weitere Geiseln. Sie wurden aus einer Gruppe von hundert Personen herausgegriffen, die am 22. Oktober verhaftet worden waren und von denen man wusste, dass sie mit der Kommunistischen Partei oder der de-Gaulle-Bewegung sympathisierten. Die Repressalie wurde dem Präfekten der Gironde durch folgenden Brief des Generals von Faber du Faur angekündigt:

Bordeaux, den 23. Oktober 1941

An den Herrn Präfekten des Departements Gironde, Bordeaux.

Zur Sühne für die feige Ermordung des Kriegsverwaltungsrats Reimers hat der Militärbefehlshaber in Frankreich die Erschießung von fünfzig Geiseln angeordnet. Die Erschießung wird im Laufe des morgigen Tages erfolgen.

> Falls die Täter nicht in kürzester Zeit ergriffen werden, ist, wie im Falle Nantes, mit weiteren Maßnahmen zu rechnen. Ich beehre mich, Ihnen von dieser Sachlage Kenntnis zu geben.
>
> Der Chef des Militärverwaltungsbezirks
> Gezeichnet: von Faber du Faur

Es erfolgten noch viele weitere Geiselerschießungen, die den Charakter von Repressalien trugen. Als im September 1942 in den Rex-Lichtspielen in Paris ein Anschlag auf eine Anzahl deutscher Soldaten verübt wurde, ließ man als Vergeltungsmaßnahme 116 Geiseln erschießen.

In einem der Vororte von Paris liegt das Fort Romainville, das seit dem Krieg zu einer Wallfahrtsstätte für die Pariser geworden ist. Während der Besetzung diente es als eine Art Geiseldepot, aus dem die Opfer geholt wurden, die als Repressalie für irgendwelche gegen die Besatzungsmacht gerichteten Handlungen erschossen wurden. Einer dieser Geiseln, Monsieur Rabate, der das Glück hatte, mit dem Leben davonzukommen, gab folgende Schilderung von dem Schicksal einiger Gefangener:

> Einige von uns wurden in die deutsche Abteilung der Santé [ein Gefängnis in Paris] übergeführt, aber die meisten von uns wurden in das Militärgefängnis von Cherche Midi [ebenfalls in Paris] gebracht. Wir wurden der Reihe nach von einem Gestapo-Offizier in der Rue des Saussaies verhört. Einige von uns wurden derart gefoltert, dass ihnen die Glieder brachen. Als mich der Gestapo-Offizier verhörte, sagte er: ›Rabate, hier muss man reden. Der Schwiegersohn von Professor Langevin, Jacques Solomon, kam hier arrogant herein und kroch nachher auf allen vieren hinaus.‹
>
> Nach einem kurzen Aufenthalt von fünf Monaten in Cherche Midi wurden wir am 24. August 1942 in das Fort Romainville übergeführt. Wir durften keine Briefe schreiben oder erhalten, und an den Türen unserer Zellen stand geschrieben: ›Alles verboten.‹ Unsere ganze Nahrung bestand aus täglich 3/4 Litern Gemüsesuppe und 200 Gramm Schwarzbrot. Das Gebäck, das das Rote Kreuz und die Quäkergesellschaft für die politischen Häftlinge an das Gefängnis schickten, wurde uns nicht ausgehändigt. In Romainville waren wir als ›NN‹-Gefangene [›Nacht und Nebel-Gefangene‹, Anm. des Verlags] interniert.

In Nordfrankreich, das zusammen mit Belgien von General von Falkenhausen verwaltet wurde, ging es genauso zu. Nicht anders war es in Holland und Norwegen. In allen westeuropäischen Ländern führten die Deutschen systematische Geiselhinrichtungen als Repressalien für Widerstandsaktionen durch. In keinem Falle standen die Hinrichtungen im Einklang mit dem Gesetz; sie wurden alle durchgeführt, ehe man sich überhaupt um die Ermittlung und Verhaftung der wirklich Schuldigen bemüht hatte, und in vielen Fällen wurden die Täter verhaftet, kurz nachdem die unschuldigen Geiseln ihr Leben hingegeben hatten, um den Widerstand ihrer Landsleute zu »sühnen«, wie die Deutschen es nannten.[2]

Ende 1941 war Hitler bereits zu der Schlussfolgerung gelangt, dass die Maßnahmen zur Bestrafung der Menschen, die das deutsche Besatzungsregime bekämpften, unzulänglich waren. Er beschloss daher, dass in Zukunft alle derartigen Fälle nur dann noch von deutschen Militärgerichten verhandelt werden sollten, wenn das Verfahren binnen acht Tagen nach der Tat eröffnet werden konnte und mit Sicherheit ein Todesurteil zu erwarten war. So erließ er am 7. Dezember 1941 den »Nacht-und-Nebel«-Erlass. Danach sollten alle nichtdeutschen Zivilisten aus den besetzten Gebieten, denen Vergehen gegen die Besatzungsmacht zur Last gelegt wurden, heimlich – bei Nacht und Nebel – nach Deutschland gebracht werden, sofern nicht garantiert werden konnte, dass sie bei einer Aburteilung durch ein Militärgericht im eigenen Lande zum Tode verurteilt werden würden.

Hitler war der Auffassung, dass in solchen Fällen jedes mildere Urteil von der Bevölkerung des besetzten Landes als Schwäche gewertet würde und dass es neben der Todesstrafe nur noch ein einziges Mittel zur Abschreckung möglicher Rechtsbrecher gäbe: die Familie des Täters und die ortsansässige Bevölkerung durch entsprechende Maßnahmen über sein Schicksal im Ungewissen zu lassen. In einem Geheimschreiben an die Abwehr, das die Instruktionen zur Durchführung des Erlasses enthielt, wurde der neue Plan für die Behandlung dieser Gefangenen wie folgt beschrieben:

Die abschreckende Wirkung dieser Maßnahme liegt

a) in dem spurlosen Verschwindenlassen der Beschuldigten,
b) darin, dass über ihren Verbleib und ihr Schicksal keinerlei Auskunft gegeben werden darf.

Später ging man durch die Anwendung des Prinzips der »Sippenhaft« in dieser Richtung noch einen Schritt weiter: Danach waren, sobald irgendein Angehöriger der Besatzungsstreitkräfte getötet oder ein Anschlag auf wichtige Anlagen verübt wurde, nicht nur die Täter zu erschießen, sondern darüber hinaus ihre männlichen Verwandten und ihre weiblichen Familienmitglieder über sechzehn Jahren ins Konzentrationslager zu bringen; wurden die Täter selbst nicht gefasst, konnten ihre Angehörigen an ihrer statt bestraft werden.

Man denke nun nicht etwa, dass nach dem »Nacht-und-Nebel«-Erlass alle NN-Gefangenen, wie man sie nannte, nach ihrer Ankunft in Deutschland vor ein Gericht gestellt wurden. In den meisten Fällen fand überhaupt kein Verfahren statt. Kamen die NN-Gefangenen aber doch vor ein ziviles oder ein OKW-Gericht, versagte man ihnen gewöhnlich das Recht der Gegenüberstellung mit den Zeugen, auf deren Aussage sich die Anklage gründete, und sie durften auch keine Zeugen für ihre Verteidigung benennen. Oft jedoch zog man es vor, überhaupt keine Anklage zu erheben, und der Angeklagte erfuhr dann erst wenige Minuten vor dem Beginn des Prozesses, wofür er eigentlich verurteilt werden sollte. Die Verhandlungen fanden unter Ausschluss der Öffentlichkeit statt. All diese Verfahren waren eine reine Farce und sollten auch nichts anderes sein. Im Jahre 1944 wurden die NN-Fälle auf Befehl Hitlers der Zuständigkeit der Gerichte entzogen und der Gestapo übertragen, und es ist unbestritten, dass auf diese Weise viele Tausende Zivilisten der besetzten Gebiete verhaftet, nach Deutschland verschleppt, zum Tode verurteilt und hingerichtet oder unter unmenschlichen Bedingungen in Gefängnissen und Konzentrationslagern inhaftiert wurden, aus denen nur wenige zurückkehrten.

Eines der Kriegsverbrechen, die der Menschheit am längsten im Gedächtnis haften bleiben werden, waren die Zerstörung des Dorfes Lidice in der Tschechoslowakei und die Niedermetzelung einer großen Anzahl seiner Einwohner als Repressalie für den Tod des »Reichsprotektors von Böhmen und Mähren«, Reinhard Heydrich, der von Partisanen erschossen wurde.

Die Deutschen trafen am späten Abend des 9. Juni 1942 in dem Dorf ein und forderten sogleich alle Einwohner auf, ihre Häuser zu verlassen und sich unter Mitnahme von Geld und anderen Wertgegenständen auf dem Dorfplatz zu versammeln. Alle kamen dem Befehl nach; eine Frau, die unterwegs zu entkommen versuchte, wurde mit ihrem Kind niedergeschossen. Alle übrigen Frauen und Kinder wurden von der Gestapo in die Schule gebracht, wo sie die Nacht über blieben. Im Morgengrauen des 10. Juni wurden alle Männer des Dorfes in den Scheunen und dem Stall eines Bauernhofes zusammengepfercht, von dort aus in den Garten geführt und in Gruppen zu je zehn erschossen. Die Erschießungen wurden fortgesetzt, bis 172 männliche Erwachsene getötet waren. Dann ließen sich die Henker, die Leichen zu ihren Füßen, wie die Teilnehmer einer Fasanenjagd mit ihrer Jagdbeute fotografieren. Einige Frauen wurden nach Prag gebracht und dort erschossen. Die übrigen 195 kamen ins Konzentrationslager Ravensbrück, wo 42 an Misshandlungen starben und sieben vergast wurden; drei weitere sind nie wieder gesehen worden. Vier Frauen, die gerade entbunden hatten, wurden ebenfalls in ein Konzentrationslager gebracht, nachdem man ihre Babys ermordet hatte.

Wenige Tage nach der Zerstörung des Dorfes wurden alle Kinder von ihren Müttern getrennt, neunzig von ihnen kamen in ein Konzentrationslager in Gneisenau, und man hat nie wieder etwas von ihnen gehört. Die kleineren Kinder brachte man in ein deutsches Krankenhaus in Prag, wo »Rassenexperten« ihre Körpermaße prüften, um festzustellen, ob sie den nazistisch-arischen Herrenrassenvorstellungen entsprachen und für eine Adoption durch deutsche Familien in Frage kämen; soweit sie diese pseudowissenschaftliche

Prüfung bestanden, kamen sie unter deutschem Namen als Deutsche nach Deutschland. Von diesen Kindern ist jede Spur verlorengegangen. Die abgelehnten Kinder wurden zur Sonderbehandlung[3] nach Polen gebracht.

Dem Dorfpfarrer, einem 73-Jährigen Greis mit Namen Sternbeck, bot man unter der Bedingung die Freiheit an, dass er sich von seiner Gemeinde lossage. Als er sich weigerte, folterte man ihn und schändete vor seinen Augen seine Kirche. Dann wurde er zusammen mit seinen männlichen Pfarrkindern erschossen, nachdem er erklärt hatte, er habe 35 Jahre mit seiner Gemeinde gelebt und wolle auch mit ihr sterben.

Am Abend des 10. Juni gab es in dem Dorf keine lebende Seele mehr. Die Leichen der Männer wurden in ein Massengrab geworfen, die Häuser zuerst geplündert und dann niedergebrannt. Als nur noch die nackten Mauern standen, wurden auch sie so zerstört, dass kein Stein mehr auf dem andern blieb. Die Trümmer wurden fortgeräumt, dann pflügte man den Boden um und umgab das ganze Gelände mit Stacheldraht, damit es den Tschechen als unfruchtbare Einöde für immer als Warnung dienen sollte.

Am 11. Juni 1942 veröffentlichten die Deutschen in der Zeitung *Der Neue Tag* eine amtliche Bekanntmachung über die ungeheuerliche Tat:

> Auf der Suche nach dem Mörder des SS-Obergruppenführers Heydrich ist es unwiderlegbar bewiesen worden, dass die Einwohner des Dorfes Lidice in der Nähe von Kladno den Schuldigen an dem Verbrechen geholfen und beigestanden haben. Das ist bewiesen worden, trotzdem die Einwohner ihre Mittäterschaft abstreiten. Die Einstellung der Einwohner zu diesem Verbrechen ist auch durch andere feindselige Tätigkeit gegen das Reich erwiesen. Zum Beispiel wurden illegale Literatur sowie Waffenlager, Kriegsvorräte, Rundfunksender und schließlich gesetzwidrige Vorräte vieler rationierter Waren entdeckt […]. Alle Männer wurden erschossen. Die Frauen wurden in KZ geschickt und die Kinder in eine zuständige Erziehungsanstalt gebracht. Alle Gebäude dieses Dorfes wurden dem Erdboden gleichgemacht, und der Name des Dorfes wurde ausgelöscht.

Was in Frankreich 1940 als kleines blutiges Rinnsal begann, wurde in den letzten drei Jahren der Besetzung zu einem tosenden Blutstrom. Und in dem gleichen Maße, in dem die Unterdrückung zunahm, versteifte sich auch der Widerstand. Als sich die Kollaboration als Fehlschlag erwies, trat der Terror an ihre Stelle.

Im Jahre 1943 gaben sich die Deutschen schon nicht einmal mehr den Anschein, als sei es ihre Absicht, Menschen, die ihre Vorschriften verletzten, erst vor ein Gericht zu stellen, ehe sie bestraft wurden. Von Falkenhausen, der, wie schon erwähnt, gleichzeitig für einen Teil Nordfrankreichs und für Belgien verantwortlich war, erließ im Januar 1943 einen Befehl, wonach jeder, der ohne gültigen Waffenschein im Besitz von Sprengstoff, Munition oder Schusswaffen irgendwelcher Art angetroffen wurde, »in Zukunft unverzüglich ohne Gerichtsverfahren erschossen« werden sollte. Man könnte nun vielleicht denken, die Deutschen hätten die Widerstandskämpfer als Freischärler betrachtet; es steht jedoch fest, dass zum Beispiel die Forces Françaises Intérieurs (FFI) als irreguläre Truppen und damit als legitimer Bestandteil der französischen Streitkräfte galten. Das beweist folgender Auszug aus einer Vortragsnotiz der Deutschen Kommission in Wiesbaden:

> Auf der Gegenseite treten organisierte, die Souveränität der französischen Regierung in Vichy ausdrücklich verneinende Organisationen auf, die zahlenmäßig und ausstattungsmäßig, ihrer ganzen Führung und ihrem Auftreten nach beinahe als Truppeneinheiten bezeichnet werden müssen […], diese aufständischen Einheiten sehen sich selbst als Teile der gegen Deutschland kämpfenden alliierten Streitkräfte an. General Eisenhower bezeichnet die in Frankreich kämpfenden Terroristen als seinem Oberbefehl unterstellte Truppen. Gegen solche richten sich die deutschen Gegenmaßnahmen.

Trotzdem wurde ihnen nach der Gefangennahme nicht der Schutz und die Behandlung gewährt, auf die jeder Angehörige der Streitkräfte kriegführender Staaten nach dem Völkerrecht Anspruch hat, wenn er in Kriegsgefangenschaft gerät. Keitel erließ vom OKW aus

Befehle, wonach sie, wenn sie beim *Akt* der Sabotage gefasst wurden, an Ort und Stelle erschossen werden sollten, und soweit ist dagegen juristisch nichts einzuwenden. Im Falle der Gefangennahme aber mussten sie zur nächsten örtlichen Dienststelle der Sipo oder des SD gebracht werden; Frauen, die mit ihnen sympathisierten, ohne unmittelbar an den Kampfhandlungen teilzunehmen, sollten »zur Arbeit eingesetzt werden«. Dieses Glanzstück euphemistischer Umschreibung besagte nichts anderes, als dass sie wie Vieh nach Deutschland deportiert und in ein Zwangsarbeitslager gebracht wurden, wo man sie so lange zur Arbeit presste, bis sie starben oder für eine weitere Ausbeutung nicht mehr geeignet waren. Was dann mit ihnen geschah, wird an anderer Stelle beschrieben.[4]

Alle Zivilisten in den besetzten Gebieten, die als Gefahr für die Sicherheit betrachtet wurden, sollten entgegen der allgemein üblichen Praxis nicht im eigenen Land interniert, sondern »dem SD übergeben« werden. Auch das klingt harmlos, wenn man nicht weiß, was der SD war, welchen Zwecken er diente und was nach der »Übergabe« geschah. Aber Übergabe an den SD bedeutete nichts anderes als Peitsche, Daumenschraube, Kopfschraube, Abreißen von Finger- und Zehennägeln, Konzentrationslager und Gaskammer. In Ausführung des Keitelbefehls erhielten die Sipo und der SD die Vollmacht, ohne Gerichtsverfahren Hinrichtungen vorzunehmen. Die entsprechenden Anweisungen wurden in allen besetzten Gebieten Westeuropas allgemein befolgt. Man stelle sich einmal vor, was das bedeutete! Es war nichts anderes als die Verhängung des Polizeistandrechts: Jeder, der in einem dieser von Deutschland besetzten Länder lebte, konnte mir nichts, dir nichts durch einen Offizier der örtlichen Sicherheitspolizei von verhältnismäßig niedrigem Rang standrechtlich zum Tode verurteilt und hingerichtet werden – ohne Anklage, ohne Beweisführung und ohne Verteidigung. So geschah es täglich und überall; es war glatter Mord.

In Holland verhängte der Gauleiter Seyß-Inquart nach einem Anschlag auf Rauter ausdrücklich »über die gesamten besetzten niederländischen Gebiete mit sofortiger Wirkung das Polizeistandrecht«. Es ist bekannt, dass im Verlauf dieser Aktion mehr als 4000 holländische Bürger umgebracht worden sind. In Belgien erreichten die Verbrechen deutscher Truppen an Zivilisten und Angehörigen der offiziellen Widerstandskräfte zur Zeit der Befreiung dieses Landes im September 1944 ihren Höhepunkt.

In Graide wurde ein Lager der Widerstandskräfte angegriffen. Die Deutschen waren dazu berechtigt; sie konnten auch alle, die während des Unternehmens nicht im offenen Kampf fielen, gefangen nehmen. Nach dem Abzug der deutschen Truppen fand man jedoch fünfzehn entsetzlich verstümmelte Leichen: Die Deutschen hatten Geschosse mit abgesägter Spitze benutzt;[5] zwei der Gefangenen waren mit Knüppeln geschlagen worden, ehe man sie durch einen Pistolenschuss ins Genick tötete.

Am 6. September 1944 lagen mehrere Hundert Angehörige der belgischen Geheimarmee im Chateau de Forêt im Quartier. Die Deutschen hatten erfahren, dass diese Abteilung auszurücken beabsichtigte, und umstellten das Schloss. Einige der Partisanen fielen bei dem Versuch, den Kordon der deutschen Truppen zu durchbrechen, während andere gefangengenommen wurden. Als die Deutschen dann gegen das Schloss vorrückten, benutzten sie diese Gefangenen als Kugelfang. Nach zwei Stunden mussten die Belgier den Kampf aus Mangel an Munition einstellen; die Deutschen versprachen ihnen, ihr Leben zu schonen, wenn sie sich ergäben. Dieses Versprechen wurde nicht gehalten. Viele der Gefangenen wurden gefoltert und dann getötet. Zum Schluss übergoss man die Leichen mit Benzin und steckte das ganze Schloss in Brand.

Im Dezember 1944 unternahm von Rundstedt eine letzte verzweifelte Gegenoffensive, ehe er sich über die belgisch-deutsche Grenze zurückzog. In den ersten Stadien dieser Offensive erreichten die deutschen Truppen die Straße Marché de Bastogne und besetzten das Dorf Bande. Diese Soldaten, die der Wehrmacht angehörten, benahmen sich ordentlich, und es kam zu keinerlei Zwischenfällen. Ein Stück weiter an dieser Straße hatte jedoch der SD einen Kontrollpunkt errichtet, und am Morgen des 24. Dezember 1944, einem Sonntag, erschien ein Trupp Gestapoangehöriger in Bande und verhaftete etwa siebzig männliche Einwohner. Die Deutschen drangen sogar während des Hochamtes in die Kirche ein und nahmen dort einige der Gläubigen fest. Der verantwortliche Offizier des Trupps erklärte, er wolle sie lediglich zum Kontrollpunkt mitnehmen, um ihre Ausweise zu prüfen; sie würden alle rechtzeitig zum Weihnachtsfest wieder zu Hause sein. Zur gleichen Zeit hatte ein anderer Trupp des SD in dem benachbarten Dorf Grüne ebenfalls eine Anzahl Verhaftungen vorgenommen. Alle festgenommenen Einwohner aus beiden Dörfern wurden dann in ein ausgebranntes Sägewerk am Rand von Bande gebracht, wo sich der Kontrollpunkt befand. Dort wurden sie verhört.

Nach der Vernehmung wurden die älteren Männer freigelassen, die jüngeren dagegen in einen Schuppen gebracht, wo man ihnen bis auf die Taschentücher ihre gesamte persönliche Habe abnahm. Dann mussten sie sich mit den Händen am Hinterkopf in Dreierreihen aufstellen und auf der Chaussee zu der ausgebrannten Ruine eines Hauses marschieren, das einem Monsieur Bertrand gehörte. Hier ließ man sie halten und befahl ihnen, sich mit dem Gesicht zur Straße aufzustellen. So standen sie eine Weile im Schnee, bewacht von sieben SS-Männern mit Maschinenpistolen. Ein Offizier behielt das Kommando über die Eskorte; es war derselbe, der die Vernehmung geleitet hatte.

Bald begann das Massaker. Ein Feldwebel trat an den Mann heran, der links außen in der letzten Reihe stand, legte ihm die Hand auf die Schulter und führte ihn in den Torweg von Monsieur Bertrands Haus. Sobald die einzelnen Gefangenen den Torweg erreichten, gab der im Eingang stehende SS-Offizier, der von der Straße aus nicht gesehen werden konnte, dem Opfer einen Genickschuss und stieß den Körper mit dem Knie in den Keller hinab, dessen Decke beim Brand des Hauses eingestürzt war. Die Zahl der todgeweihten Männer betrug 33. Als bereits zwanzig von ihnen auf diese Weise umgebracht waren, kam die Reihe an einen jungen Belgier namens Léon Praile, einen großen, breitschultrigen, kräftigen Burschen. Als Praile bemerkte, dass der deutsche Feldwebel weinte, drehte er sich um, schlug ihn ins Gesicht und warf ihn zu Boden. In dem Durcheinander konnte Praile entkommen, und nachdem er eine Nacht im Wald zugebracht hatte, versteckte er sich in einer Scheune auf dem Bauernhof seines Onkels, der dort Bürgermeister war. Er war jedoch der einzige, der davonkam; die übrigen 32 wurden alle ermordet. Die ganze Gegend war damals verschneit, und die Deutschen bedeckten die Leichen mit Brettern, die sie in einem der zerstörten Häuser fanden. Keiner durfte an der Stelle vorbeigehen, und außer Praile hatte niemand auch nur eine Ahnung davon, was geschehen war. Die Dorfbewohner glaubten alle, ihre Freunde und Nachbarn seien als Zwangsarbeiter nach Deutschland verschleppt worden. Am 10. Januar 1945 räumten die Deutschen das Dorf Bande, und am nächsten Tag rückten britische Truppen ein. Der Bürgermeister, der von seinem Neffen inzwischen den wahren Sachverhalt erfahren hatte, wandte sich an den britischen kommandierenden Offizier und bat ihn, zum Schauplatz des Verbrechens zu kommen. Als man die Bretter und den Schnee entfernte, fand man die Toten. Jeder hatte eine Schusswunde im Genick.

Dieses Verbrechen war eine Repressalie. Im September 1944 hatten die Deutschen schon einmal in Bande gelegen, ehe sie sich vor den vorrückenden Alliierten nach Osten zurückzogen, und damals waren drei von ihnen in den angrenzenden Wäldern getötet worden. Ein deutscher Offizier, Leutnant Spann, der zur Zeit des Massakers in Bande in Quartier lag, sagte seiner Wirtin, es sei »direkt von Himmler« der Befehl gekommen, dreißig Männer hinzurichten, um die drei Deutschen zu rächen, die im September von Mitgliedern der belgischen Widerstandsbewegung getötet worden waren. Das stimmte zweifellos, denn nach dem Abzug der Deutschen entdeckte der Bürgermeister selbst an der Tür eines Schuppens hinter dem Café de la Poste die mit Kreide geschriebenen Worte: »Das ist die Rache für die Helden, die im September von Terroristen erschossen wurden.« Es war nichts getan worden, um diese »Terroristen« zu ermitteln, und es hatte auch keine ernsthafte Untersuchung stattgefunden. Man hatte einfach 33 junge Belgier im militärfähigen Alter willkürlich herausgegriffen und nach einem rein formalen Verhör ohne Gerichtsverfahren umgebracht.

Doch wenden wir uns wieder den Ereignissen in Frankreich zu. Obgleich die FFI zum großen Teil aus organisierten Einheiten verschiedener Größe bestand, die über ihre eigenen Befehlswege von regulären Militärkommandeuren befehligt wurden, kam es in den ersten Wochen nach der Landung der Alliierten in der Normandie zweifellos zu Sabotageakten und Anschlägen von Einzelpersonen und kleinen Gruppen, die die Deutschen als Freischärler betrachten konnten. Im Falle ihrer Festnahme hätten diese Widerstandskämpfer vor ein deutsches Militärgericht gestellt und zum Tode verurteilt werden können. Aber das geschah nicht; nur zu oft wurden sie zuerst brutal gefoltert und dann ohne Gerichtsverfahren ermordet.

In Rodez erschossen die Deutschen einen Tag vor der Befreiung dieses Ortes dreißig gefangengenommene Angehörige des Maquis, nachdem sie sie zuerst gefoltert hatten. Die Widerstandskämpfer wurden mit Maschinenpistolen erschossen, dann zerschmetterten ihnen die Deutschen noch mit großen Steinen den Schädel. Im Wald von Achères wurden ebenfalls zahlreiche Angehörige des Maquis von der Gestapo getötet. Später fand man ihre Leichen, und der Polizeikommissar von Pau verfasste einen Bericht über die Feststellungen, die dabei gemacht wurden. Mehrere Leichen wiesen gebrochene Glieder und tiefe Wunden am unteren Teil der Beine auf, die anscheinend von den Schnüren herrührten, mit denen sie straff gebunden worden waren und die tief ins Fleisch eingeschnitten hatten. In einem anderen Falle wurden zwei jüngere Männer, die bei einem Gefecht mit deutschen Truppen in der Provence verwundet worden waren und im Krankenhaus von Nimes zur Behandlung lagen, aus den Betten gezerrt und erschossen. Ihre Leichen wurden verstümmelt, und um den Hals hängte man ihnen ein Schild mit der Aufschrift: »So werden französische Terroristen bestraft.«

Im Laufe des August 1944, als sich die Deutschen in voller Flucht aus Nordfrankreich zurückzogen, mehrten sich die Greuel. Am

Nachmittag des 30. August erreichte ein Teil der Division »Adolf Hitler« das kleine Dorf Tavaux im Departement Aisne, und eine Streife begab sich sogleich zum Haus des Anführers der örtlichen Widerstandsbewegung, einem Mann namens Maujean. Als dessen Frau die Tür öffnete, schossen die Soldaten sie sofort nieder; sie verwundeten sie am Oberschenkel und zerschmetterten ihr den Kiefer. Dann schleiften sie sie in die Küche, wo sie ihr vor den Augen ihrer fünf Kinder, von denen eins noch ein Baby war, einen Arm und ein Bein brachen. Dann übergossen sie sie mit Benzin und steckten sie in Brand. Den Kindern wurde mit Erschießen gedroht, falls sie nicht sagten, wo ihr Vater sei. Als die Kinder sich weigerten, seinen Aufenthalt anzugeben, sperrten die Deutschen sie in den Keller, gossen in allen Räumen Benzin auf den Fußboden und steckten das Haus in Brand. Dann zogen sie ab. Das Feuer konnte jedoch gelöscht werden, und die Kinder wurden gerettet; der älteste von ihnen, ein neunjähriger Junge, gab diese Schilderung des Verbrechens.

Noch in vielen anderen Fällen wurden Repressalien gegen die nächsten Angehörigen der Männer ergriffen, die in den Streitkräften der französischen Widerstandsbewegung kämpften. In Oyonnax verschwand eines Nachts ein 18-Jähriger Junge, dessen Bruder im Maquis kämpfte. Drei Tage später fand man in Siège die entsetzlich verstümmelte Leiche des Vermissten. Man hatte ihm die Nase und die Zunge abgeschnitten; der ganze Körper wies Spuren von Schlägen auf, und an den Beinen fanden sich Schnittwunden. Daneben lagen die Leichen von vier anderen jungen Männern, die so verstümmelt waren, dass sie nicht identifiziert werden konnten. Keiner der Toten wies irgendwelche Schusswunden auf: Alle fünf waren offenkundig ihren Misshandlungen erlegen.

In Presles in Südfrankreich erschien im Sommer 1944 ein Trupp SS-Männer auf einem Bauernhof, wo sich zwei Angehörige des Maquis versteckt halten sollten. Sie waren jedoch nicht da, und so verhaftete die SS, die sich um ihre Beute betrogen sah, den Bauern und seine Frau. Die Deutschen erschossen den Mann, vergewaltigten und töteten seine Frau und kreuzigten dann ihren kleinen dreijährigen Jungen am Hoftor, nachdem sie ihn zuvor gleichfalls gefoltert hatten.

In Ascq metzelte eine andere deutsche Einheit als Repressalie für die Zerstörung einer Eisenbahnstrecke 77 Männer nieder, darunter zwanzig Arbeiter und Angestellte der französischen Staatseisenbahnen. Die Opfer wurden wahllos herausgegriffen; sie standen in keiner direkten Verbindung zu dem Vorfall, der den Anlass zu der Vergeltungsmaßnahme lieferte. Unter ihnen befanden sich ein 74 Jahre alter Rentner und ein fünfzehnjähriger Schuljunge. Die Vichy-Regierung machte dem damaligen Oberbefehlshaber in Nordfrankreich, Feldmarschall von Rundstedt, offiziell von diesem Verbrechen Mitteilung. Seine Antwort lautete: »Die Bevölkerung von Ascq trägt selbst die Verantwortung für die Folgen ihres hinterhältigen Verhaltens, das ich scharf verurteilen muss.«

General Bérard, der Vorsitzende der Französischen Mission bei der Deutschen Waffenstillstandskommission, wandte sich wegen der unbefriedigenden Antwort von Rundstedts an den Vorsitzenden der Kommission, General Vogl. Er wies darauf hin, dass in der Zeit vom 10. Oktober 1943 bis zum 1. Mai 1944 mehr als 1200 Menschen solchen Greueltaten zum Opfer gefallen waren,[6] und betonte, dass bei all diesen Vergeltungsmaßnahmen in der Hauptsache immer die Unschuldigen getroffen würden. Man ergreife Repressalien gegen Personen, die lediglich im Verdacht stünden, auf irgendeine Weise mit dem Maquis in Verbindung zu stehen, und unternehme nichts, um festzustellen, ob eine solche Annahme begründet sei. In diesem speziellen Fall, der den deutschen Oberbefehlshaber völlig gleichgültig ließ, protestierte General Bérard dagegen, dass all diese unschuldigen Menschen mit ihrem Leben für einen versuchten Anschlag zahlen mussten, dem kein einziger deutscher Soldat zum Opfer gefallen war. Sein Protest wurde rundweg abgewiesen.

Am Tage nach der Landung der Alliierten in der Normandie griffen Einheiten der FFI in beträchtlicher Stärke die Vichytruppen in Tulle an, die in diesem Bezirk die Ordnung aufrechterhalten sollten, und nach langen, den ganzen Tag andauernden Kämpfen besetzten sie den größten Teil der Stadt. Wenige Stunden später kamen deutsche Panzerfahrzeuge der hartbedrängten Vichygarnison zu Hilfe und rückten in die Stadt ein, aus der sich die FFI zurückzog.

Der deutsche Kommandant beschloss, Repressalien zu ergreifen. Da die FFI bei ihrem Abzug keine Gefangenen zurückgelassen hatte, wurde die Vergeltung an der Zivilbevölkerung geübt, aus deren Reihen 120 Opfer herausgegriffen wurden. Hier ein Auszug aus einem amtlichen Bericht:

> Die Opfer wurden ohne Untersuchung, sogar ohne Verhör, ausgesucht. Arbeiter, Studenten, Lehrer, Gewerbetreibende, sogar mit der Miliz[7] sympathisierende Leute und freiwillige Rekruten der Waffen-SS. Die auf einer 500 Meter langen Strecke an den Balkons und Laternenpfählen der Avenue de la Gare hängenden 120 Leichen boten einen grauenerregenden Anblick, der wohl lange im Gedächtnis der unglücklichen Bevölkerung von Tulle haften bleiben wird.

Im April und Mai 1944 verschärfte sich die Kampagne gegen die französische Widerstandsbewegung in Mittel- und Südwestfrankreich. Als Vorbereitung für die alliierte Landung in der Normandie griff der Maquis ständig die deutschen Verbindungswege an, und durch Befehle des deutschen Oberkommandos wurden die für die innere Sicherheit verantwortlichen Stellen ermächtigt, alle für notwendig erachteten Maßnahmen zu ergreifen, um den Widerstand des französischen Volkes zu brechen. Zur Erfüllung dieser Aufgabe wurde dem deutschen kommandierenden General des Militärdistrikts Limoges die SS-Panzerdivision »Das Reich« zugeteilt.

Die Angehörigen des Maquis selbst waren nur schwer aufzuspüren. Sie hatten keine Versorgungsprobleme und kannten das Land wie ihre Westentasche: Sie verließen ihre Lagerplätze nur, um irgendeinen Blitzangriff auf einen Konvoi oder ein Militärlager des Feindes durchzuführen, und tauchten dann wieder unter. Den Deutschen erschien es daher leichter, an unschuldigen Menschen Vergeltung zu üben, und so rächten sie sich an der örtlichen Landbevölkerung, wenn der Maquis eine erfolgreiche Aktion durchgeführt hatte. Ein Deserteur aus der SS-Panzerdivision »Das Reich«, der damals selbst dabei war, gab eine kurze Schilderung von einigen ihrer Greueltaten:

> Bei diesen Operationen trugen die Offiziere keine Rangabzeichen, da sie nicht erkannt werden wollten. Zuerst säuberten wir die Umgebung von Agen in einem Umkreis von siebzig Kilometern. In vielen Dörfern wurde die Bevölkerung durchsucht und niedergemetzelt, und die Offiziere vergewaltigten die jüngsten Frauen. War das Unternehmen vorüber, durchsuchten die Offiziere die Soldaten und nahmen ihnen alle Wertgegenstände ab. Das gesamte Vieh wurde von der Proviantabteilung der Division mitgenommen, da der Nachschub aus Deutschland unterbrochen war.
>
> Als wir einige Kilometer von Agen entfernt durch ein kleines Dorf mit etwa zwölf Häusern zogen, beobachtete uns von einem Fenster aus eine etwa 30-Jährige Frau. Unser Kompanieführer, der am Straßenrand einen parkenden Lastwagen sah, frage sie: ›Sind irgendwelche Leute vom Maquis hier?‹ – ›Nein‹, erwiderte sie. – ›Wem gehört denn dann der Lastwagen?‹ – ›Das weiß ich nicht‹, war die Antwort. Ohne weiteres Verhör wurde die Frau aus dem ersten Stock heruntergeschleift, entkleidet, mit Knüppeln geschlagen und blutend an einen in der Nähe stehenden Baum gehängt.
>
> Ein Stück weiter machte unser Konvoi vor einem großen Haus halt, an dem die Trikolore flatterte. Unser Kompanieführer eröffnete das Feuer auf die Vorderfront des Gebäudes. Als der Eigentümer erschien, schoss ihn der Offizier sogleich in die Brust. Alle Bewohner mussten herauskommen, und fünf junge Frauen nahmen wir in einem unserer Fahrzeuge mit. Dann zog der Konvoi weiter; alle Männer sangen und schossen mit ihren Gewehren um sich, als wir durch das Dorf fuhren. Als wir das Dorf verlassen hatten und über Land fuhren, schossen wir auf alle, die auf den Feldern arbeiteten; ihre Pferde, Kühe und Hunde wurden mit Maschinengewehren beschossen. Von dort aus zogen wir nach Limoges, und am nächsten Tag setzten wir die Säuberung in der Haute-Vienne fort. Was uns in den Weg kam, wurde getötet; die Frauen wurden ausgezogen, vergewaltigt und an Bäumen aufgehängt.
>
> Am 6. Juni trafen wir in St. Junien ein. Als die Kompanie abends auf der Suche nach Verpflegung war, gelang es mir zu entkommen; ich konnte das alles nicht mehr aushalten.

Am 6. Juni begann die Invasion der Normandie, und mit ihr nahm das Tempo der Maquisoperationen zu. Um die Deutschen daran zu hindern, in aller Eile aus dem Süden und Südwesten Verstärkungen für ihre hart bedrängten Kräfte im Norden heranzuziehen, führte der Maquis ständige Angriffe gegen die Straßen- und Eisenbahnverbindungen und verursachte damit große Verwirrung. Inzwischen zog die Division »Das Reich« weiter durch Mittelfrankreich fort und verbreitete Tod und Zerstörung um sich.

Etwa 22 Kilometer nordwestlich von Limoges, im Bezirk St. Junien, den die Division am 6. Juni erreicht hatte, erstreckte sich am Nordufer des Flüsschens Glane, unweit der Fernstraße Limoges-La Rochefoucault-Angoulême, das Dorf Oradour-sur-Glane. Oradour-sur-Glane war eine weitauseinandergezogene Landgemeinde im Departement Haute-Vienne. Zusammen mit den benachbarten kleinen Dörfern Brandes, Lapland, Bellevue, Le Repaire, La Fauvette und anderen hatte es im Jahre 1936 eine Gesamteinwohnerzahl von ungefähr 1300. Die Bevölkerung des Dorfes selbst war jedoch viel kleiner, da der größte Teil der Einwohner auf die angrenzenden Dörfchen und Einzelgehöfte verstreut war. Seit Kriegsbeginn waren eine Anzahl Flüchtlinge aus Lothringen hinzugekommen und außerdem einige Leute aus Limoges, die glaubten, während des Krieges auf dem Lande eher ein Auskommen zu finden als in der Stadt.

Der 10. Juni 1944 war ein Samstag, und in Oradour-sur-Glane herrschte großer Betrieb. Aus Limoges waren die üblichen Wochenendgäste eingetroffen, und da gerade eine neue Zuteilungsperiode für Tabak begann, hatten sich Händler aus allen Teilen der Gemeinde eingefunden, um ihre Ware in Empfang zu nehmen. Überall saß man noch gemütlich nach dem Mittagessen beisammen, als um 14:15 Uhr ein großer deutscher Militärkonvoi auf der nach Limoges führenden Straße herangebraust kam und im unteren Teil des Dorfes parkte. Die Soldaten trugen Stahlhelme und die bekannten gelbgrünen Tarnanzüge, wie sie von so vielen Waffen-SS-Einheiten benutzt wurden. Einige Fahrzeuge fuhren noch weiter ins Dorf hinein und hielten dort. Kurz nach ihrer Ankunft ging der Ausrufer durch die Straßen und verlas einen Befehl, wonach sich alle ohne Ausnahme – Männer, Frauen und Kinder – sogleich mit ihren Ausweisen auf dem Marktplatz einzufinden hatten. Gleichzeitig durchsuchten die Deutschen jedes einzelne Haus; sie holten alle Bewohner heraus und brachten sie zum Sammelplatz. Auch von den Feldern trieb man die Menschen zusammen, und viele wurden dabei erschossen. Die Bewohner von Einzelgehöften und Einwohner benachbarter Siedlungen mussten sich ebenfalls auf dem Marktplatz versammeln.

Zufällig waren an jenem Nachmittag alle Schulkinder von Oradour – 191 an der Zahl – in verschiedenen Schulgebäuden versammelt, da eine ärztliche Untersuchung stattfinden sollte. Der deutsche Truppführer erklärte, man befürchte, dass es in dem Dorf zu einer Schießerei kommen könne; alle Kinder sollten daher in die Kirche in Sicherheit gebracht werden. Mit dieser beruhigenden Versicherung konnten die Kinder und ihre Lehrer dann auch ohne irgendwelche Zwischenfälle dorthin gebracht werden – mit Ausnahme eines kleinen Flüchtlingsjungen namens Roger Godfrin aus Lothringen, der schon Erfahrungen mit deutschen Truppen gemacht hatte und zu einem seiner Freunde sagte: »Das sind Deutsche. Die kenne ich. Sie werden uns etwas tun. Ich will versuchen abzuhauen.« Auf irgendeine Art gelang es Roger Godfrin, sich von den anderen zu entfernen, und nachdem er sich eine Weile im Schulgarten versteckt hatte, schlug er sich in die benachbarten Wälder durch. Sechs Stunden später war er als einziger von all diesen Kindern noch am Leben.

Um 14:45 Uhr waren alle auf dem Marktplatz versammelt: Jung und Alt, Invalide und Krüppel, Väter und Söhne, Mütter und Töchter, Schüler und Lehrer, Kleinkinder und Babys in Kinderwagen, der Bürgermeister, der Notar, der Schmied, der Apotheker, Ladenbesitzer, Handwerker und Bauern – nicht weniger als 600 Menschen. Der verantwortliche deutsche Offizier forderte dann den Bürgermeister auf, dreißig Geiseln zu benennen, was jedoch entschieden abgelehnt wurde. Inzwischen waren die deutschen Truppen unmittelbar in das Dorf eingedrungen; sie umzingelten ihre Opfer und teilten sie in zwei Gruppen ein: die Frauen und Kleinkinder auf der einen Seite und die Männer auf der anderen. Die erste Gruppe musste dann unter Begleitung zur Kirche marschieren. Ihr Schicksal wird später beschrieben.

Dann hielt der deutsche Kommandeur vor den Männern eine Ansprache, in der er erklärte, es sei ihm berichtet worden, dass sich in dem Dorf ein geheimes Waffenlager des Maquis befände. Er beabsichtige, eine gründliche Durchsuchung vorzunehmen; die männlichen Einwohner würden für die Dauer der Aktion in sechs Dorfscheunen gebracht und dort bewacht werden. Daraufhin bildete man sechs Gruppen und verteilte sie auf die entsprechende Zahl von Bauernhöfen. Von all diesen Männern kamen nur fünf mit dem Leben davon; durch sie wurde das Schicksal der andern bekannt. Hören wir den Bericht des damals 18-Jährigen Yvon Roby,[8] der zu jener Zeit bei seinen Eltern in Forêt-Basse wohnte, das zur Gemeinde Oradour-sur-Glane gehörte :

> In der Gruppe, die zusammen mit mir in einer Scheune eingeschlossen war, befanden sich der Schmied Brissaud, der Konditor Compain und der Friseur Morlières. Wir waren kaum angelangt, als die Deutschen uns befahlen, zwei im Wege stehende Wagen beiseite zu schieben; nachdem man uns gezwungen hatte, hineinzugehen, stellten sich vier Soldaten an der Tür als Posten auf und richteten ihre Maschinenpistolen auf uns, um uns an einer Flucht zu hindern. Sie plauderten und lachten miteinander und machten sich dabei an ihren Schusswaffen zu schaffen. Fünf Minuten, nachdem wir die Scheune betreten hatten, eröffneten die Soldaten ganz plötzlich das Feuer auf uns; anscheinend war ihnen durch einen Schuss vom Marktplatz aus das Signal dazu gegeben worden. Diejenigen, die als erste niederfielen, wurden durch die Körper der anderen, die auf sie fielen, vor den nächsten Feuerstößen geschützt. Ich lag flach auf dem Bauch, den Kopf zwischen den Armen. Von der Wand, die mir am nächsten war, prallten inzwischen die Kugeln ab, und der Staub und der Mörtel hinderten mich am Atmen. Einige Verletzte schrien, andere riefen nach ihren Frauen und Kindern. Plötzlich hörte das Schießen auf; die Bestien tra-

ten auf unsere Körper und schossen mit ihren Revolvern aus nächster Nähe auf alle, die noch Lebenszeichen gaben. Ich wartete voller Entsetzen darauf, dass die Reihe an mich käme. Ich war bereits am linken Ellbogen verwundet. Rings um mich erstarben die Schreie, und die Schüsse wurden seltener. Schließlich trat Stille ein, eine schwere, niederdrückende Stille, die nur von Zeit zu Zeit durch leises Stöhnen unterbrochen wurde.

Die Soldaten bedeckten uns dann mit allem möglichen brennbaren Zeug, das sie finden konnten: mit Stroh, Heu, Reisig, Radspeichen und Leitern. Aber die Männer, die um mich herumlagen, waren nicht alle tot, und die Unverletzten begannen mit denen zu flüstern, die zwar verletzt, aber noch am Leben waren. Ich wandte ein wenig meinen Kopf und erblickte gleich neben mir einen meiner Freunde, der blutüberströmt auf der Seite lag und sich im Todeskampf wand. Würde mich dasselbe Schicksal ereilen? Da hörte ich Schritte: Die Deutschen waren zurückgekehrt. Sie steckten das Stroh, das uns bedeckte, in Brand, und die Flammen griffen im Nu auf die ganze Scheune über. Ich versuchte fortzukommen, aber das Gewicht der auf mir liegenden Körper behinderte meine Bewegungen. Außerdem konnte ich infolge meiner Verletzung den linken Arm nicht benutzen. Nach verzweifelten Anstrengungen gelang es mir schließlich, freizukommen. Ich stand vorsichtig auf und erwartete, dass mich eine Kugel treffen würde, aber die Mörder hatten die Scheune verlassen.

Die Luft wurde stickig. Plötzlich bemerkte ich in der Wand ein Stück oberhalb des Fußbodens ein Loch. Es gelang mir, mich hindurchzuzwängen, und ich suchte auf einem benachbarten Dachboden Zuflucht. Vier meiner Freunde, Broussaudier, Darthout, Hebras und Borie, waren schon vor mir dort hingegangen. Ich kroch unter einen Haufen Stroh und getrockneter Bohnen. Borie und Hebras versteckten sich hinter aufgeschichteten Latten, und Broussaudier kauerte sich in eine Ecke. Darthout, der vier Schusswunden an den Beinen hatte, bat mich, ihm neben mir Platz zu machen. In angstvoller Erwartung lagen wir dichtaneinandergedrängt und horchten gespannt auf jedes Geräusch.

Aber unsere Prüfung war noch nicht zu Ende. Plötzlich kam ein Deutscher herein. Er blieb vor unserem Strohhaufen stehen und steckte ihn in Brand. Ich hielt den Atem an. Wir vermieden jedes Geräusch und jede Bewegung, aber die Flammen begannen, meine Füße zu versengen. Ich stieg auf Darthout, der sich nicht rührte, und riskierte rasch einen Blick: Die SS-Männer waren fort. In diesem Augenblick kam Broussaudier über den Dachboden herüber. Er hatte eine andere Fluchtmöglichkeit entdeckt. Ich ging dicht hinter ihm her und stand schließlich, von den Flammen verfolgt, draußen in der Nähe eines Kaninchenstalls, den Broussaudier soeben betreten hatte. Ich ging hinter ihm hinein, und ohne einen Augenblick zu verlieren, scharrte ich ein Loch in den Boden und kauerte mich zusammengekrümmt hinein. Dann bedeckte ich mich mit Abfällen, die rings um mich her lagen. Wir blieben drei Stunden dort, bis das Feuer schließlich auch auf den Kaninchenstall Übergriff und der Rauch in unsere Kehlen drang. Ich hielt meine Hände über den Kopf, um die Funken abzuwehren, die vom Dach herabfielen und mir das Haar verbrannten.

Aber ein drittes Mal gelang es uns, den Flammen zu entkommen. Ich bemerkte eine Lücke zwischen zwei Mauern. Es gelang uns, immer noch geduckt, dorthin zu kriechen und ein wenig frische Luft zu schnappen, aber wir konnten unmöglich lange in dieser Stellung verharren. Deshalb standen wir auf und tasteten uns vorsichtig zum Marktplatz vor. Wir mussten uns genau vergewissern, ob keine deutschen Soldaten dort als Wache zurückgelassen worden waren. Broussaudier ging als Späher voraus. Niemand war zu sehen. Wir erreichten den Platz. Konnten wir es wagen, ihn zu überqueren?

Noch ein letzter Blick nach rechts und nach links, und dann liefen wir so rasch wie möglich in der Richtung des Friedhofs davon. Schließlich erreichten wir ein schützendes Dickicht. Wir fielen uns um den Hals, so groß war unsere Freude, wieder in Freiheit zu sein. Dann trennten wir uns. Ich musste die Nacht in einem Roggenfeld zubringen, und am nächsten Morgen gegen elf Uhr kam ich endlich wieder zu Hause in Forêt-Basse an.

Während dieses Gemetzels hatte die Gruppe der etwa 400 Frauen und Kinder die Kirche erreicht. Sie umfasste alle Frauen des Dorfes, zum Teil mit Babys auf dem Arm oder im Kinderwagen, sowie alle Kinder im schulpflichtigen Alter. Von all diesen Menschen kam nur eine Frau mit dem Leben davon: Marguerite Rouffanche aus Limoges, die an jenem Tag ihren Mann, einen Sohn, zwei Töchter und ihren sieben Monate alten Enkel verlor.

Fast zwei Stunden lang warteten diese unglückseligen Menschen, die in der Kirche zusammengepfercht waren, mit zunehmender Angst und Besorgnis, was nun mit ihnen geschehen würde. Ihr weiteres Geschick wurde von Madame Rouffanche[9] wie folgt beschrieben:

> Gegen vier Uhr kamen einige Soldaten, die durchweg etwa zwanzig Jahre alt waren, in die Kirche, sie hatten eine Art Koffer bei sich, den sie durch das Mittelschiff nach vorn trugen und in der Nähe des Chores abstellten. Von diesem Koffer hing etwas herab, das wie Schnüre aussah und mit den Enden auf dem Boden lag.[10] Diese Schnüre wurden angezündet, und die Soldaten entfernten sich. Als das Feuer den Koffer erreichte, explodierte dieser, und es entstanden dicke schwarze Rauchwolken, die einem den Atem benahmen. Die Frauen und Kinder, die nach Luft rangen und vor Entsetzen schrien, flohen in andere Teile der Kirche, in denen man noch atmen konnte. Da wurde die Tür der Sakristei durch das bloße Gewicht des von Panik befallenen Menschenhaufens eingedrückt. Ich folgte und setzte mich auf eine Stufe, wo ich resigniert auf mein Schicksal wartete.
>
> Als die Deutschen erkannten, dass alle in diesen Teil der Kirche stürzten, mähten sie brutal alle nieder, die dorthin zu gelangen versuchten. Meine Tochter wurde an meiner Seite durch einen Schuss getötet, der von draußen abgefeuert wurde. Ich selbst verdanke mein Leben der Tatsache, dass ich die Geistesgegenwart besaß, die Augen zu schließen und mich tot zu stellen. Eine Salve hallte durch die Kirche. Dann wurden Stroh, Reisig und Stühle auf die Körper geworfen, die überall auf dem Steinboden verstreut umherlagen. Da ich diesem Gemetzel entgangen und nicht verletzt worden war, benutzte ich eine Rauchwolke, um mich hinter dem Hochaltar zu verstecken. In diesem Teil der Kirche waren drei Fenster. Ich ging zu dem mittelsten, das das größte war, und versuchte mit Hilfe der kleinen Stufenleiter, die zum Anzünden der Kerzen benutzt wurde, hinaufzugelangen. Ich weiß nicht, wie ich das fertigbrachte, aber irgendwie waren mir außergewöhnliche Kräfte gegeben. Die Scheibe war zerbrochen, und ich sprang durch das Fenster. Die Höhe betrug mehr als drei Meter.
>
> Ich blickte auf und sah, dass mir eine Frau gefolgt war, die ich kannte und die mir aus dem offenen Fenster ihr Baby herausreichte. Sie ließ sich neben mir herunterfallen. Die Deutschen, die durch das Schreien des Kindes auf uns aufmerksam geworden waren, beschossen uns daraufhin mit Maschinengewehren. Meine Freundin und ihr Baby wurden getötet; ihre Leichen fand man später an der Stelle, an der sie zu Boden gefallen waren. Ich lief dann in den Pfarrgarten, wobei ich unterwegs verwundet wurde. Zwischen grünen Erbsen ver-

steckt, wartete ich dort angstvoll auf Hilfe. Verwundet lag ich dort, bis man mich schließlich am folgenden Tag um fünf Uhr nachmittags fand.

Verkohlte Leichen in der Kirche von Oradour

Die Ruinen der Kirche waren ein stummer, aber überzeugender Beweis für die Richtigkeit der Aussagen von Madame Rouffanche. Der Dachstuhl war ausgebrannt; ein großer Teil des Kirchenschiffes, das vom Feuer verschont blieb, ist inzwischen eingestürzt, und die geschwärzten Wände stehen noch als schaurige Zeugen des Verbrechens. Der Hochaltar wurde faktisch zerstört, die Kommunionsbank aus ihren Fundamenten gerissen und umgestürzt. Eine Untersuchung der Ruinen ergab, dass die Deutschen viele Schüsse innerhalb der Kirche abfeuerten, denn man fand dort zahlreiche leere Patronenhülsen. Außerdem bestätigte es sich, dass sie tief schossen, um mit Sicherheit auch die Kinder zu treffen.

Zwei oder drei Tage später wurde der Tatort von einem Beauftragten des Gesundheitswesens inspiziert. Bei seiner ersten Inspektion fand er den Fußboden der Kirche mit Asche, menschlichen Überresten und ekelerregenden Fleisch- und Knochenhaufen bedeckt. Inmitten dieses unbeschreiblichen Durcheinanders lagen viele halb verkohlte Leichen, die nicht identifiziert werden konnten. Der Inspekteur meldete, dass er in der Nähe des Hochaltars viele Knochen und verkohlte menschliche Überreste, darunter den Fuß eines etwa sechsjährigen Kindes, gefunden hatte. In der Sakristei, in der nach dem Bericht von Madame Rouffanche viele Frauen und Kinder nach der Explosion Zuflucht gesucht hatten, fand man große

Das Gemetzel von Autun

Lidice

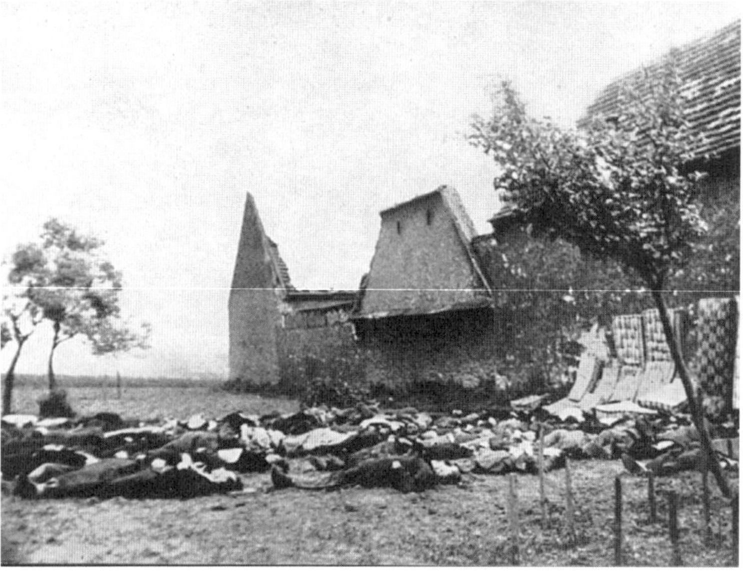

Lidice nach dem Massaker

Mengen verkohlter Körperteile. In einer Kapelle an der Südseite der Kirche befand sich eine kleine Tür, die auf den Kirchhof führte. Dorthin stürzten viele der Opfer, die von der ersten Salve nicht getroffen wurden, wohl in der Hoffnung, hier ins Freie gelangen zu können. Die Tür muss jedoch verschlossen gewesen sein, denn dicht daneben fand man einen großen Haufen Asche und verkohlte Leichen. In dem Bericht des Inspekteurs wurde festgestellt, dass man mit den Leichen einen großen Bauernwagen hätte füllen können; nach der Menge der gefundenen Eheringe und Schmuckstücke schätzte die Polizei die Zahl der Opfer auf mehrere Hundert Menschen, die alle bei lebendigem Leib verbrannten. Bewohner umliegender Ortschaften sagten aus, dass in zwei Kilometer Entfernung aus der Richtung der Kirche Schreie zu hören waren.

Nachdem die Deutschen die Einwohner umgebracht hatten, plünderten sie systematisch das Dorf und seine Umgebung; dann zogen sie ab. Vonseiten der deutschen Militärbehörden wurde nie ein offizieller Grund für dieses Verbrechen angegeben. Am Tage nach dem Gemetzel wurde lediglich ohne Kommentar gemeldet, dass die Ortschaft Oradour-sur-Glane im Zuge militärischer Operationen »in Schutt und Asche gelegt« worden sei.

Der Präfekt der Haute-Vienne, der nach dem Verbrechen in Oradour war und in der Präfektur von einem Beauftragten des Sicherheitsdienstes um eine Stellungnahme ersucht wurde, erhielt von diesem die Auskunft, ein deutscher Offizier und sein Fahrer seien vom Maquis gefangengenommen worden und durch das Dorf geführt worden. Dabei seien sie von einigen Frauen angegriffen worden. Man hätte ihnen die Handgelenke mit Draht gefesselt und sie dann zur Erschießung abgeführt. Dem Offizier sei es jedoch gelungen, zu entkommen. Er sei sogleich nach Limoges zurückgekehrt und habe dort eine Strafexpedition gegen das Dorf organisiert und auch selbst daran teilgenommen. Trotz gründlichster Nachforschungen fand sich keinerlei Bestätigung für einen solchen Vorfall, und es ist mehr als zweifelhaft, ob er sich jemals ereignet hat. Unter keinen Umständen wäre aber eine so entsetzliche Vergeltung gerechtfertigt gewesen. Hätte sich tatsächlich ein solches Ereignis zugetragen, wäre es ein leichtes gewesen, die Verantwortlichen zu ermitteln und nach dem Völkerrecht vor Gericht zu stellen. Diese Niedermetzelung von Hunderten unschuldiger Menschen aber war ein Verbrechen gegen die Menschlichkeit, über das sich die zivilisierte Welt entsetzte, als die Einzelheiten bekannt wurden.

Die Vichy-Regierung übermittelte dem deutschen Oberbefehlshaber West einen Bericht über das Verbrechen mit dem Ersuchen, dem deutschen Oberkommando in Frankreich die Fakten wegen der »politischen Bedeutung, die sie infolge ihrer Rückwirkungen auf die Stimmung des französischen Volkes haben werden«, mitzuteilen. Eine von französischer Seite durchgeführte Untersuchung ergab, dass sich weder in dem Dorf selbst noch in einem Umkreis von sieben Kilometern irgendein Angehöriger der FFI befand, und dass sich die Einheit, die das Verbrechen verübte, an dieser harmlosen Gemeinde für irgendeinen Angriff rächte, der fünfzig Kilometer weiter auf einen ihrer Soldaten verübt worden war.

Im Juni 1940 trat Italien an der Seite Deutschlands in den Krieg ein und kämpfte als sein Verbündeter bis zum Waffenstillstand im September 1943, als in Süditalien unter König Victor Emanuel eine Nationalregierung gebildet wurde. Nach der Landung der alliierten Streitkräfte in Italien wurde im Norden unter Mussolini eine republikanische Regierung gebildet. Im Laufe des Winters 1943/44 und in den folgenden Frühjahrsmonaten nahm die Partisanentätigkeit entlang der deutschen Verbindungslinien immer größeren Umfang an, und der deutsche Oberbefehlshaber, Feldmarschall Albert Kesselring, ergriff drastische Maßnahmen, um den Widerstand niederzuhalten. Die deutsche Haltung gegenüber den Italienern in der Zeit nach dem Waffenstillstand wurde von Kesselring selbst mit folgenden Worten beschrieben:

> Italien trat gegen Deutschlands Wunsch in den Krieg ein, und die italienischen Streitkräfte benötigten die Unterstützung der deutschen Armee, Luftwaffe und Flotte. Deutsche Armeen kamen und kämpften für die Lebensinteressen Italiens. Die deutschen Opfer in Afrika, Tune-

sien, Sizilien und Süditalien waren ungeheuer groß, aber sie wurden gebracht. Obgleich zahlenmäßig weit stärker, kämpften die Italiener weniger ausdauernd als die Deutschen, aber dies wurde um der italienischen Freundschaft willen hingenommen. Dieses Gefühl verwandelte sich in Hass, als Italien die Achsenpolitik verriet und den Partisanenkrieg begann.[11]

Am Nachmittag des 23. März 1944 ereignete sich in Rom ein Vorfall, der den Deutschen Anlass zu fürchterlichen Repressalien und zu einer Verschärfung des Terrors gegen die Zivilbevölkerung im besetzten Italien gab. Jeden Nachmittag gegen fünfzehn Uhr marschierte eine Abteilung eines deutschen Polizeiregiments durch die Via Rasella. An jenem 23. März explodierte dort eine Bombe, die unter den Deutschen 32 Todesopfer und eine Anzahl Verletzte forderte. Bald darauf erschien Obersturmbannführer Kappler vom SD am Schauplatz der Explosion und leitete eine Untersuchung ein. Inzwischen war der Vorfall auf dem üblichen militärischen Berichtsweg dem Führerhauptquartier gemeldet worden, und Feldmarschall Kesselring erhielt sofort Befehl, binnen 24 Stunden für jeden getöteten deutschen Polizeiangehörigen zehn Italiener zu erschießen. Über die Auswahl dieser Geiseln wurden keine näheren Angaben gemacht. General von Mackensen gab diesen Befehl als Kommandeur der 14. Armee an General Mälzer, den Militärkommandanten der Stadt Rom, mit der Anweisung weiter, er solle feststellen, ob eine entsprechende Anzahl zum Tode verurteilter Häftlinge zur Verfügung stünde.[12]

Kappler teilte dem deutschen Garnisonskommandeur mit, er solle, um die erforderliche Zahl zusammenzubekommen, eine Liste von 280 Menschen aufstellen, die er als »todwürdig« bezeichnete. Unter diese sehr weitgespannte Kategorie fielen nicht nur Häftlinge, die langjährige Gefängnisstrafen verbüßten, sondern auch viele Menschen, die wegen angeblicher Partisanen- oder Sabotagetätigkeit unter Arrest standen, sowie alle Juden, die sich zu jener Zeit in Rom im Gewahrsam des SD befanden. Kappler sah sich in seinem Gefängnis in der Via Tasso um, ohne jedoch die Zahl zusammenzubekommen. So ließ er sich aus einem anderen Gefängnis

Roms weitere Häftlinge kommen, die auf ihre Aburteilung durch deutsche Militärgerichte warteten.

Die Zahl der Opfer, die schließlich umgebracht wurden, betrug 335. Unter ihnen befanden sich ein Greis von siebzig Jahren, ein Junge von vierzehneinhalb Jahren, ein Mann, der bereits von einem deutschen Gericht freigesprochen worden war, und, als Zugabe, 55 Juden, von denen keiner die geringste Verbindung zu den Partisanen hatte und die zum Teil nicht einmal italienischer Nationalität waren. Die Opfer wurden in die Ardeatinischen Höhlen am Rande von Rom gebracht, und Kapplers Sicherheitsdienst nahm dort die Hinrichtung vor.

In dem Prozess gegen Feldmarschall Kesselring vor dem Tribunale di Giustizia in Venedig im Februar 1947[13] schilderte Kappler, wie diese unglücklichen Menschen erschossen wurden. Sie mussten sich jeweils zu fünft mit auf dem Rücken zusammengebundenen Händen niederknien, und dann wurden sie durch Genickschuss getötet. Es waren im Ganzen 67 Gruppen zu je fünf Menschen, und das Gemetzel währte den ganzen Nachmittag. Kein Sanitätsoffizier überzeugte sich davon, ob auch wirklich alle tot waren, ehe die nächste Gruppe an die Reihe kam. Als das letzte Opfer erledigt war, brachte man die Höhle durch Sprengung zum Einsturz, um alle Spuren des Verbrechens zu beseitigen.

Die Deutschen haben niemals auch nur behauptet, dass die meisten dieser Menschen irgendetwas mit dem Bombenanschlag zu tun gehabt hätten. Einige waren schon lange Zeit in Gewahrsam; viele wohnten gar nicht in der Nähe der Via Rasella, ja einige nicht einmal in Rom, und 55 hatten lediglich das Unglück, als Juden geboren zu sein.

Der Bombenanschlag auf die deutsche Polizeiabteilung war natürlich ein Vergehen gegen die Besatzungsmacht, und die Verantwortlichen hätten vor ein deutsches Militärgericht gestellt und zweifellos auch zum Tode verurteilt werden können. Keins der Opfer aber, die in den Ardeatinischen Höhlen umgebracht wurden, war auch nur vor Gericht gestellt, geschweige denn für schuldig befunden worden. Sie wurden alle als Repressalie erschossen. Der Begriff »Repressalie« kann sehr weitherzig ausgelegt werden, aber niemand wird behaupten wollen, dass die willkürliche Ermordung unschuldiger Einwohner dadurch entschuldbar wird, dass man sie als Repressalie bezeichnet.

Das Massaker in den Ardeatinischen Höhlen war jedoch erst der Anfang. Am 17. Juni 1944 erließ Kesselring einen weiteren Befehl. Er war von ihm selbst ausgearbeitet worden und unter anderen an die 10. und 14. Armee, das Luftwaffenhauptquartier und den obersten SS- und Polizeiführer in Italien, General Wolff, gerichtet. In diesem Befehl wurden neue Maßnahmen zur Partisanenbekämpfung angekündigt; die Lage im Partisanenkampf habe sich, so erklärte Kesselring, auf dem italienischen Kriegsschauplatz, vor allem in Mittelitalien, so verschärft, dass sie eine ernste Gefahr für die kämpfende Truppe und ihre Versorgung darstelle.

> Der Kampf gegen die Banditen muss daher mit allen zur Verfügung stehenden Mitteln und mit größter Schärfe durchgeführt werden. Ich werde jeden Führer decken, der in der Wahl und Schärfe des Mittels bei der Bekämpfung der Banden über das bei uns übliche Maß an Zurückhaltung (!) hinausgeht. Auch hier gilt der alte Grundsatz, dass ein Fehlgreifen in der Wahl der Mittel, sich durchzusetzen, immer noch besser ist als Unterlassung und Nachlässigkeit.

In dem Befehl wurde dann beschrieben, was geschehen sollte, wenn ein Zivilist festgenommen würde, der an Partisanenoperationen teilgenommen hatte. Entsprach die Erschießung von jeweils zehn Italienern für jeden von der Zivilbevölkerung getöteten Deutschen dem »üblichen Maß an Zurückhaltung«, so war dieser neue Befehl eine Aufforderung zu noch rücksichtsloserem Terror. Etwa um die gleiche Zeit erließ Kesselring folgenden Aufruf an die Italiener:

> Der Oberbefehlshaber der Wehrmacht erklärt: Bisher hat die deutsche Wehrmacht alle Handlungen, die auf Grund des Krieges erforderlich waren, korrekt und mit großer Rücksichtnahme auf die Bevölkerung durchgeführt. Diese freundschaftliche Haltung ist jedoch von absolu-

ter Erwiderung seitens der Bevölkerung abhängig. Wenn die bisher vereinzelten und individuellen verbrecherischen Anschläge und Angriffe durch Partisanen zunehmen sollten, dann muss sich die Haltung des Oberbefehlshabers der deutschen Wehrmacht zwangsläufig sofort wandeln. Das Volk selbst wird für die Konsequenzen eines solchen Entschlusses verantwortlich sein.

Um die Sicherheit des Hinterlandes und der Verbindungswege zu garantieren, befehle ich unverzüglich:

1. »Jeder, bei dem Waffen oder Sprengstoff gefunden werden, die nicht bei der nächsten deutschen Befehlsstelle gemeldet sind, wird erschossen.
2. Jeder, der Partisanen Unterkunft gewährt oder sie schützt oder ihnen mit Kleidung, Nahrung oder Waffen beisteht, wird erschossen.
3. Wer Kenntnis von einer Gruppe von Rebellen oder auch nur von einem einzigen Rebellen hat, ohne diese Information der nächsten Befehlsstelle mitzuteilen, wird erschossen.
4. Jeder, der dem Feind oder den Partisanen Informationen über den Standort deutscher Befehlsstellen oder militärischer Einrichtungen gibt, wird erschossen.
5. Jedes Dorf, in dem sich Partisanen aufhalten oder in dem Anschläge auf deutsche oder italienische Soldaten verübt worden sind, oder in dem Sabotageanschläge auf Kriegsvorräte stattgefunden haben, wird bis auf den Grund niedergebrannt. Darüber hinaus werden alle männlichen Einwohner eines solchen Dorfes, die älter als 18 Jahre sind, erschossen. Die Frauen und Kinder werden in Arbeitslagern interniert.

ITALIENER!

Die Wohlfahrt eures Landes und das Schicksal eurer Familien liegen in eurer Hand. Die deutsche Wehrmacht wird, wie in diesem Befehl festgestellt wird, gerecht aber erbarmungslos und mit solcher Strenge Vorgehen, wie es der Fall erfordert.[14]

Unter Bezugnahme auf diesen Appell erklärte der Oberbefehlshaber Kesselring in einem weiteren Befehl vom 1. Juli 1944, der per Fernschreiber durchgegeben wurde:

> Diese Ankündigung darf keine leere Drohung sein […]. Wo Banden in großer Zahl auftreten, ist ein jeweils zu bestimmender Prozentsatz der in diesem Bezirk wohnenden männlichen Bevölkerung festzunehmen und bei vorkommenden Gewalttätigkeiten zu erschießen…

Falls deutsche Truppen aus irgendeinem Dorf beschossen würden, sollten sämtliche Häuser niedergebrannt und die »Rädelsführer« öffentlich gehängt werden. Bei Kabel- und Reifenbeschädigungen waren die benachbarten Dörfer zur Verantwortung zu ziehen. Nach dieser klaren Aufwiegelung zu Mord und Brandstiftung wurde in dem Befehl scheinheilig erklärt, Plündern sei verboten, und alle Gegenmaßnahmen müssten hart aber gerecht sein, weil »die Würde des deutschen Soldaten es erfordert«. Die deutschen Streitkräfte brauchten keine besondere Ermunterung, um aus ihrer »üblichen Zurückhaltung« herauszutreten. Innerhalb von zehn Tagen war an allen Mauern der kleinen Stadt Covolo folgende Proklamation zu lesen:

> Der Stadtkommandant von Covolo gibt bekannt: Für jeden Angehörigen der deutschen Wehrmacht, gleich ob Militärperson oder Zivilist, der verletzt wird, werden *fünfzig* Männer des Ortes, an dem die Tat begangen wurde, erschossen.
>
> Für jeden getöteten Soldaten oder Zivilisten werden *hundert* Männer, gleichfalls aus dem Ort, an dem sich der Vorfall ereignete, erschossen.
>
> *Sollten mehrere Soldaten oder Zivilisten getötet oder verwundet werden, werden sofort alle Männer des Ortes erschossen; der Ort wird in Brand gesteckt, die Frauen werden interniert, und das Vieh wird beschlagnahmt.*

Die deutschen Truppen zögerten nicht mit der Ausführung dieser Befehle, und im Laufe des August wurden eine Reihe entsetzlicher Repressalien gegen die Italiener ergriffen.

In Borgo Ticino wurden eines Morgens vier deutsche Soldaten durch unbekannte Personen verletzt. Sofort führten die Deutschen Vergeltungsmaßnahmen durch. Zunächst errichteten sie Straßensperren, dann umstellten sie eine Wirtschaft, in der gerade ein Bocciaspiel im Gange war, an dem neben den Ortsansässigen viele Einwohner aus dem Nachbardorf teilnahmen. Die Deutschen verhafteten eine große Anzahl Männer und griffen dreizehn von ihnen, alles jüngere Menschen unter dreißig Jahren, zur Erschießung heraus. Ein italienischer Offizier, der einzugreifen versuchte, konnte lediglich die Freilassung von zwei Schwarzhemden erwirken, die sich gleichfalls unter den zur Hinrichtung ausersehenen Opfern befanden. Dann wurden die Geiseln erschossen, unter ihnen ein Faschist, der gerade verwundet von der Ostfront zurückgekehrt war und sich rein zufällig in dem Dorf aufhielt, weil er seine Braut besuchen wollte. Die Ortschaft wurde in die Luft gesprengt und angezündet.

Zwei Tage später entsandte der deutsche Kommandant von Brescia eine Abteilung der Feldgendarmerie nach Bovegno, wo im Hotel Brentana ein geheimes Partisanentreffen stattfinden sollte. Als sich die Deutschen dem Dorfe näherten, wurden sie beschossen, wobei drei Angehörige des Trupps Verletzungen erlitten. Zur Vergeltung begab sich die Abteilung auf den Dorfplatz und schoss wahllos um sich. Keiner der Menschen, die sich zu dieser Zeit auf dem Platz befanden, konnte in irgendeiner Weise für den Überfall verantwortlich gewesen sein, der einige Minuten zuvor auf die deutschen Truppen verübt worden war. Bei der Schießerei kamen mindestens sechs Personen ums Leben, eine Anzahl weiterer Einwohner wurde verletzt. Unter den Toten befanden sich ein Mitglied der faschistischen Republikanischen Nationalgarde und ein Angehöriger der Mussolinipartei, die beide noch auf der Seite der Deutschen standen. Mehrere Häuser, darunter der Konsumladen und die Bäckerei, wurden in Brand gesteckt. In Wohnhäusern, Läden und Hotels wurden Lebensmittel beschlagnahmt, und im Laufe der Nacht erschossen die Deutschen, die bis zum Morgengrauen in dem Dorf blieben, noch weitere acht Italiener. Es wurde einwandfrei festgestellt, dass es sich bei allen Opfern mit zwei Ausnahmen um gewöhnliche friedliche Bürger handelte, die nicht das geringste mit der Partisanenbewegung zu tun hatten.

Damals dienten bei den deutschen Streitkräften in Italien einige Russen. Vier von ihnen waren von ihren im Gebiet von Vicenza stationierten Einheiten desertiert und hatten sich den Partisanen in den Bergen von Posina angeschlossen. Die Einwohner von Posina hatten nicht die geringste Ahnung davon, doch das hinderte den deutschen Kommandanten nicht, sie dafür verantwortlich zu machen. Er erließ eine Proklamation, in der er der Bevölkerung von Posina ankündigte, dass ihr Dorf beschossen und anschließend niedergebrannt werden würde, falls die vier nicht bis zum 17. August zu ihrer Einheit zurückgekehrt wären. Außerdem ließ er in Posina und dem Außenbezirk Fusine zwanzig Geiseln festnehmen. Unter ihnen befanden sich der Pfarrer, der kommissarische Präfekt und der Gemeindesekretär. Am Abend des 17. August waren die vier Überläufer noch nicht zurückgekehrt, und so wurde das Zentrum von Posina zwanzig Minuten lang unter Artilleriebeschuss genommen; sieben Tage später steckten die Deutschen viele Häuser in Brand. Insgesamt wurden mehr als hundert Gebäude zerstört; 120 Familien wurden obdachlos und verloren all ihr Hab und Gut.

Im Gebiet von Vicenza wurde wenige Tage später in dem kleinen Dorf Valli di Pasubio ein weiteres Verbrechen verübt. Ein Einwohner des Dorfes fand an seinem Arbeitsplatz einen Brief in russischer Sprache; da er ihn nicht entziffern konnte, gab er ihn einem Russisch sprechenden Soldaten zum Lesen. Der Brief stammte anscheinend von einem Russen, der bei den benachbarten deutschen Einheiten Dienst tat und auf diesem Wege einen seiner Kameraden aufforderte, zu desertieren und sich gemeinsam mit ihm den Partisanen anzuschließen. Der unschuldige Italiener wurde sofort verhaftet; man brannte sein Haus bis auf den Grund nieder und steckte noch am gleichen Tag auch das benachbarte Dorf Cortiana in Brand. dreizehn Familien wurden obdachlos; fünfzehn Männer wurden abgeführt und kehrten nie mehr zurück.

Am 1. September 1944 kam es in der Nähe von Montecchia di Crossara im Bezirk Padua zu einem Zusammenstoß zwischen drei deutschen Soldaten und einer gleichen Anzahl Partisanen, wobei zwei Deutsche getötet wurden. Daraufhin wurde an dem Dorf Rache genommen. Die deutschen Truppen durchsuchten sämtliche Häuser und nahmen alles mit, was ihnen lohnend schien: Kleidung, Bettzeug, Radioapparate, Schreibmaschinen, Fahrräder und Vieh. Dann steckten sie die geplünderten Häuser in Brand. Auf diese Weise wurden vierzig Gebäude völlig zerstört; in einem von ihnen fand man die verkohlten Überreste einer jungen Frau und eines dreijährigen Kindes, die beide erschossen worden waren. Unter den übrigen Opfern befand sich ein kleines neunjähriges Mädchen und eine 84 Jahre alte Greisin.

Eine Massenhinrichtung: Die Aufnahme wurde bei einem deutschen Kriegsgefangenen gefunden

Den ganzen August über wütete der Terror in der Provinz Venezia. Die vielleicht schrecklichste aller Repressalien richtete sich gegen das Dorf Torlano in der Nähe von Udine. Unweit der Ortschaft war es zu einem heftigen Feuergefecht zwischen deutschen Truppen und Partisanen gekommen. Einige Einwohner, die gerade auf dem Felde arbeiteten, als der Kampf begann, suchten in dem Dorf

Schutz, das dann von deutschen Truppen besetzt wurde. Mehrere Italiener, die sich in Kellern versteckt hatten, wurden getötet; dann steckten die Deutschen die Häuser in Brand, nachdem sie sie völlig ausgeplündert hatten. Auf diese Weise ermordeten sie 32 Männer, Frauen und Kinder; in einem einzigen Haus wurden zehn Angehörige einer Familie mit Namen De Bortoli erschossen: das Familienoberhaupt Virginio De Bortoli, sein kriegsbeschädigter Sohn Sil-

Birkenau: Bis zur Fertigstellung des Krematoriums wurden die Leichen in Drüben verbrannt

vano, ein weiterer Sohn, eine Tochter und sechs Enkelkinder zwischen zwei und vierzehn Jahren. Mehrere andere kleine Kinder wurden ebenfalls getötet. Viele Leichen verkohlten im Feuer und konnten teilweise nicht mehr identifiziert werden.

Diese Greueltaten hinterließen in Norditalien einen tiefen Eindruck, und Mussolini selbst beklagte sich darüber bitterlich bei Dr. Rahn, dem Botschafter und bevollmächtigten Gesandten Deutschlands bei der italienischen republikanischen Regierung. Dr. Rahn übermittelte Kesselring eine Abschrift der Beschwerde Mussolinis, und dieser antwortete, dass Rechtsbrecher künftig vor ein Kriegsgericht gestellt werden würden.

Dem Völkerrecht zufolge soll man niemals zu Repressalien greifen, ehe man nicht Untersuchungen angestellt und sich ernsthaft bemüht hat, die Verantwortlichen für die Zwischenfälle zu ergreifen, welche die Anwendung von Repressalien rechtfertigen. Diese dürfen niemals übertrieben werden und sollen nicht das Maß der vom Gegner begangenen Gewalttätigkeiten überschreiten. Alle hier geschilderten Repressalien wurden indessen völlig willkürlich ergriffen, ohne dass entsprechende Schritte zur Ermittlung der Täter unternommen worden waren. In ihrer Härte gingen sie weit über das Maß des Gebührenden oder Erforderlichen hinaus. Sie waren überhaupt keine wirklichen Repressalien in dem Sinne, wie ihn die Völkerrechtler verstehen, sondern nichts als brutale, willkürliche Racheakte, die eine Verletzung der unangefochtenen Kriegsregeln als auch des allgemeinen Gefühls der Menschlichkeit darstellten.

Vom ersten Augenblick ihres Überfalls auf polnisches Territorium an verübten die deutschen Truppen eine Greueltat nach der andern an der Zivilbevölkerung. Vier Tage nach Ausbruch des Krieges wurden in Sosnowiec 200 polnische Bürger von deutschen Einheiten der Armeegruppe Süd erschossen oder lebendig verbrannt. Die Deutschen besetzten das Dorf, ohne auf irgendwelchen Widerstand zu stoßen, denn es waren keine polnischen Truppen dort. Auf wehrlose Einwohner wurde wahllos gefeuert; einige wurden aus ihren

Häusern gezerrt und auf dem Dorfplatz erschossen. Die Deutschen brannten die Synagoge bis auf die Grundmauern nieder und erschossen zwölf Juden, die sie zuvor gezwungen hatten, ihr eigenes Grab zu schaufeln. Am folgenden Tag wurden in Kajetanowice etwa achtzig Polen von anderen Einheiten derselben deutschen Formation erschossen. Die Deutschen schossen in die Häuser, steckten sie in Brand und feuerten dann auf die Bewohner, die sich in Sicherheit bringen wollten.

Zwei Tage später wurden in Pinczow 300 weitere Polen teils erschossen, teils verbrannt. Diesmal zündeten die Soldaten die Wohnstätten durch Brandsätze an: 300 Häuser wurden auf diese Weise zerstört. Dabei gab es keinen Grund für diese Barbarei. Die polnischen Truppen hatten sich bereits vor dem Eintreffen der Deutschen zurückgezogen, und von der örtlichen Bevölkerung wurde keinerlei Widerstand geleistet.

Am 10. September wurden in einem anderen Dorf 112 Polen, darunter eine Anzahl Kinder, erschossen oder durch Handgranaten getötet. Die Deutschen hatten das Dorf an einem Samstag besetzt, ohne auf irgendwelchen Widerstand zu stoßen; am Sonntagmorgen sah man einige polnische Soldaten von den Feldern her auf das Dorf zukommen. Ehe sie es erreichten, wurden sie niedergeschossen. Die Deutschen griffen daraufhin eine Anzahl Zivilisten heraus und führten sie zu einer Scheune, wo sie mit hocherhobenen Händen niederknien mussten; dann wurden sie erschossen. Die Leichen brachte man in die Scheune, die dann in Brand gesteckt wurde. Später fand man in der Asche 112 Schädel.

Um die gleiche Zeit wurden in Kilejoweic 160 polnische Bürger – Männer, Frauen und Kinder – erschossen oder lebendig verbrannt. Bei ihrer Ankunft trieben die Deutschen eine Anzahl Zivilisten auf eine Wiese und schossen dann mitten in die Gruppe hinein, wobei etwa dreißig Menschen getötet wurden. Später sperrten sie eine weitere Gruppe von Menschen in ein Haus, steckten es in Brand und schossen auf alle, die durch die Fenster zu entkommen versuchten. So hausten die Deutschen zwei oder drei Tage lang, und als sie schließlich abzogen, hatten sie 160 Polen getötet und das ganze Dorf mit Ausnahme eines einzigen Gehöftes bis auf die Grundmauern niedergebrannt.

Gehängte Patrioten in Tulle

Solch entsetzliche Verbrechen begingen die deutschen Truppen Tag für Tag während ihres Vormarsches in Polen. Ihre vollständige Wiedergabe würde ein ermüdendes Register von Raub, Brandstiftung und Mord ergeben. Nach wenigen Wochen waren die Kampfhandlungen beendet: Die polnische Armee hatte kapituliert, und unter der Leitung von Hans Frank wurde das »Generalgouvernement« gebildet, um Polen zu einer Kolonie des Dritten Reiches zu machen. So begann die Politik des Terrors, des Hungers, der Zwangsarbeit, der Ausweisung und der Ausrottung.

In der Zeit vom September 1939 bis Anfang 1945 fanden in Polen 2332 Hinrichtungsaktionen statt, denen insgesamt 34098 Menschen zum Opfer fielen, an die 8000 von ihnen wurden in den letzten vier Monaten des Jahres 1939 umgebracht, als die deutsche Polizei mit Unterstützung der ortsansässigen Deutschen begann, die polnische Bevölkerung auszurotten. Bei 57 Prozent der Hinrichtungen handelte es sich ausschließlich um Männer, bei 20 Prozent um Männer und Frauen und bei zwölf Prozent um Männer, Frauen und Kinder. Für die übrigen liegen keine näheren Angaben vor. Ein Teil der Hingerichteten war von deutschen Militärgerichten in Übereinstimmung mit dem Völkerrecht zum Tode verurteilt worden, aber 84 Prozent aller Hinrichtungen erfolgten ohne Prozess und ohne Urteilsspruch. Viele von ihnen wurden im Zuge von Terroraktionen gegen Städte und Bezirke Polens vorgenommen, die von der Besatzungsmacht als »Befriedung« bezeichnet wurden. Die »Befriedung« eines Bezirks bestand in der Erschießung einer Anzahl Einwohner. Gewöhnlich wurden diese Aktionen von der SS oder der Gestapo durchgeführt. Das folgende ist ein Bericht über eine Hinrichtung, die am 17. September 1939 in roda erfolgte:

> Gestapoagenten umzingelten einen Häuserblock und veranstalteten eine Menschenjagd. Auch in den angrenzenden Straßen wurden Passanten festgenommen. Bei diesem Überfall wurden achtzehn Männer verhaftet und in den Hof des Gefängnisses gebracht. Später holte man eine Gruppe von 21 Männern aus dem Gefängnis, und alle Opfer wurden dann durch die Stadt zur Hinrichtungsstätte geführt. Sie erhielten

> den Befehl, die Hände im Nacken zusammenzulegen. Auf ihrem Weg durch die Stadt wurden sie von ihren Gestapobegleitern geschlagen und misshandelt.

An der Hinrichtungsstätte angelangt, zwang man sie, mit bloßen Händen einen Graben auszuheben. Dieser sollte ihr Grab werden. Als er fertig war, mussten sie sich auf Befehl der SS-Männer am Rand des Grabens in einer Reihe aufstellen und »Heil Hitler« rufen. Dann wurden sie mit Maschinengewehren niedergemäht. Natürlich waren nicht alle sofort tot, und so erschlug die Truppe die noch Lebenden mit Spaten, warf die Leichen dann in den Graben und trampelte so lange auf ihnen herum, bis die Oberfläche eingeebnet war.

Im Bezirk Bilgoriz wurden im Jahre 1944 die Opfer einer Massenhinrichtung exhumiert, und die gerichtsmedizinischen Sachverständigen, welche die Ausgrabung leiteten, gaben folgenden Bericht über den Zustand der Leichen:

> Vor ihrer Ermordung hatte man sie mit dickem Draht gefesselt. An den Unterarmen und Handgelenken waren mehrere Knoten gemacht worden […]. Sie wurden auf grausamste und bestialischste Art geschlagen und gefoltert. Dies wird in mehreren Fällen durch zerschmetterte Gesichtsknochen oder gebrochene Unter- und Oberkiefer sowie in einem Fall durch ein großes klaffendes Loch im Schädel bewiesen.

Eine andere »Befriedungsaktion« wurde im Bezirk Radonnsko als Repressalie wegen angeblicher Unterstützung der Partisanen gegen die einheimische Bevölkerung durchgeführt. Ein Augenzeuge sah, wie die Deutschen aus drei Bauernhäusern Erwachsene und Kinder herausschleiften und in einer Scheune einsperrten, die sie dann mit schweren Maschinengewehren beschossen. Die Scheune fing Feuer, und die Insassen verbrannten bei lebendigem Leibe. Dann zogen die Deutschen zu einem anderen Bauernhaus, und was dort geschah, wurde von einem Jugendlichen namens Wladyslaw Pietras geschildert, der als einziger von allen Einwohnern des Dorfes mit dem Leben davonkam:

Meine Eltern flehten sie an, unser Leben zu schonen, aber sie gingen nicht darauf ein und begannen, auf uns zu schießen. Bei den ersten Schüssen warfen wir uns alle auf den Fußboden, aber die Deutschen schossen weiter. Eine Kugel traf mich an der linken Seite. Als die Deutschen die Hütte verließen, beschloss ich, zu rennen, was ich nur konnte. Meine Eltern und meine Brüder und Schwestern lagen auf dem Fußboden. Nur meine kleine Nichte Teresa, die drei Monate alt war, schrie noch in ihrer Wiege. Es gelang mir, den Wald zu erreichen; ich wartete im Gehölz versteckt und sah von dort aus unser Haus brennen. Bei diesem Überfall verlor ich meinen Vater und meine Mutter, meine Großmutter, zwei Brüder und drei Schwestern. Meine kleine Nichte Teresa verbrannte bei lebendigem Leib. Unser Dorf bestand aus nur vier Bauerngehöften. Alle wurden durch Feuer zerstört, und außer mir wurden alle Einwohner entweder ermordet oder verbrannt.[15]

Verbrechen dieser Art waren im Jahre 1939 eine alltägliche Erscheinung, als die Nazis darangingen, ihren Plan zur »Ausrottung« des polnischen Volkes zu verwirklichen. Hitler hatte erklärt, im Vordergrund seines Programms stehe die »Vernichtung Polens«. »Das Ziel«, sagte er in einer Rede am 22. August 1939, »ist die Beseitigung der lebendigen Kräfte, nicht das Erreichen einer bestimmten Linie […], die Vernichtung Polens steht im Vordergrund.«

So währte das entsetzliche Gemetzel fünf lange Jahre. Eine ausführliche Wiedergabe aller Einzelheiten wäre ermüdend und widerwärtig, und so mag die folgende Schilderung, die ein Augenzeuge von einer typischen Massenhinrichtung im November 1941 gab, als Beispiel für alle übrigen dienen:

Um vier Uhr früh kam die Gestapo in meine Zelle und erklärte mir, man komme mich holen. Man legte mir Handschellen an und brachte mich mit zwei anderen Gefangenen zu einem Auto. Wir wurden alle im hinteren Teil des Wagens untergebracht, und man fesselte unsere Füße aneinander. Nachdem wir ein Stück gefahren waren, bogen wir mitten im Wald in einen Reitweg ein. Dann nahm man uns die Fesseln ab, zog uns aus dem Wagen und brachte uns zu einer Lichtung, wo Massengräber ausgehoben waren. Dort saßen viele Juden herum, Frauen, Kinder und Babys. Die Gestapo befahl den Juden, zuerst denen, die dem größeren der beiden Gräber am nächsten waren, sich auszuziehen und dann hinunterzuspringen. Wer zögerte, wurde geschlagen und hinabgestoßen. Auf dem Boden des Grabes befand sich eine Schicht Ätzkalk. Einige Frauen, die ihre Babys auf dem Arm trugen, sprangen zusammen mit ihnen hinunter; andere warfen ihre Babys zuerst hinein. Wir drei Gefangenen erhielten den Befehl, die Schuhe und Kleider der Juden einzusammeln. Die Gestapoleute nahmen alle Wertgegenstände, Uhren, Ringe und andere Schmucksachen, und schichteten sie zu Haufen. Dann wurde der Befehl gegeben, dass sich niemand mehr ausziehen sollte. Das Grab war fast bis zum Rande voll. Währenddessen sammelte ich mit meinen beiden Gefährten weiter die verstreut umherliegenden Kleider, Wertgegenstände, Decken und andere Habseligkeiten ein. Dabei war es ungefähr Mittag geworden, als ein Lastwagen mit vier großen Tankbehältern ankam. Die Deutschen stellten eine kleine Motorpumpe auf und pumpten den Inhalt der Tanks, der wie Wasser aussah, in das Grab […].[16]

Am nächsten Morgen wurde das Grab zugeschüttet.

Die Ungeheuerlichkeit der deutschen Kriegsverbrechen in Polen kann man nur richtig beurteilen, wenn man sich über das Ziel im klaren ist, das die deutsche Verwaltung verfolgte. Die ursprüngliche Direktive, mit der Hans Frank die Verwaltung dieses unglücklichen Landes übernahm, sah, wie er selbst sagte, vor, Polens wirtschaftliche, kulturelle und politische Struktur in einen Schutthaufen zu verwandeln. Er zweifelte nicht daran, dass seine Instruktionen wörtlich zu nehmen waren, denn er schrieb in sein Tagebuch: »Wenn ich zum Führer käme und ihm sagen würde: ›Mein Führer, ich melde, dass ich wieder 150 000 Polen vernichtet habe‹, dann würde er antworten: ›Schön, wenn es notwendig war‹.«

Der Wahlspruch der Nazis lautete eben: »Kriegsräson geht vor Kriegsmanier.« Die Verbrechen, welche die Deutschen in Polen gegen die Gesetze und Gebräuche des Krieges und gegen die Menschlichkeit begingen, waren durch nichts gerechtfertigt. Sie waren das natürliche Produkt der Ideologie und der Pläne der Nazis, und ihre Urheber stellten sich damit außerhalb der europäischen Zivilisation.

Als Hitler im Juni 1941 in die Sowjetunion einfiel, kam damit wieder einmal die bekannte Parole des deutschen Imperialismus, der »Drang nach dem Osten«, zur Geltung. »Braucht man in Europa neues Territorium«, hatte Hitler seinerzeit in *Mein Kampf* geschrieben,

> dann kann dies im großen und ganzen nur auf Kosten Russlands geschehen, dann muss sich das neue Reich wieder auf der Straße der einstigen Ordensritter in Marsch setzen, um mit dem deutschen Schwert dem deutschen Pflug die Scholle, der Nation das tägliche Brot zu geben.

Weizen, Kohle und Öl aus der Ukraine und dem Kaukasus, Nickel von der Halbinsel Kola, all diese lebenswichtigen Mittel der Kriegführung lockten dort, und Hitler-Deutschland brauchte sie so dringend. Dass die Naziaggression nicht im Osten begann, lag, wie Hitler seinen Generälen auf einer Konferenz im November 1939 erklärte, »am Zwang der Ereignisse«. Aber die Beute winkte nach wie vor, und der Zeitpunkt zum Zugreifen war nur verschoben worden.

Der Krieg gegen die Sowjetunion wurde mit größerer Brutalität und Barbarei als irgendein anderer Feldzug geführt. In einer Anzahl von Kriegsverbrecherprozessen behaupteten deutsche Anwälte, die Haager Konvention habe für den Krieg zwischen der UdSSR und Deutschland keine Gültigkeit gehabt. Das Argument, das dabei geltend gemacht wurde und bei dem man sich auf zwei obskure russische Verfasser völkerrechtlicher Abhandlungen stützte, geht dahin, dass die Vorstellung von einem international gültigen natürlichen Recht viele Jahre hindurch von der UdSSR abgelehnt worden sei. Alle modernen sowjetischen Juristen unterstreichen indessen sowohl die Realität als auch die Gültigkeit des Völkerrechts.[17] Außerdem können die Unterzeichnerstaaten nur durch einen ausdrücklichen Akt der Kündigung von der Haager Konvention zurücktreten. Die niederländische Regierung, die das Verzeichnis der Unterzeichnerstaaten führte, hatte von der Sowjetunion niemals eine solche

Kündigung erhalten, und noch im Jahre 1939 übermittelte sie allen in Frage kommenden Staaten, darunter dem Deutschen Reich, eine Liste der Signatarmächte, auf der auch die Sowjetunion stand und die niemals angefochten wurde.[18]

Als diese Frage vor dem Internationalen Militärgerichtshof in Nürnberg zur Sprache kam, nahm das Gericht wie folgt Stellung:

> Es ist […] geltend gemacht worden, dass die Haager Konvention auf diesen Fall keine Anwendung finde, und zwar wegen der »Allbeteiligungsklausel« in Artikel zwei der Haager Konvention vom Jahre 1907 […].
>
> Nach Ansicht des Gerichtshofes ist es nicht notwendig, diese Frage zu entscheiden. Die in der Konvention niedergelegten Landkriegsregeln stellten zweifellos einen Fortschritt gegenüber dem zur Zeit ihrer Annahme bestehenden Völkerrecht dar. Doch enthielt die Konvention den ausdrücklichen Vermerk, dass es sich um einen Versuch handle, die allgemeinen Gesetze und Gebräuche des Krieges einer Neuordnung zu unterziehen, die die Konvention auf diese Weise als damals bestehend anerkannte. Im Jahre 1939 wurden die in der Konvention niedergelegten Regeln von allen zivilisierten Völkern anerkannt und als Zusammenstellung der Kriegsgesetze und -gebräuche betrachtet […].

Der Barbarossabefehl vom 13. Mai 1941, der den deutschen Befehlshabern einen Monat vor dem Beginn der Offensive gegen die Sowjetunion erteilt wurde, ließ keinen Zweifel an den Methoden, durch die das überfallene Territorium unterjocht werden sollte. Er sah vor, Vergehen feindlicher Zivilisten rücksichtslos zu ahnden; vermutliche Rechtsbrecher waren einem Offizier vorzuführen, von dessen Entscheidung es abhing, ob sie erschossen wurden oder nicht, und gegen Ortschaften, in denen Partisanenangriffe stattgefunden hatten, sollten Kollektivrepressalien durchgeführt werden. Dieser Befehl wurde großzügig ausgelegt, und in einem Falle erschoss man in Ausführung seiner Bestimmungen ein 16-Jähriges russisches Mädchen, weil es ein deutschfeindliches Lied gesungen hatte.

Von dem Augenblick an, als die deutschen Truppen in die Sowjetunion eindrangen, bis zur Vertreibung des letzten Nazis wurden überall, wo deutsche Soldaten oder SS-Männer ihren Fuß hinsetzten, von der deutsch-sowjetischen Grenze bis Smolensk, von Smolensk bis Stalingrad, von Stalingrad bis zur Krim und von dort bis Charkiw Verbrechen von unvorstellbarer Brutalität an Greisen, Frauen und Kindern begangen. Ihre Zahl ging in die Tausende. Das Aufgebot an Mordinstrumenten war reichhaltig, die Technik variierte, aber das System war glänzend organisiert und wurde von höchster Stelle aus gelenkt. Als man später die Gräber, in denen die Opfer der Deutschen lagen, öffnete und die Leichen exhumiert und von Sachverständigen für gerichtliche Medizin untersucht wurden, stellte sich, wie einer der sowjetischen Ankläger im Nürnberger Prozess dem Gericht erklärte, heraus, dass die Methoden der Tötung überall dieselben waren, obgleich die Begräbnisstätten oft Tausende Kilometer voneinander entfernt lagen und die Hinrichtungen von verschiedenen Personen ausgeführt wurden. Die Schusswunden befanden sich stets an denselben Körperstellen.

Aber das war noch nicht alles. Auch die Methode, die Massengräber als Panzer- oder Laufgräben zu tarnen, war überall dieselbe, und stets mussten sich die Opfer, wenn sie an der Hinrichtungsstätte anlangten, ausziehen und mit dem Gesicht nach unten in die fertigen Gruben legen. Sobald eine Lage Menschen erschossen war, wurde sie mit Ätzkalk bedeckt, und die zweite Gruppe der Opfer musste sich entkleiden und darauflegen. Überall war es dasselbe System, ob in den Sümpfen Weißrusslands oder in den Bergen des Kaukasus.

Bei dieser massenweisen Abschlachtung von Menschen handelte es sich nicht um Exzesse undisziplinierter deutscher Einheiten oder Formationen, geschweige denn einzelner Offiziere und Soldaten; sie war vielmehr Ausdruck der wohlerwogenen Politik der Hitlerregierung, die vor dem Ausbruch der Feindseligkeiten bewusst geplant und dann auf Grund von Befehlen gewissenhaft in die Praxis umgesetzt wurde. Um diese Politik zu verwirklichen und diese

Pläne auszuführen, war es nicht nur erforderlich, dass die Nazis an die niedrigsten Instinkte ihrer Truppen appellierten und sie aufwiegelten, unschuldige Zivilisten zu ermorden und jeder Form von Brutalität und Gewalttätigkeit auszusetzen; es war darüber hinaus notwendig, Sondereinheiten für die praktische Arbeit auszubilden und bekanntzugeben, dass ihre Verbrechen keine Bestrafung nach sich ziehen würden. Die vorgesehene Aufgabe war so widerwärtig und empörend, dass sie nur von Menschen ohne Gefühl, ohne Mitleid und ohne Gewissen ausgeführt werden konnte.

Vor dem Krieg war in Deutschland zwar viel, aber doch noch nicht genug getan worden, um die Menschen von den, wie Hitler sagte, »demütigenden Fesseln zu befreien, die ihnen durch die Schimäre des Gewissens und der Moral auferlegt wurden«, und so war die Wehrmacht überall in der Sowjetunion von Formationen pervertierter Kreaturen – den Einsatzkommandos – begleitet, die die eigentliche Schmutzarbeit übernehmen sollten. Nach einem Befehl Hitlers konnte kein deutscher Soldat für irgendein Vergehen an sowjetischen Bürgern vor ein Kriegsgericht gestellt werden. Er konnte notfalls von seinem Kommandeur bestraft werden. Oft erhielten die örtlichen Kommandeure weitgehende Vollmachten zur Durchführung von kollektiven Strafmaßnahmen gegen die Zivilbevölkerung. Sie konnten Dörfer und Städte niederbrennen, ohne das normale Requirierungsverfahren Vorräte und Vieh beschlagnahmen und jeden beliebigen Einwohner verhaften und zur Zwangsarbeit nach Deutschland deportieren lassen.

Es wurde bereits erwähnt, dass Repressalien irgendwelcher Art, soweit sie nach dem Völkerrecht überhaupt zulässig sind, nur dann ergriffen werden sollen, wenn alles versucht worden ist, um auf anderem Wege Genugtuung zu erlangen; aber auch dann muss zuvor auf sehr hoher Ebene Rücksprache genommen werden. Niemals sollten irgendwelche Repressalien auf die Verantwortung eines untergeordneten Kommandeurs ergriffen werden. Gleich zu Beginn des Feldzuges gegen die Sowjetunion erhielten die örtlichen Kommandeure jedoch sehr weit gehende Vollmachten.

Das Prinzip, dass Kriegsverbrechen an sowjetischen Bürgern keinerlei Disziplinarverfahren gegen den Täter nach sich ziehen sollten, wurde vom deutschen Oberkommando unablässig im Auge behalten. Als Hitler erfuhr, dass gewisse Wehrmachtsangehörige für Grausamkeiten, die sie bei Operationen gegen Partisanen verübt hatten, zur Rechenschaft gezogen worden waren, wies er Keitel an, eine weitere Direktive zu dieser Frage herauszugeben. In dieser Direktive wurde erklärt, dass man der Gefahr bald nicht mehr Herr werden könne, wenn die Unterdrückung der Partisanenbewegung im Osten nicht mit den brutalsten Mitteln erfolge. »Die Truppe ist daher berechtigt und verpflichtet, in diesem Kampf ohne Einschränkung auch gegen Frauen und Kinder jedes Mittel anzuwenden, wenn es nur zum Erfolg führt [...].«

Kein Deutscher, hieß es, dürfe für Gewalttätigkeiten bei der Bekämpfung der Partisanen oder ihrer Verbündeten disziplinarisch oder gerichtlich belangt werden. Mit dieser Direktive wurde dem deutschen Soldaten in der Sowjetunion ein Freibrief für Vergewaltigung und Mord ausgestellt, und er machte vollen Gebrauch davon. All diese Befehle wurden an die Truppe weitergegeben, und die untergeordneten Kommandeure gaben eigene Instruktionen dazu heraus. Am 12. Juni erließ von Manstein als Anhang zu einem seiner Operationsbefehle eine Direktive für das »Verhalten der Truppe im Osten«. Darin wurde darauf gedrungen, rücksichtlose Maßnahmen gegen »bolschewistische Hetzer, Freischärler, Saboteure und Juden« zu ergreifen.

In der deutschen Armee gab es sogar Kurse, in denen Rücksichtslosigkeit gegenüber der Bevölkerung der besetzten Gebiete gelehrt wurde. Ein Gefreiter des Sonderbataillons »Altenberg«, das aktiv an den Greueln der deutschen Truppen in der Stadt und dem Gebiet Charkiw beteiligt war, berichtete, dass er als Teilnehmer eines solchen Lehrganges Vorträge von höheren Offizieren der Geheimen Feldpolizei gehört hatte, die erklärten, das russische Volk bestehe aus Untermenschen; es müsse in seiner Mehrheit vernichtet werden, und alle, die geschont würden, sollten von den Deutschen als

Sklaven benutzt werden. »Diese Instruktion«, fuhr der Soldat fort, »stand im Einklang mit der Politik der deutschen Regierung gegenüber den Völkern der besetzten Gebiete und wurde, das muss zugegeben werden, von jedem Wehrmachtsangehörigen, auch von mir selbst, in die Praxis umgesetzt.«

Es gab auch eine besondere Schulung für diejenigen, die dazu ausersehen waren, die Todesmaschinerie in den Vernichtungslagern zu beaufsichtigen. So wurden in einem Lager nach den Aussagen eines Russen namens Manusewitsch während seiner dortigen Haftzeit zehntägige Sonderkurse für Leichenverbrennung abgehalten. Die Teilnehmer waren gewöhnlich Offiziere und Oberfeldwebel. Chefinstrukteur war ein Oberst Schallok, der über große Erfahrungen auf diesem Gebiet verfügte. Dort, wo die Leichen verbrannt wurden, erläuterte er das Verfahren und erklärte auch die Aufstellung einer Knochenmahlmaschine.

Man benutzte sogar russische Kinder als lebende Ziele für die Schießübungen der Hitlerjugend. Eine Französin namens Ida Vasso, die während der deutschen Besetzung in Lwiw ein Altersheim für Franzosen leitete, erklärte, sie habe das selbst gesehen, und ihre Aussage wurde durch gründliche Nachforschungen bestätigt. Die betreffende Untersuchungskommission erklärte in dem Bericht über ihre Ermittlungen, dass die Deutschen in Lwiw »weder Männer, Frauen noch Kinder schonten. Die Erwachsenen wurden einfach an Ort und Stelle getötet, und die Kinder stellte man der Hitlerjugend zu Zielübungen zur Verfügung.« Am 30. Juni 1941 rückten die Deutschen in Lwiw ein, und am nächsten Tag begannen sie mit dem Gemetzel. Nachdem sie Hunderte von Menschen umgebracht hatten, veranstalteten sie in einem Bogengang eine Ausstellung der Ermordeten. Die verstümmelten Leichen, in der Hauptsache Frauen, wurden längs der Häusermauern zur Besichtigung ausgelegt. Das Glanzstück dieser makabren Schau war die Leiche einer Frau, der man mit einem deutschen Bajonett ihr Baby an die Brust gespießt hatte.

Aber nicht nur die Hitlerjugend benutzte Kinder für ihre Zielübungen. In einem kleinen Dorf im Bezirk Krasnaja Poljana stellte ein Trupp betrunkener deutscher Soldaten einen zwölfjährigen Knaben auf die Veranda eines Hauses und schoss mit einer Maschinenpistole nach ihm. Von Kugeln durchlöchert, brach der Junge zusammen. In einem anderen Dorf banden deutsche Soldaten der 25 Jahre alten schwangeren Frau eines russischen Soldaten die Hände zusammen und vergewaltigten sie. Dann schnitten sie ihr die Kehle durch und durchbohrten ihr beide Brüste mit Bajonetten.

In Rostow spielte ein 15-Jähriger Junge im Hof der elterlichen Wohnung mit seinen Tauben. Einige deutsche Soldaten, die zufällig vorbeikamen, drangen ein und stahlen ihm die Vögel. Als der Junge protestierte, brachten ihn die Diebe zur nächsten Straßenecke, wo sie ihn erschossen und ihm so lange auf dem Gesicht herumtrampelten, bis es unkenntlich war. In der Nähe von Smolensk erschossen die deutschen Truppen bei ihrem ersten Einmarsch etwa 200 Jungen und Mädchen im schulpflichtigen Alter, die auf dem Feld bei der Ernte halfen; zuvor war eine Anzahl der Mädchen fortgeschleppt worden, um die Gelüste der Offiziere zu befriedigen. Die brutalen Überfälle, die die Soldaten in den ersten Monaten der Invasion auf Frauen verübten, erinnern an die Zeit, als Attila, die Geißel Gottes, mit seinen Hunnenhorden in Gallien hauste.

In dem ukrainischen Dorf Borodajiwka entging nicht eine Frau der Vergewaltigung. In Beresiwka wurden alle weiblichen Einwohner zwischen sechzehn und dreißig Jahren fortgeschleppt, und in Smolensk richtete der deutsche Kommandant in einem Hotel ein Offiziersbordell ein, in dem dann eine große Anzahl ehrbarer Frauen zur Prostitution- gezwungen wurde. In einer Textilfabrik in Lwiw wurden 32 Frauen von den angreifenden Truppen zuerst vergewaltigt und dann ermordet. Eine Anzahl Mädchen wurde in den Stadtpark geschleift und brutal vergewaltigt; einem alten Geistlichen, der einzugreifen versuchte, rissen die Deutschen das Priestergewand herunter, versengten ihm den Bart und erstachen ihn dann mit Bajonetten. Bei Borissow in Weißrussland versuchten 75 Frauen beim Herannahen der Deutschen zu flüchten; sie wurden jedoch gefasst und zum großen Teil vergewaltigt. Auch ein 16-Jähriges Mädchen wurde von einer Gruppe Soldaten in den Wald geschleppt und vergewaltigt. Dann schnitt man ihm vor den Augen einer anderen Russin die Brüste ab, nagelte es an einen Baum und ließ es dort verbluten.

Das war die Folge davon, dass man diesen Leuten im voraus volle Straffreiheit für ihre Verbrechen zugesichert hatte. Die Ergebnisse entsprachen ganz den Absichten und Plänen ihrer Herren. Aber die Vergewaltigung der Frauen ist nur ein Teil der Geschichte. In vielen Städten und Dörfern veranstalteten die Deutschen bei ihrem ersten blitzartigen Durchbruch Massaker großen Stils. So wurden in einem Dorf alle Greise und Jünglinge erschossen und die Häuser bis auf den Grund niedergebrannt; in einem anderen trieb man alle alten Leute beiderlei Geschlechts gemeinsam mit den Kindern wie Vieh in die Scheune einer Kollektivwirtschaft, sperrte sie dort ein und ließ sie bei lebendigem Leibe verbrennen; in einem dritten Dorf pferchten die Deutschen 68 Menschen in eine kleine Hütte, deren Türen und Fenster dicht verschlossen blieben, bis alle Insassen erstickt waren; in einem vierten Dorf sperrten sie hundert friedliche Bürger zusammen mit einer Anzahl verwundeter Soldaten der Roten Armee in die Kirche, die dann in die Luft gesprengt wurde.

Und doch waren das alles noch relativ kleine Greuel im Vergleich zu den Massakern, die die Deutschen als »Großaktionen« bezeichneten und die sie unter anderem in Kiew und Rostow veranstalteten. In Kiew, der Hauptstadt der Ukraine, folterten und ermordeten sie in den ersten Tagen nach ihrem Einmarsch 52 000 Männer, Frauen und Kinder, darunter zahlreiche Juden. Viele dieser Juden wurden auf den jüdischen Friedhof getrieben und nackt ausgezogen und geprügelt, ehe man sie erschoss. In Rostow brachten die Deutschen während ihres zehntägigen Aufenthalts viele Tausend Einwohner um; 48 von ihnen wurden durch Maschinengewehrfeuer vor dem Gebäude der Eisenbahnverwaltung getötet; rund sechzig wurden auf dem Weg durch die Straßen erschossen und 200 auf dem armenischen Friedhof ermordet. Als die Deutschen von den sowjetischen Truppen nach kurzer Zeit wieder aus der

Stadt vertrieben wurden, drohten sie, »bei der Rückkehr« blutige Rache an der Bevölkerung zu nehmen.

Beim Vormarsch und Rückzug der deutschen Truppen wurden Angehörige der Zivilbevölkerung als Kugelfang benutzt. Im August 1941, als die Deutschen versuchten, einen Übergang über den Iput zu erzwingen, mussten die Einwohner der Stadt Dobrusch den angreifenden deutschen Einheiten vorangehen, um das sowjetische Feuer aufzufangen. Diese Praxis wurde fortgesetzt, solange deutsche Truppen auf sowjetischem Boden standen. Auch zum Räumen von Minenfeldern wurden viele Zivilisten eingesetzt, obgleich es nach dem Völkerrecht verboten ist, sie mit gefährlichen Arbeiten zu beschäftigen.

Man sollte annehmen, es sei sehr schwierig gewesen, genügend Henker zu finden, aber das Angebot entsprach stets der Nachfrage, und man wird bereits bemerkt haben, dass diese nicht grade gering war. Niemand scheint Widerwillen gegen diese böse Aufgabe empfunden zu haben; nicht wenige fanden Gefallen daran, und einige brüsteten sich noch stolz mit ihren Heldentaten. Zu ihnen gehörte der Oberfeldwebel Le Court, kein SS-Mann, sondern ein Angehöriger der Wehrmacht. Le Court stammte trotz seines französischen Namens aus Stargard, wo er ein Kino besaß und fast sein ganzes bisheriges Leben zugebracht hatte. Er wurde zur 4. deutschen Fallschirmjägerdivision eingezogen; als er in Russland eingesetzt wurde, war er 27 Jahre alt. Als Hilfslaborant in der Kommandantur eines Flugplatzes verbrachte er seine Freizeit nach seinen eigenen Worten damit, »kriegsgefangene Rotarmisten zusammen mit friedlichen Bürgern zu erschießen und Häuser zusammen mit ihren Bewohnern niederzubrennen.« Im November 1942 beteiligte er sich an der Erschießung von 92 sowjetischen Bürgern und einen Monat später an der von weiteren 55. »In beiden Fällen«, sagte er, »führte ich die Erschießung aus.« Er nahm auch an Vergeltungsmaßnahmen gegen eine Anzahl Dörfer teil und steckte dabei persönlich viele Häuser in Brand. Schließlich hatte er, wie er sagte, mehr als 1 000 Menschen persönlich erschossen, und in Anerkennung seiner

Verdienste wurde er vorfristig befördert. Er verdiente zweifellos den Dank seines Führers, dessen Rat er so treu befolgt hatte – denn hatte Hitler nicht erklärt: »Dieses gigantische Territorium (die Sowjetunion) muss so rasch wie möglich befriedet werden: Der beste Weg zur Erreichung dieses Zieles besteht darin, jeden zu erschießen, der uns nur schief ansieht.«

Es gab aber auch Deutsche, die entsetzt waren über das, was sie sahen. Ein Major Roesler, ehemaliger Kommandeur des 528. Infanterieregiments, übermittelte dem Chef des neunten Militärbezirks einen Bericht über ein Verbrechen, das er in der Nähe von Schitomir miterlebt hatte, als seine Einheit dort im Juli 1941 stationiert war. Major Roesler hatte gerade mit seinem Stab die neuen Quartiere bezogen, als er in geringer Entfernung Gewehrsalven hörte, denen Pistolenschüsse folgten. Er beschloss, nachzusehen, was dort los war, und ging mit seinem Adjutanten, Oberleutnant von Bassewitz, den Schüssen nach. Als sich die beiden einem Eisenbahndamm näherten, erfuhren sie, dass eine Massenhinrichtung im Gange sei. Der Anblick, der sich ihnen von der Böschung aus bot, wird am besten mit Major Roeslers eigenen Worten wiedergegeben:

> Als wir schließlich den Bahndamm erklettert hatten, bot sich jenseits dieses Dammes ein Bild, dessen grausame Abscheulichkeit auf den unvorbereitet Herantretenden erschütternd und abschreckend wirkte. In die Erde war ein etwa sieben bis acht Meter langer, vielleicht vier Meter breiter Graben eingezogen, dessen aufgeworfene Erde auf der einen Seite aufgeschichtet war. Diese Aufschichtung und die darunterliegende Grabenwand waren vollständig mit Strömen von Blut besudelt. Die Grube selbst war mit zahlreichen menschlichen Leichen aller Altersgruppen beiderlei Geschlechts gefüllt, sodass ihre Tiefe nicht geschätzt werden konnte. Hinter dem aufgeschütteten Wall stand ein Kommando der Polizei, das von einem Polizeioffizier befehligt wurde. Die Uniformen dieses Kommandos wiesen Blutspuren auf. In weitem Umkreis standen unzählige Soldaten dort bereits liegender Truppenteile, teilweise in Badehosen, als Zuschauer umher.
>
> Ich habe mir daraufhin durch ganz dichtes Herantreten an den Graben ein Bild verschafft, das ich bis heute nicht vergessen konnte. Unter anderem lag in diesem Grab ein alter Mann mit einem weißen Voll-

bart, der über seinem linken Arm noch ein kleines Spazierstöckchen hängen hatte. Da dieser Mann noch durch seine stoßweise Atemtätigkeit Lebenszeichen von sich gab, ersuchte ich einen der Polizisten, ihn endgültig zu töten, worauf dieser mir mit lachender Miene sagte: ›Dem habe ich schon siebenmal was in den Bauch gejagt, der krepiert schon von alleine.‹ Die in dem Graben liegenden Erschossenen wurden nicht besonders zurechtgelegt, sondern blieben so, wie sie nach dem Schuss von der Grabenwand heruntergefallen waren […]. Ich habe durch meine Teilnahme am Weltkriege […] auch durch meine Beteiligung an den Freiwilligenverbänden[19] des Jahres [19]19 manches mehr als Unerfreuliche erlebt, ich kann mich jedoch nicht entsinnen, jemals einer solchen Szene, wie der geschilderten, beigewohnt zu haben […]. Ich erwähne noch, dass nach Aussagen von Soldaten, die sich diese Hinrichtungen öfters ansahen, täglich mehrere Hundert erschossen worden sein sollen.

Gezeichnet: Roesler

Der Chef des neunten Militärbezirks leitete diesen Bericht mit folgendem bezeichnenden Begleitschreiben weiter:

Betrifft: Greueltaten gegenüber der Zivilbevölkerung im Osten.

Auf Grund umlaufender Gerüchte über Massenexekutionen in Russland bin ich dem Ursprung nachgegangen, da ich sie für weit übertrieben hielt. Anliegend überreiche ich einen Bericht des Majors Roesler, der die Gerüchte in vollem Maße bestätigt. […]

Wenn solche Handlungen in der Öffentlichkeit stattfinden, wird es nicht zu vermeiden sein, dass sie in der Heimat bekannt und kritisiert werden.

Gezeichnet: Schirwindt

Bei so viel Barbarei ist es nicht leicht, einen einzelnen Verbrecher oder einen bestimmten Vorfall besonders herauszustellen, doch man kann wohl sagen, dass der an Wahnsinn grenzende Sadismus in dem Vernichtungslager von Janow seinen Höhepunkt erreichte, als dort Hauptsturmführer Gebauer, Obersturmführer Wilhaus und Hauptsturmführer Wartzok der Reihe nach den Posten des Kommandanten innehatten.[20]

Gebauer pflegte mit eigenen Händen Frauen und Kinder zu erwürgen und ließ Männer in Fässern erfrieren: Man band sie an Händen und Füßen und ließ sie dann ins Wasser hinab, damit sie dort erfroren. Das Morden war schon so monoton geworden, dass die Wachmannschaften offiziell ermuntert wurden, sich neue Methoden auszudenken, und so wettete einer von ihnen, ein Mann namens Wepke, dass er einen Jungen mit einem einzigen Axtstreich durchspalten könne. Die Wette wurde angenommen. Wepke ergriff einen zehnjährigen Knaben aus dem Lager, ließ ihn niederknien, und nachdem er einmal ausgeholt hatte, spaltete er das Kind mit einem einzigen Schlag in zwei Teile. Wartzok pflegte die Häftlinge an den Füßen aufzuhängen und in dieser Stellung zu belassen, bis sie tot waren. Der Leiter seiner Vernehmungsabteilung, ein gewisser Heine, jagte den Häftlingen Eisenstangen in den Bauch und riss den Frauen mit einer Drahtzange die Fingernägel heraus.

Vom Balkon seines Büros aus erschoss Wilhaus häufig Häftlinge, die über den Appellplatz gingen. Er tat das teils aus reinem Sport und teils zur Belustigung seiner Frau und seiner Töchter. Gelegentlich gab er seiner Frau das Gewehr, damit auch sie einmal schießen konnte. Zum Vergnügen seiner neunjährigen Tochter ließ er manchmal ganz kleine Kinder wie Tontauben beim Übungsschießen in die Luft werfen, um dann ein Wettschießen auf sie zu veranstalten. Seine Tochter klatschte dann Beifall und sagte: »Papa, mach das noch mal.« Und Papa tat es noch mal. Wilhaus war es auch, der zu Hitlers 54. Geburtstag als Ersatz für einen Kanonensalut persönlich 54 Häftlinge erschoss. In Janow wurden die Folterungen und Ermordungen musikalisch umrahmt. Man stellte ein Häftlingsorchester zusammen und komponierte ein besonderes Stück, den »Todestango«. Bei der Auflösung des Lagers wurden alle Mitglieder des Orchesters umgebracht.

Das ist die Geschichte der Nazigreuel in den besetzten Gebieten, aber sie führt uns nur an den Rand der Ereignisse. Die Schlussbilanz war zwölf Millionen Morde. Sir Hartley Shawcross sagte dazu in seiner Schlusserklärung vor dem Internationalen Militärgerichtshof in Nürnberg:

> In all unsern Ländern wird, wenn etwa in der Hitze der Leidenschaft oder aus anderen Gründen ein Mensch getötet wird, der Mord zur Sensation, unser Mitleid wird geweckt, und wir ruhen nicht, bis der Verbrecher bestraft und der Herrschaft des Gesetzes Achtung verschafft wird. Sollten wir weniger tun, wenn nicht ein Mensch, sondern nach der niedrigsten Schätzung zwölf Millionen Männer, Frauen und Kinder getötet worden sind? Nicht im Kampf, nicht aus Leidenschaft, sondern bei dem kaltblütigen, berechneten, vorsätzlichen Versuch, Nationen und Rassen zu vernichten, Überlieferungen, Einrichtungen und sogar die Existenz freier und alter Staaten auszulöschen. Zwölf Millionen Morde! Zwei Drittel der Juden Europas vernichtet – mehr als sechs Millionen von ihnen, nach eigenen Angaben der Mörder. Das Morden wurde betrieben wie irgendeine Industrie der Massenproduktion…

Ob die Ungeheuerlichkeit dieses Mordes deshalb niemals allgemein erkannt und so rasch vergessen wurde, weil die Welt damals zu sehr mit Kampf, Mord und Tod beschäftigt war?

V Zwangsarbeit

In der Zeit von 1941 bis 1945 wurden mehr als fünf Millionen ausländische Arbeiter wie Sklaven nach Deutschland verschleppt, und ein großer Teil von ihnen – die genaue Zahl ist nicht bekannt – kehrte nie mehr zurück. Was mit ihnen geschah, wird in diesem Kapitel beschrieben.

Um die Konzeption der von Deutschland betriebenen Zwangsarbeitspolitik richtig einschätzen zu können, muss man sich vergegenwärtigen, dass sie ein Bestandteil der nazistischen Doktrin war, wonach der Staat über allem stand und die persönlichen Rechte des Einzelnen nichts galten. So schrieb ein Theoretiker des Nazismus:

> Das Arbeitsverhältnis ist nicht einfach ein juristisches Verhältnis zwischen dem Arbeiter und seinem Arbeitgeber. Es ist ein lebendiges Phänomen, bei dem der Arbeiter zu einem Rädchen in der nationalsozialistischen Maschine der gemeinschaftlichen Produktion wird.

In Deutschland selbst wurde die Arbeitsdienstpflicht bereits 1935 eingeführt, und 1939 begann auf Grund eines Erlasses, den Göring im Rahmen seines Vierjahresplans herausgab, die allgemeine Mobilisierung der Arbeiter. Dieser Erlass galt auch für die in Deutschland wohnenden Ausländer, so dass das Prinzip des zwangsweisen Einsatzes ausländischer Arbeitskräfte schon vor dem Krieg in Hitlerdeutschland existierte. Die Tatsache, dass dieses Prinzip im Jahre 1941 auf die besetzten Gebiete ausgedehnt wurde, kann daher, wenn es sich dabei auch um einen Bruch des Völkerrechts handelte, nicht weiter überraschen. Es war eine der elementarsten Komponenten des Systems der Naziherrschaft und ergab sich unmittelbar aus der »Herrenrassen«-Theorie und der Konzeption des totalen Krieges.

Im Falle eines für die deutsche Kriegführung gefährlichen Arbeitskräftemangels wollte man aus den besetzten Gebieten Sklaven beschaffen. Sie sollten – solange sie dazu imstande waren – für den Sieg Deutschlands arbeiten. Waren sie schließlich zu schwach oder zu krank zum Arbeiten, konnten sie sterben. Starben sie nicht rasch genug, wollte man nachhelfen: In den Gaskammern der Konzentrationslager sollten sie getötet und dann in den Lageröfen verbrannt werden. Aber ohne Verschwendung – die Rückstände müssten verwertet werden: ihr Blut und ihre Asche als Düngemittel, ihr Haar zur Herstellung von Stoffen und ihr Zahngold zum Auffüllen der Reichsbanktresore. Das war der Standpunkt der Nazis. Und wie sie dachten, so handelten sie auch.

Die völkerrechtlichen Vereinbarungen über die Frage der Zwangsarbeit von Einwohnern besetzter Gebiete sind in Artikel 52 der Haager Konvention dargelegt, die im Jahre 1939 für Deutschland verbindlich war:

> Natural- und Dienstleistungen können von Gemeinden oder Einwohnern nur für die Bedürfnisse des Besatzungsheeres gefordert werden. Sie müssen im Verhältnis zu den Hilfsquellen des Landes stehen und solcher Art sein, dass sie die Bevölkerung nicht verpflichten, an Kriegsunternehmungen gegen ihr eigenes Land teilzunehmen.

Ebenso hat keine Besatzungsmacht das Recht, die Einwohner des besetzten Landes ins eigene zu deportieren und dort zur Arbeit zu zwingen. Dies geschah jedoch in relativ kleinem Maßstab bereits im Ersten Weltkrieg, als viele Franzosen und Belgier zur Arbeit nach Deutschland geschickt wurden, doch diese Praxis wurde von den anderen Ländern allgemein verurteilt. Im Zweiten Weltkrieg dagegen erfolgte die Deportation von Einwohnern besetzter Gebiete in einem derart riesigen Ausmaß und unter so brutalen entwürdigenden Umständen, dass die Methoden der Zeit von 1914 bis 1918 daneben völlig verblassen.

Die Zwangsarbeitspolitik der Nazis diente einem zweifachen Ziel: Einmal sollte die deutsche Kriegsmaschine mit Hilfe ausländischer Arbeitskräfte in Schwung gehalten werden, und zum andern wollte man – ein logisches Produkt der nazistischen Rassendoktrin – »minderwertige« Völker durch Ausrottungsmaßnahmen schwächen. Es war von vornherein vorgesehen, dass die Mehrheit dieser Deportierten ihren Leidensweg nicht überstehen und niemals wieder nach Hause zurückkehren sollten. Sie starben tatsächlich zu Hunderttausenden oder wurden gewaltsam getötet.

Das Zwangsarbeitsprogramm wurde von Fritz Sauckel und Albert Speer als untrennbarer Bestandteil des allgemeinen Planes für den totalen Krieg ausgearbeitet und gelenkt. Beide Männer mussten sich vor dem Internationalen Gerichtshof in Nürnberg verantworten und wurden für schuldig befunden. Sauckel wurde zum Tode durch Erhängen und Speer zu zwanzig Jahren Gefängnis verurteilt. Zur Frage der Verantwortlichkeit Sauckels erklärte der Gerichtshof in seinem Urteil, die Einstellung des Angeklagten zum Zwangsarbeitsprogramm komme in einer von ihm herausgegebenen Bestimmung klar zum Ausdruck: »All diese Menschen«, hieß es darin, »müssen so ernährt, untergebracht und behandelt werden, dass sie bei denkbar sparsamstem Aufwand die größtmögliche Leistung vollbringen.« Und so geschah es. Die Opfer wurden unter Bedingungen, die man gewöhnlich selbst bei Viehtransporten für unzulässig erachten würde, aus ihren Wohnungen und ihrer Heimat fortgeschleppt. Sie wurden in schmutzigen Unterkünften zusammengepfercht und überanstrengt, man ließ sie hungern, und wenn sie nicht mehr arbeiten konnten, aber auch nicht sterben wollten, kamen sie in ein Vernichtungslager, wo sie vergast und ihre Leichen verbrannt wurden. Nach Sauckels Aussagen bestand das Ziel dieser Arbeitspolitik darin, alle Hilfsmittel der sogenannten eroberten Länder, darunter alle Rohstoffe und menschlichen Arbeitskräfte, restlos und sorgfältig zum Nutzen Deutschlands und seiner Verbündeten auszunutzen.

Wo die deutschen Armeen auch erschienen, überall wurden die Einwohner zusammengetrieben und zur Arbeit ins Reich geschickt. Anfangs machte man zwar noch Versuche, Freiwillige anzuwerben, aber als dies offensichtlich nicht gelang, gab man sich nicht einmal mehr den Anschein, als betreibe man eine freiwillige Rekrutierung, sondern beschaffte sich die Arbeiter durch eine Kombination von Betrug, Gewalt und Terror. Das erste Opfer war natürlich Polen. Hitlers Generalgouverneur Frank steckte sich das Ziel, eine Million Arbeiter zu beschaffen, und gab seiner Polizei den Befehl, polnische Dörfer zu umzingeln und Zwangswerbungen vorzunehmen.

> Bereitstellung und Transport von mindestens einer Million Land- und Industriearbeiter und -arbeiterinnen ins Reich – davon etwa 750 000 landwirtschaftliche Arbeitskräfte, von denen mindestens fünfzig Prozent Frauen sein müssen – zur Sicherstellung der landwirtschaftlichen Erzeugung im Reich und als Ersatz für im Reich fehlende Industriearbeiter.

Das waren seine Forderungen. Bereits im Mai 1940 begann man, zu Zwangsmethoden zu greifen, da die Zahl der Freiwilligen den Anforderungen des Reichs nicht genügte. Dazu schrieb Frank in sein Tagebuch:

> Eine Verhaftung von jungen Polen beim Verlassen des Gottesdienstes oder des Kinos würde zu einer immer steigenden Nervosität der Polen führen. An sich habe ich gar nichts dagegen einzuwenden, wenn man das arbeitsfähige, oft herumlungernde Gesindel von der Straße wegholt. Der beste Weg dafür aber wäre die Veranstaltung einer Razzia.

Diese Razzien häuften sich, als der Bedarf an Arbeitern weiter stieg. 1942 wurde besonders dringend neuer Nachschub an polnischen Arbeitskräften benötigt, denn die Juden, die in Deutschland noch in einem Arbeitsverhältnis standen, sollten evakuiert und durch Polen ersetzt werden. Das Schicksal dieser Juden wird in einem späteren Kapitel geschildert; hier sei nur auf eine Anweisung des »Generalbevollmächtigten für den Arbeitseinsatz« hingewiesen, wonach die Polen, die als Ersatz für die jüdischen Arbeiter ins Reich deportiert wurden, in Konzentrationslager gebracht und zur Arbeit herangezogen werden sollten, »soweit es sich um kriminelle oder asoziale Elemente handelte.« Die übrigen Polen sollten ohne Angehörige nach Deutschland transportiert und den Arbeitsämtern zum Einsatz in Rüstungsfabriken zur Verfügung gestellt werden. Das stand im direkten Widerspruch zum Völkerrecht.

Wie so oft während des Krieges, hatten diese Willkürmethoden nicht immer die Wirkung, die ihre Urheber bezweckten oder erhofften. So wie später die Geiselerschießungen in Frankreich nur den Widerstand gegen die deutsche Besetzung verstärkten, löste auch diese zügellose und rücksichtslose Menschenjagd in Polen eine heftige Gegenwehr aus. Ein Stellvertreter Sauckels erstattete auf einer Sitzung von Hitlers Zentraler Planung mit folgenden Worten Bericht:

> Die Lage in Polen ist augenblicklich äußerst ernst. Der Widerstand gegen unsere Verwaltung ist sehr stark [...]. Zum Beispiel wurde vor vierzehn Tagen der Leiter unseres Arbeitsamtes in Warschau erschossen. Die Anwerbung [von Arbeitskräften] ist selbst bei bestem Willen äußerst schwierig, wenn keine Polizei-Verstärkungen zur Hand sind.

In den sogenannten »Ostgebieten«, zu denen die vorübergehend besetzten Gebiete der Sowjetunion gehörten, erfolgte die Zwangsrekrutierung von Arbeitskräften in noch viel größerem Maßstab. 1942 gab Sauckel den Befehl, zwei Millionen Arbeiter aus der Ukraine zu beschaffen. In einem Schreiben an Rosenberg, der damals »Reichsminister für die besetzten Ostgebiete« war, trug Sauckel diese Forderung mit folgenden Worten vor:

> Ich verkenne nicht die Schwierigkeiten, die für die Durchführung des neuen Auftrages bestehen, bin aber überzeugt, dass bei rücksichtslosem Einsatz aller Mittel und bei voller Hingabe aller Beteiligten die Erfüllung der neuen Auflage termingemäß durchgeführt werden kann.

In der Tat wurden alle Mittel rücksichtslos eingesetzt, und Sauckel fand auch volle Unterstützung, nicht zuletzt beim Reichskommissar für die Ukraine, dem Rosenberg die Forderung übermittelte und der mit folgenden, nicht wenig bezeichnenden Ausführungen darauf reagierte:

> Wir sind die Herrenrasse [...]. Ich werde das Letzte aus diesem Land herausholen. Die Einwohner müssen arbeiten, arbeiten, und nochmals arbeiten. Einige Leute regen sich darüber auf, dass die Bevölkerung nicht genug zu essen bekommt. Sie kann das nicht verlangen. Wir sind schließlich nicht hierhergekommen, um ihr Manna zu geben. Wir sind eine Herrenrasse und dürfen nicht vergessen, dass der geringste deutsche Arbeiter rassisch und biologisch tausendmal so viel wert ist wie die Bevölkerung hier.

»Reichsführer« Himmler war keineswegs rücksichtsvoller. Er schrieb:

> Was mit den Russen geschieht, interessiert mich nicht im Geringsten. Ob es anderen Völkern gut geht oder ob sie verhungern, interessiert mich nur insofern, als wir sie als Sklaven für unsere Kultur brauchen. Wenn 10 000 russische Weiber beim Ausheben von Panzergräben vor Erschöpfung umfallen, interessiert mich das gar nicht, solange der Graben für Deutschland fertig wird.

Als die Zwangsrekrutierung von Arbeitern für Deutschland immer krassere Formen annahm, verstärkte sich der Partisanenwiderstand. Um der Deportation zu entgehen, verließen viele Russen ihr Heim und gingen in die Wälder, um sich den Partisanen anzuschließen. Genau so, wie Hitlers Kommissarbefehl lediglich dazu führte, dass die sowjetischen Truppen mit noch größerer Entschlossenheit Widerstand leisteten und lieber bis zum letzten Mann kämpften, als sich zurückzuziehen, verringerte sich durch die verschärfte Kampagne zur Beschaffung von Zwangsarbeitern die Zahl der potentiellen Sklaven, und gleichzeitig nahm der Widerstand der Zivilbevölkerung zu. Daher wurden noch rücksichtslosere Schritte zur Beschaffung sowjetischer Arbeiter unternommen, und man entfesselte eine systematische Menschenjagd. Unter den Papieren, die nach der Festnahme Rosenbergs in dessen Akten gefunden wurden, befanden sich auch Auszüge aus Briefen sowjetischer Bürger, die damals von Nazizensoren ausgeschnitten worden waren. Ein Briefschreiber berichtete:

> In unserem Ort haben sich neue Dinge ereignet. Die Menschen werden nach Deutschland gebracht. Am 5. Oktober sollten einige Leute aus dem Bezirk Kowkaski gehen, aber sie wollten nicht, und da wurde das Dorf in Brand gesteckt. Da nicht alle Leute, die aus Borowytski fahren sollten, gefunden werden konnten, kamen die Deutschen mit drei Lastwagen und steckten ihre Häuser in Brand.

Ein anderer schrieb:

> Am 1. Oktober erfolgte eine neue Aushebung von Arbeitskräften. Ich will Dir die wichtigsten Ereignisse schildern.
>
> Du kannst Dir ihre Bestialität nicht vorstellen. Du erinnerst Dich wahrscheinlich noch daran, was man uns während der Polenherrschaft von den Sowjets erzählte. Wir haben das damals nicht geglaubt, und auch heute halten wir das alles für unglaublich. Es kam der Befehl, 25 Arbeiter zu stellen, aber niemand meldete sich. Alle waren geflohen. Da kam die deutsche Polizei und steckte die Häuser der Geflüchteten in Brand. Das Feuer wütete fürchterlich, denn es hatte seit zwei Monaten nicht geregnet. Außerdem war das Getreide schon in den Scheunen. Du kannst Dir vorstellen, was sich da abspielte. Die Menschen, die herbeigeeilt waren, durften das Feuer nicht löschen und wurden geschlagen und verhaftet. Inzwischen steckte die Polizei noch weitere Häuser in Brand. Die Leute warfen sich auf die Knie und küßten den Polizisten die Hand, aber sie wurden mit Gummiknüppeln niedergeschlagen, und die Polizei drohte, das ganze Dorf niederzubrennen. Ich weiß nicht, wie das geendet hätte, wenn Sapurkany nicht eingegriffen hätte. Er versprach, bis zum nächsten Morgen weitere Arbeiter zu beschaffen.

Ein dritter schilderte eine Menschenjagd in einem anderen Bezirk:

> Sie jagen hier bereits seit einer Woche nach Menschen und haben immer noch nicht genug. Die inhaftierten Arbeiter sind im Schulhaus

eingeschlossen. Sie können nicht einmal auf normale Weise ihr Bedürfnis verrichten, sondern müssen es wie Schweine im selben Raum tun. Dieser Tage veranstalteten Leute aus vielen Dörfern eine Wallfahrt zum Kloster Poczajow. Sie wurden alle festgenommen und eingesperrt, und man wird sie zur Arbeit fortschicken. Unter ihnen sind auch Krüppel, Blinde und Alte.

Ein deutscher Bezirkskommissar, der in der Nähe von Kiew eingesetzt war, schrieb 1942 in einem Tätigkeitsbericht an Rosenberg:

> Im August 1942 musste gegen zwei Familien [...] eingeschritten werden, welche je einen Arbeitspflichtigen zu stellen hatten [...]. Sie mussten zwangsweise vorgeführt werden, doch gelang es ihnen zweimal, aus dem Sammellager in Kiew [...] zu entspringen. Vor der zweiten Festnahme waren bereits vorsorglich die Väter der beiden Arbeitspflichtigen festgenommen worden, um als Geisel erst ausgelöst zu werden, sobald sich ihre Söhne stellen würden [...]. Damals habe ich mich entschlossen, nunmehr endlich zu Maßnahmen zu greifen, welche der immer störrischer werdenden ukrainischen Jugend klarmachen sollten, dass unsere Anweisungen für sie bindend sind. Ich ließ die Häuser beider Flüchtlinge niederbrennen.

Dann folgt mit widerlicher Scheinheiligkeit der Satz :

> Übrigens wurde die harte Strafe von der einheimischen Bevölkerung mit Genugtuung aufgenommen, denn beide Familien hatten vor der Maßregelung allenthalben die pflichtbewusste Bevölkerung verhöhnt, welche ihre Kinder teilweise freiwillig zum Arbeitseinsatz brachte.

Der Generalbevollmächtigte für den Arbeitseinsatz aber erklärte selbst, dass von den fünf Millionen ausländischen Arbeitern, die aus den besetzten Gebieten nach Deutschland gebracht wurden, nicht einmal 200 000 freiwillig kamen.

Die harten und brutalen Methoden hatten jedoch keinen Erfolg, denn durch das Niederbrennen ganzer Dörfer bekam man keine neuen Arbeitskräfte. Aber obwohl die Aktionen erfolglos waren, wurden sie fortgesetzt, und die SS erhielt Befehl, sich an Überfällen auf Dörfer zu beteiligen, sie niederzubrennen und die gesamte Bevölkerung zur Zwangsarbeit nach Deutschland zu verschleppen. Und das war noch nicht alles. In den Sammel- und Durchgangslagern wurden diese unglücklichen Menschen allen möglichen Beleidigungen und brutalen Misshandlungen ausgesetzt, und die Bedingungen, unter denen sie nach Deutschland transportiert wurden, waren grauenhaft. Im Allgemeinen wurden sie in solcher Hast aus ihren Wohnungen gezerrt, dass ihnen keine Zeit mehr blieb, irgendwelche Sachen einzupacken; manchmal holte man sie halb angekleidet, zuweilen sogar im Nachthemd oder Schlafanzug fort. Sie wurden in Keller geworfen und geschlagen; sie blieben ohne Essen, Wasser, Brennmaterial und sanitäre Einrichtungen, und bei ärztlichen Untersuchungen wurden die Frauen oft unanständig behandelt. Der folgende Bericht ist einem erbeuteten deutschen Dokument entnommen:

> Von Entlausungsanstalten wurden insofern Missstände bekannt, als sich dort teils männliches Personal oder andere Männer unter den Frauen und Mädchen im Duschraum betätigten oder herumtrieben – und sogar beim Abseifen Dienst taten – […], teils Männer längere Zeit in den Frauenduschräumen fotografierten. Da es sich bei der ukrainischen Landbevölkerung […], was den weiblichen Bevölkerungsteil betrifft, um sittlich sehr gesunde und an strenge Zucht gewohnte Frauen handelt, muss eine solche Behandlung als Volksentehrung empfunden werden.

In dem betreffenden Dokument wird erklärt, diese Vorfälle »entsprächen keinesfalls der Würde und dem Ansehen des Großdeutschen Reiches«. Das Großdeutsche Reich scheint indessen wenig oder nichts getan zu haben, um diesen Schandfleck zu beseitigen. Während der Fahrt nach Deutschland wurden Kranke und Gesunde zu je fünfzig bis sechzig Personen in Viehwagen zusammengepfercht. Es wurden keinerlei Vorkehrungen getroffen, um sie unterwegs zu verpflegen. Es gab auch kein Wasser, und sie mussten ihr Bedürfnis dort verrichten, wo sie gerade standen oder lagen. Viele waren bei der Ankunft in Deutschland bereits arbeitsunfähig, und ganze Züge von ihnen wurden dann unter ähnlichen Bedingungen wieder in ihre Heimat zurückgeschickt. Die Umstände, unter denen diese Rücktransporte vor sich gingen, waren Sauckels Ministerium sehr wohl bekannt, wie der folgende in Rosenbergs Dienststelle ausgearbeitete Bericht beweist:

> Wie in diesem Zuge Frauen Kinder gebaren, die während der Fahrt aus dem Fenster geworfen wurden, während im gleichen Wagenraum tuberkulöse und geschlechtskranke Personen mitfuhren, wie hier Sterbende in Güterwagen ohne Stroh lagen und schließlich einer der Toten auf der Bahnböschung landete, so dürfte es auch mit den anderen Rücktransporten bestellt gewesen sein.

Nicht nur aus Polen und der Sowjetunion wurden Menschen als Zwangsarbeiter verschleppt. Aus Frankreich, Holland, Belgien und später auch Italien kamen sie zu Tausenden nach Deutschland. In Frankreich ging man von 1940 bis Ende 1942 noch mit etwas vorsichtigeren Methoden vor. Das entsprach den allgemeinen Plänen, die die Nazis den Franzosen gegenüber verfolgten. Mit überraschender Naivität – sie hätten es besser wissen müssen – versuchten sie, das französische Volk zunächst durch Schmeicheleien und ein maßvolles Gebaren zu beschwichtigen, und ihre Truppen wurden angewiesen, sich »korrekt« zu verhalten. Aber das wahre Herz Frankreichs schlug nie in Vichy, und sobald das Volk nach dem betäubenden Schlag der Niederlage wieder zu vollem Bewusstsein erwacht war, zeigte es sich, dass die »Marianne« weder gefreit noch verführt, sondern höchstens geschändet werden konnte.

In den dann folgenden Monaten wurden Sauckels Vollmachten durch Erlasse von Hitler und Göring wesentlich erweitert. Er erhielt die uneingeschränkte administrative Befehlsgewalt und sogar juristische Kompetenzen zur Erfüllung der Aufgabe, die ihm sein Führer gestellt hatte, und von seinen Appartements im Pariser Ritz-Hotel aus schickte er viele Franzosen in die Sklaverei und in den Tod. Mit der üblichen Wichtigtuerei rechtfertigte er diese Politik in seinen offiziellen Äußerungen unter Berufung auf die »nationalsozialistische Weltanschauung«. Die unerhörte Härte des Krieges zwinge ihn, so sagte er, im Namen des Führers viele Millionen Ausländer zur Arbeit für die deutsche Kriegswirtschaft zu mobilisieren. Das sei notwendig zur Erhaltung des Lebens und der Freiheit des deutschen Volkes und seiner abendländischen Kultur sowie aller Völker, die »im Gegensatz zu den parasitären Juden und Plutokraten« den ehrlichen Willen und die Kraft besäßen, aus eigener Anstrengung zu leben. Es bestehe ein großer Unterschied zwischen der Arbeit, die seinerzeit durch den Versailler Vertrag und den Dawes- und Young-Plan in Form der Versklavung und Tributleistung für die Macht und Herrschaft des Judentums gefordert wurde, und dem Arbeitseinsatz, den er als Hitlers Generalbevollmächtigter als Beitrag zum Freiheitskampf Deutschlands und seiner Verbündeten vorzubereiten und durchzuführen die Ehre habe.

Aber dieser Plan diente nicht nur dem Ziel, die deutsche Kriegführung zu unterstützen. Das Prinzip der Ausrottung durch Arbeit war ein Grundelement und nicht nur eine Folge der Nazipolitik. Aus diesem Grunde wurden die ausländischen Arbeiter in der deutschen Rüstungsindustrie bis zur äußersten Grenze ihrer Gesundheit und ihrer Kraft eingesetzt. Im Jahre 1942 erhielt Sauckel weitere Vollmachten gegenüber den Zivil- und Militärbehörden in den von der deutschen Wehrmacht besetzten Gebieten. Das ermöglichte es ihm, in den Stäben der Militärkommandos eigene Vertreter zu unterhalten und ihnen über den Kopf der Militärbefehlshaber hinweg direkte Befehle zu erteilen. General von Falkenhausen, der Militärgouverneur von Belgien und Nordfrankreich war, sagte aus, dass die vorher gültigen Vorschriften eine Änderung erfuhren, als die Beschaffung von Arbeitskräften Sauckel unterstellt wurde.[1] Bis dahin sei ein Offizier seines Stabes für die Anwerbung von Arbeitskräften verantwortlich gewesen, die, wie er behauptete, zunächst auf rein freiwilliger Basis erfolgte. Später seien die Befehle direkt von Sauckel an die Arbeitsabteilung ergangen, und der Militärgouverneur habe nichts weiter zu tun gehabt als sie auszuführen.

Während der ganzen Besetzung benutzten die örtlichen Feldkommandanten dienstverpflichtete Arbeiter als Wachmannschaften und zum Bau von Befestigungen. In Frankreich zwangen sie Indochinesen und Arbeiter aus Nordafrika zur Zwangsarbeit. In der zweiten Hälfte des Jahres 1942 wurden zwei große Kontingente von Sklaven zwangsweise zur Arbeit in der »Organisation Todt«[2] nach Frankreich geholt: 5 560 Algerier und 1 825 Marokkaner.

Von 1943 an wurde auch die Jugendorganisation »Chantiers de la jeunesse française«[3] als Zwangsarbeiterreservoir benutzt. So gab das Arbeitsamt der deutschen Waffenstillstandskommission im Januar 1943 bekannt, der Oberbefehlshaber West – damals Gerd von Rundstedt[4] – prüfe die Frage, ob und in welcher Weise weitere französische Arbeitskräfte für die Erfüllung von Aufgaben herangezogen werden könnten, die »für beide Länder wichtig« wären; es sei beabsichtigt, auf Angehörige der Chantiers de Jeunesse zurückzugreifen. Viele dieser neuen Rekruten wurden von den Deutschen beim Bau von Befestigungen eingesetzt, die den sogenannten »Atlantikwall« bildeten. Es ist schwer verständlich, wie der Bau von Anlagen, durch die die alliierten Armeen an der Befreiung Frankreichs gehindert werden sollten, als eine »für beide Länder wichtige« Aufgabe bezeichnet werden konnte.

Als der Widerstand gegen den zwangsweisen Arbeitseinsatz immer stärker wurde, erließen die Besatzungsbehörden Verfügungen, in denen für die Nichtbefolgung des Stellungsbefehls die Todesstrafe angedroht wurde. In einer Verordnung vom 31. Januar 1942 hieß es:

> Wer Dienst- oder Sachleistungen, die ihm vom Militärbefehlshaber in Frankreich oder einer von diesem hierzu ermächtigten Stelle auferlegt sind, nicht erfüllt […], wird mit Zuchthaus […] bestraft. In schweren Fällen kann auch die Todesstrafe verhängt werden.

Diese schweren Verstöße gegen die Haager Bestimmungen waren Gegenstand zahlreicher Proteste des französischen Delegierten bei der deutschen Waffenstillstandskommission, General Doyen. Bereits 1941 lenkte er die Aufmerksamkeit der Kommission auf die ungesetzliche Verwendung von Zwangsarbeitern in den Reihen der Organisation Todt zur »Ausführung militärischer Arbeiten an der britannischen Küste«. Er führte Klage darüber, dass die französischen Zivilbehörden gezwungen wurden, Wachen für strategische Punkte wie Brücken, Tunnels, Munitionslager und Feldflugplätze zu stellen, und reichte als Anlage eine Liste der betreffenden Dienstleistungen ein. General Doyen protestierte ferner energisch gegen die Verfügung vom 31. Januar 1942 und erklärte, sie stehe sowohl im Widerspruch zum Völkerrecht als auch zum Waffenstillstandsabkommen.

Die von deutscher Seite immer wieder aufgestellte Behauptung, in Frankreich sei die Werbung von Arbeitskräften auf rein freiwilliger Basis erfolgt, entbehrt jeder Grundlage. Die Arbeiter, die deutsche Arbeitsverträge unterzeichneten, waren einem physischen und moralischen Druck ausgesetzt – eine Methode, auf die sich die Nazis gut verstanden. Dieser Druck war sowohl kollektiver als auch persönlicher Natur. Es unterliegt keinem Zweifel, dass auch er geplant war, wie die folgenden Auszüge aus einem deutschen Rundschreiben beweisen:

> Betrifft: Verstärkung des Einsatzes von Arbeitskräften aus den besetzten Gebieten im Deutschen Reich und Vorbereitung eines zwangsweisen Einsatzes.
>
> Der […] Mangel an Arbeitskräften macht es erforderlich, dass […] Arbeitskräfte aus den besetzten Gebieten in einem weitaus größeren Umfang zur Dienstleistung in Deutschland herangezogen werden als bisher […]. Dieser Einsatz soll zunächst wie bisher auf freiwilliger Grundlage erfolgen […]. Wenn aber ein befriedigendes Ergebnis erzielt werden soll, müssen die reichsdeutschen Stellen […] *den notwendigen Druck ausüben können.*

Diese allgemeine Direktive wurde von denen, an die sie gerichtet war, also von Sauckels Vertretern in Frankreich, Belgien, Holland, Norwegen und Luxemburg, gewissenhaft ausgeführt. Durch entsprechende Propaganda versuchte man, den Arbeitern dieser Länder materielle Vorteile vorzugaukeln, die ihnen angeblich von den deutschen Arbeitsämtern geboten wurden. Dazu bediente man sich der Presse und des Rundfunks. Diese Propaganda zeitigte indessen kümmerliche Ergebnisse, denn die Franzosen erkannten bald, dass diese materiellen Vorteile gar nicht existierten. Der nächste Schritt bestand daher darin, eine künstliche Arbeitslosigkeit hervorzurufen, die Lebensbedingungen der Arbeiter zu verschlechtern und die Arbeitslosenunterstützung zu senken. Aber auch das war erfolglos, und so wurde die sogenannte »freiwillige Rekrutierung durch Dienstverpflichtung« ersetzt.

Eine der Maßnahmen zur Beschaffung französischer und belgischer Sklaven wurde im Jahre 1944 von Sauckel auf einer Konferenz im Zusammenhang mit dem Vierjahresplan bekanntgegeben. Die hier zitierten Ausführungen sind einer stenografischen Notiz entnommen, die während der Sitzung gemacht wurde:

> Das fürchterlichste Moment, wogegen ich zu kämpfen habe, ist die Behauptung, in diesen Gebieten sei keinerlei deutsche Exekutive vorhanden, um die Franzosen, Italiener oder Belgier zweckmäßig zu verpflichten und zur Arbeit zu bringen. Ich bin dann sogar den Weg gegangen, mir einen Agentenstab von Franzosen und Französinnen, Italienern und Italienerinnen heranzubändigen, die, wie es früher ein Schanghaien [gewaltsame Rekrutierung, Anm. des Verlags] gegeben hat, gegen gute Bezahlung auf Menschenfang ausgehen und die Leute durch Schnäpse und Überredung betören, um sie nach Deutschland zu bringen.

Manch ein Franzose ist wohl am Morgen nach einem vergnügten Abend mit schmerzendem Kopf in einem Viehwagen aufgewacht, der ihn nach Deutschland und – auf dem Umweg über irgendeine Rüstungsfabrik im Ruhrgebiet – schließlich nach Dachau brachte!

Der direkte Druck, der auf die Arbeiter ausgeübt wurde, war moralischer und materieller Art. Die Deutschen versprachen, die Deportation französischer Arbeiter nach Deutschland durch die Freilassung einer entsprechenden Anzahl Kriegsgefangener auszugleichen. Dann stellte sich heraus, dass die Gefangenen nur im Verhältnis eins zu fünf freigelassen werden sollten. Der Charakter des materiellen Drucks wird durch den folgenden Brief veranschaulicht, den ein junger Franzose vom Departementsbüro des Reichsarbeitsministers im Pas de Calais erhielt:

> Sehr geehrter Herr,
> im vorigen Monat, nämlich am 26. März, habe ich Sie in Marquise angeworben, damit Sie nach Deutschland reisen und dort in Ihrem Beruf arbeiten. Sie hätten mit dem Transport vom 1. April nach Deutschland abreisen müssen; Sie haben diese Aufforderung unberücksichtigt gelassen. Ich teile Ihnen mit, dass Sie sich mit Ihrem Gepäck nächsten Montag, den 28. April, bis neunzehn Uhr, in Calais, Rue de la Pomme d'Or, einzufinden haben. Ich mache Sie darauf aufmerksam, dass Sie als freier Arbeiter nach Deutschland reisen, dass Sie dort unter denselben Bedingungen arbeiten und denselben Lohn erhalten werden wie die deutschen Arbeiter. Ich mache Sie darauf aufmerksam, dass Ihr Nichterscheinen ungünstige Folgen nach sich ziehen kann. [...]
> Der Beauftragte des Reichsarbeitsministeriums, Hanneran

Ob sich der Empfänger durch die Androhung »ungünstiger Folgen« genötigt sah, der Aufforderung nachzukommen, ist nicht bekannt; jedenfalls war es bei vielen anderen der Fall. Was nach ihrer Ankunft in Deutschland mit ihnen geschah, wird an einer anderen Stelle dieses Kapitels beschrieben.

Im Januar 1943 erhielt Sauckel in Paris eine Mitteilung von Speer, wonach Hitler beschlossen hatte, bei der Beschaffung gelernter und ungelernter Arbeitskräfte in Frankreich keine besonderen Rücksichten mehr auf die Franzosen zu nehmen. Die Rekrutierung, hieß es, könne daher durch stärkeren Druck mit schärferen Maßnahmen betrieben werden. Sauckel überprüfte den Bedarf und kam zu dem Schluss, dass sofort 150 000 Facharbeiter aus Frankreich für die Rüstungsindustrie in Deutschland benötigt würden und weitere 50 000 aus Holland und Belgien beschafft werden müssten. Wenige Tage später nahm er an einer Sitzung der Zentralen Planung in Berlin teil, wo er erklärte, er habe Pierre Laval, der in Frankreich bereits die Arbeitspflicht eingeführt hatte, dazu bewogen, das bestehende

Gesetz auf drei weitere Altersgruppen auszudehnen, die auch schon aufgerufen worden seien.

Doch das war nur ein Tropfen auf einen heißen Stein. Im Juni 1943 übermittelte Sauckel Hitler einen Rahmenplan für die nächsten sechs Monate. Danach sollten bis zum Jahresende weitere 500 000 Sklaven nach Deutschland deportiert werden. Sauckel ersuchte um Hitlers Billigung, die auch sofort gewährt wurde. Der Plan aber war eine Sache und seine Durchführung eine andere. Sauckel kehrte ins Ritz-Hotel zurück und leitete von seinen Luxusappartements aus eine Kampagne ein, um sein Programm durchzusetzen. Die Franzosen aber hatten sich von dem betäubenden Schlag des Jahres 1940 erholt, und so stieß das Projekt bei Regierungsbeamten und kampfbereiten Patrioten auf breiten passiven und aktiven Widerstand. Auf einer der periodischen Konferenzen über den Vierjahresplan im März folgenden Jahres musste Sauckel eingestehen, dass er gescheitert war.

> Der Arbeitseinsatz ist im Herbst vorigen Jahres, soweit es sich um den ausländischen Arbeitseinsatz handelt, weitestgehend zerschlagen worden. Über die Gründe will ich mich hier nicht auslassen; sie sind genug erörtert worden. Ich muss Ihnen aber erklären: Er ist zerschlagen worden.

Ungerührt von diesem Eingeständnis und trotz des dadurch offenbarten Zusammenbruchs des bestehenden Programms beschloss man, die geplante Beschaffung von mehr als einer Million ausländischen Arbeitern, die noch im Jahre 1944 nach Deutschland gebracht werden sollten, weiter voranzutreiben. Diese Ziffern waren im Januar auf einer Konferenz, an der auch Hitler teilnahm, gebilligt worden. Das Programm sah vor, aus Frankreich monatlich 91 000 und aus Belgien und den Niederlanden jährlich je 250 000 Menschen zu verschleppen.

Sauckel übte stets den größtmöglichen Druck auf die Vichy-Regierung aus, um diese unersättlichen Ansprüche zu befriedigen, und im Februar 1944 wurden alle Männer zwischen sechzehn und sechzig Jahren und alle Frauen zwischen achtzehn und 45 Jahren in den Kreis der Arbeitspflichtigen einbezogen. Dennoch musste der Generalbevollmächtigte Hitler melden, dass dem Zwangseinsatz von Frauen im Reich von französischer Seite nicht zugestimmt wurde. Immerhin aber konnte er seinem Führer mitteilen, die Vichy-Regierung habe seine Forderung akzeptiert, dass gegen Beamte, die die Verwirklichung des Programms sabotieren, die Todesstrafe zu verhängen sei; er versicherte Hitler, er habe mehr als deutlich zu verstehen gegeben, dass er noch rigorosere Maßnahmen ergreifen werde, falls das Verlangen nach weiteren Sklaven nicht befriedigt würde.

Aber die Zeit der Naziherrschaft war nahezu abgelaufen, und die Befreiung Frankreichs rückte immer näher. Die Deutschen hatten beschlossen, im Falle einer Landung der Alliierten in Frankreich sofort alle arbeitsfähigen männlichen Einwohner zu deportieren, aber als die alliierten Armeen erst einmal französischen Boden betreten hatten, rückten sie so rasch vor, dass dieser Plan nicht ausgeführt werden konnte.

Das Versprechen, dass all diesen Arbeitern vor dem Verlassen ihrer Heimat gemacht wurde – dass sie denselben Lohn wie die Deutschen bekommen würden –, ist niemals eingelöst worden. Sie wurden sehr schlecht bezahlt, und die Geldstrafen, die die Unternehmer für den geringsten Bruch der Disziplin verhängen konnten, erreichten oft die Höhe eines Wochenlohnes, und dann bekam der Arbeiter überhaupt nichts. Die in der Fabrik beschäftigten Arbeiter waren gewöhnlich in Arbeitslagern interniert; die Polen, die zum großen Teil auf Bauernhöfen arbeiteten, wurden in Ställen untergebracht und waren körperlichen Züchtigungen ausgesetzt. Oft wurden die Lager der ausländischen Arbeiter von derselben Firma verwaltet, bei der sie beschäftigt waren.

Eins von ihnen befand sich in Schandelah, Niedersachsen; seine Insassen waren in der benachbarten Fabrik von »Steinöl & Co.« beschäftigt. Diese Firma stellte Öl aus Schiefer her. 1943 wurde das Öl in Deutschland knapp, und Reichsminister Speer betonte die

Notwendigkeit, mehr zu beschaffen, um den Krieg fortsetzen zu können. Die Produktion von Steinöl erhielt daher Vorrang, und das Unternehmen wurde mit Sklavenarbeitern aus dem Konzentrationslager Neuengamme versorgt.[5]

Nominell war der Verwaltungsdirektor dieser Firma für die in Schandelah untergebrachten Arbeiter verantwortlich, und wenn er sich auch niemals aktiv an der Verwaltung des Lagers beteiligte, war er doch vollauf mit den dortigen Zuständen vertraut. Die Lebensbedingungen, die Verpflegung und die hygienischen Verhältnisse dieses Lagers waren grauenhaft. Die Nahrung reichte kaum, um die Insassen am Leben zu erhalten. Die Kleidung wurde selten gewaschen und noch seltener gewechselt. Im ganzen Lager wimmelte es von Fliegen und Läusen. Zum Schutz gegen die Kälte hüllten sich die Gefangenen, denn das waren sie, in papierne Zementsäcke von ihrer Arbeitsstelle. Die Zivilverwaltung war jedoch dagegen, dass die Säcke zu solchen Zwecken verwendet wurden, und so erhielten die Gefangenen auf Befehl des Lagerkommandanten zur Strafe Prügel, wenn sie sie dennoch benutzten. Als Strafe für dieses Vergehen gab es 25 Schläge, die in der Öffentlichkeit ausgeteilt wurden. Es gab keinen Arzt im Lager, und das Hospital unterstand einem Sanitäter, der im Frieden den Maurerberuf ausübte. Er führte alle Operationen mit einem Skalpell aus, das er zum Sterilisieren in Benzin tauchte. Einer der Insassen, der als Gehilfe dieses Sanitäters arbeitete, gab folgende Beschreibung von seinen Operationen:

> Persönlich bewunderte ich die Art, wie er an die Arbeit ging; aber da er aufs Geratewohl an Personen herumoperierte, die bereits dreiviertel tot waren, ist es nicht überraschend, dass sie alle starben. So operierte er zum Beispiel mit meiner Assistenz einen Jugoslawen, dessen Magen entsetzlich aufgebläht war, während der übrige Körper völlig abgemagert war. Der Sanitäter erklärte mir, dass der Magen voller Eiter sei. Er öffnete ihn, holte den Eiter heraus und nähte ihn wieder zu. Ich werde mein Lebtag nicht vergessen, wie der Patient drei Tage später, die jugoslawische Nationalhymne singend, starb. Der Sanitäter hatte ein Skalpell, mit dem er all seine Operationen ausführte. Er desinfizierte es mit Benzin, das er aus der Garage stahl. Er hatte außer-

> dem ein paar kleine Pinzetten und eine Schere. Es gab keine Betäubungsmittel, und so bekam auch niemand eine Narkose. Der Patient wurde entweder von mir festgehalten oder an den Tisch gebunden.

Der für das Lager verantwortliche Arzt erschien nur, um die Toten zu inspizieren und Totenscheine auszustellen. Niemals wurde er aus anderen Anlässen gerufen. Das Lagerpersonal war der Auffassung, dass es keine Rolle spielte, ob die Gefangenen starben oder nicht. Die Wachmannschaften selbst verhungerten indessen nicht. In zahlreichen Kriegsverbrecherprozessen gegen Angehörige der Wachmannschaften von Konzentrations- und Arbeitslagern wurde von der Verteidigung behauptet, der chaotische Zustand, der 1944 und in den ersten Monaten des Jahres 1945 in Deutschland herrschte, habe unvermeidlich zu einer starken Verschlechterung der Verhältnisse in diesen Lagern führen müssen. Das Lagerpersonal von Schandelah besaß indessen recht gute Kleidung und erhielt ausreichende Verpflegung. Von ihnen verhungerte keiner. Obgleich die SS mit den Arbeitern eine gemeinsame Küche hatte, wurde die SS-Verpflegung von einem besonderen Koch zubereitet. Die SS-Leute hatten täglich 500 Gramm Kartoffeln und 35 Gramm Butter, während es für die Arbeiter niemals Butter gab. Die Wachmannschaften bekamen täglich sechzig Gramm Wurst und vierzig Gramm Fleisch und hatten keine fleischlosen Tage. Einmal in der Woche bekamen sie Milchsuppe, für die fünfzig Liter Milch verwendet wurden. Weiter erhielten sie hundert Gramm Marmelade oder Kunsthonig. Täglich gab es 25 Gramm Käse, während die Arbeiter nur ganz selten einmal Käse bekamen. Und dabei leisteten die SS-Mannschaften keine schwere Arbeit.

Der entscheidende Unterschied zwischen dem Lagerpersonal und den Arbeitern war der: Die Angehörigen des Lagerpersonals wurden als Menschen betrachtet, die Arbeiter aber als Vieh, das man zu Tode schinden konnte. Die Arbeit war sehr schwer, besonders für Menschen, die halb verhungert und entsprechend geschwächt waren. Arbeiteten sie nicht schnell genug, wurden sie von ihrem Aufseher, einem Zivilisten, angezeigt. Waren die Häftlinge so schwach geworden, dass sie nicht mehr arbeiten konnten, wurden sie in Gruppen nach Neuengamme zurückgeschickt und durch kräftigere Männer ersetzt. Sie mussten sich buchstäblich zu Tode arbeiten, das heißt, sie schufteten bei Hungerrationen, bis sie entweder in Schandelah selbst starben oder arbeitsunfähig nach Neuengamme zurückgeschickt wurden, um dort zu sterben.

Der Kommandant, ein Mann namens Ebsen, war eine sadistische Bestie, und die übrigen Mannschaften nahmen sich ein Beispiel an ihm. Vor seinem Eintritt in die SS war er Wildhüter und Laienprediger gewesen und hatte sich für junge Leute interessiert, die auf die schiefe Bahn geraten waren. Er war es, der den Wachen den Befehl gab, alle Arbeiter zu schlagen, die sich zum Schutz gegen die Kälte Papiersäcke umhängten; diese Schläge wurden mit einer kleinen Gummipeitsche, dem »Schlag«, ausgeteilt. Er hatte unumschränkte Gewalt über Leben und Tod. Den Wachmannschaften hielt er Vorträge, in denen er erklärte, sie dürften sich mit den Insassen in keiner Weise einlassen, denn diese seien »Verbrecher« und »Abschaum«; und als »Abschaum« wurden sie auch von ihm behandelt. Er schlug alle und jeden während und außerhalb der Appelle.

Ebsen hatte einen tüchtigen Gehilfen in seinem Stellvertreter, einem gewissen Truschel, der »der Totschläger« hieß und anscheinend noch schlimmer als sein Kommandant war. Als einmal ein polnischer Gefangener in einer kalten Nacht schlafend im Kesselhaus gefunden wurde, schlug Ebsen ihn heftig mit einem Kabelende. Ein lettischer Gefangener wurde denunziert, weil er sich angeblich damit beschäftigte, Dolche herzustellen. Er wurde Truschel gemeldet, der ihn mit einem Revolver in den Kopf schoss und dazu meinte: »Dem werde ich beibringen, Waffen herzustellen. Der macht keine mehr.« Truschel trug stets eine Peitsche bei sich, und alle, die ihm ausgeliefert waren, lebten in ständiger Furcht. Ein anderer Angehöriger der Wachmannschaft war ein dicker Kerl, der im Zivilleben Kellner gewesen war; in seinem Prozess bezeichnete ihn einer der Zeugen als »fett wie ein Schwein«. Er lebte offensichtlich nicht von

Hungerrationen. Dieser Mann schlug die Gefangenen regelmäßig bei jeder Gelegenheit und unter jedem Vorwand und benutzte dabei einen Spaten oder ein Brett oder was ihm sonst gerade in die Hände kam. Er vollstreckte auch die Strafe von 25 Peitschenhieben, die für geringfügige Verletzungen der Disziplin verhängt wurde. Stets hielt er einen Teil der Lebensmittel zurück, die er an die Gefangenen ausgeben sollte.

Wie in allen anderen Konzentrations- und Arbeitslagern bestand auch in diesem Lager das Kaposystem. Der Kapo war in der Regel ein deutscher Krimineller, der aus einem der gewöhnlichen Konzentrationslager geholt und zum Vorgesetzten über andere Gefangene gemacht wurde. Er war für einen Barackenblock verantwortlich, und als Gegenleistung für die brutale Disziplin, der er seine Untergebenen unterwarf, wurde er besser behandelt; er brauchte nicht zu arbeiten, erhielt mehr Essen und bekam etwas zum Rauchen. Einer der Kapos in Schandelah war ein Mann namens Grosse; er leitete den Arbeitsdienst des Lagers, war also für die Arbeitseinteilung verantwortlich. Er hatte einen fragwürdigen Sinn für Humor, und wenn er einen besonders gebrechlichen Gefangenen sah – und in Schandelah musste man schon ein lebendes Skelett sein, um durch besondere Gebrechlichkeit aufzufallen –, sagte er zu ihm: »Du wirst bald ins Krematorium wandern.« Einer der Insassen, ein ehemaliger Direktor einer Zuckerfabrik in Frankreich, wurde von Grosse, der ihn über eine Strecke von achtzig Metern vor sich herjagte, ausgepeitscht. Jedes Mal, wenn der Gefangene hinfiel, wurde er hochgerissen und erneut geschlagen. Vier Stunden später war er tot.

Das war der Tageslauf der sogenannten Gefangenen dieses Lagers – wobei zu berücksichtigen ist, dass sie keine Kriminellen waren, obgleich auch das noch keine Rechtfertigung für eine solche Behandlung gewesen wäre. Es handelte sich um ganz gewöhnliche friedliche Bürger, die das Gesetz achteten und deren einziges Verbrechen es war, aus Ländern zu stammen, die von den deutschen Armeen überfallen worden waren. Deutschland brauchte sie eben zum Arbeiten, und so wurden sie, oft mitten in der Nacht, von Weib und Kind fortgerissen, in Züge verladen und nach einer qualvollen, manchmal fünf Tage dauernden Fahrt wie Stückgut auf einem Nebengleis eines Arbeitslagers ausgeladen, wo ein Sklavenleben ihrer harrte. Nur ganz Unerschrockene können davon geträumt haben, das alles jemals zu überstehen; viele müssen ihre letzte Fahrt ins Krematorium als glückliche Erlösung von einem Leben unerträglichen Elends erwartet haben.

Anfang 1943 erließ die Reichsregierung eine Direktive, wonach schwangere ausländische Arbeiterinnen nicht repatriiert werden sollten. Die örtlichen Behörden wurden stattdessen angewiesen, »einfachste, aber hygienisch einwandfreie« Möglichkeiten zur Entbindung zu schaffen. Ferner sollten Vorkehrungen für eine sofortige Unterbringung, Ernährung und Pflege der Kinder geschaffen werden, damit die Frauen gleich nach der Geburt in die Fabrik zurückkehren konnten, um weiter für Deutschland zu arbeiten.

Eine sehr große Anzahl ausländischer Arbeiter war in den Volkswagenwerken in der Nähe von Hannover beschäftigt, und im Februar 1943 richtete man auf dem Fabrikgelände in Wolfsburg ein »Kinderheim« ein, das zunächst von russischem Personal verwaltet wurde. Später wurde das Heim, das der Fürsorgeabteilung des Betriebes unterstand, der Obhut und Kontrolle des Betriebsarztes Dr. Korbel und einer Oberschwester namens Ella Schmidt anvertraut.[6] Schließlich verlegte man es in das zwölf Kilometer entfernte Rühen, wo es in Baracken untergebracht wurde. Es ist bekannt, dass dort vom April 1943 bis zum April 1945 400 Kinder starben, davon allein sechzig im August 1944. Anfangs wurden die Babys mit ihren Müttern aufgenommen, aber später bestand der Reichsarbeitsminister darauf, dass die Frauen spätestens vierzehn Tage nach der Entbindung die Arbeit Wiederaufnahmen. Von da an stieg die Sterblichkeit rapide an.

Der verantwortliche Arzt machte sich der vorsätzlichen und sträflichsten Vernachlässigung schuldig. Obgleich in diesem Heim im August 1944 bei 310 Zugängen 254 Todesfälle zu verzeichnen waren und die Sterblichkeit bis zum Jahresende weiter stieg, wurden Dr. Korbels Visiten immer seltener, bis er schließlich nur noch einmal in der Woche erschien. Er tat nichts, um den Rat eines Spezialisten für Kinderkrankheiten einzuholen. Niemals untersuchte er persönlich ein krankes Kind. Niemals wurde eine Leichenobduktion an einem der dort verstorbenen Säuglinge vorgenommen, und Dr. Korbel unterzeichnete und akzeptierte die von Anderen ausgestellten Todesscheine mit der frivolen Diagnose »Lebensschwäche«.

Die Oberschwester trieb es kaum oder gar nicht besser. Sie ging roh und brutal mit den Kindern um. Es mangelte an den primitivsten hygienischen Vorkehrungen selbst zu einer Zeit, als jeder Besucher über das massenweise Auftreten von Furunkeln und das Gewimmel der Wanzen entsetzt war. Sie gab zu, dass sie niemals nachts im Dienst war und auch nie überraschend nach dem Rechten sah. Wenn diese unglücklichen Säuglinge schließlich verlaust, über und über wund und von Diarrhöe geschwächt starben, blieben sie in einem kleinen Raum liegen, aus dem man sie dann schubweise herausholte, in Kartons verpackte und zum örtlichen Friedhof brachte, wo sie ohne jede Zeremonie verscharrt wurden. Die Mütter erhielten niemals eine Benachrichtigung, wenn ihr Kind in Lebensgefahr schwebte oder beerdigt wurde.

Aber das »Kinderheim« in Rühen war nicht das einzige dieser Art. 1944 herrschte in Deutschland infolge der Rückschläge an der Front eine kritische Situation in Bezug auf die Lebensmittelproduktion. Wie bereits erwähnt wurden zahlreiche Menschen aus Polen und der Sowjetunion zur Landarbeit nach Deutschland deportiert. Viele dieser Sklaven waren Frauen, und es dauerte nicht lange, bis sich die deutschen Bauern bei ihrem Ortsgruppenleiter darüber beklagten, dass die bei ihnen beschäftigten Polinnen durch Schwangerschaft, Entbindung und Stillen Zeit verlören. So wurde in der Gegend von Helmstedt ein Heim für Kinder solcher Frauen eingerichtet. Die Babys sollten ihren Müttern, notfalls durch Gewalt, ganz kurz nach der Geburt fortgenommen werden, damit die Frauen wieder zur Feldarbeit zurückkehren konnten.

Dieses Heim lag in Völpke und bestand aus zwei Baracken auf einem Bauernhof dieses Bezirks. Eine Frau namens Billien wurde von ihrem Ortsgruppenleiter, einem gewissen Gerike, trotz ihres Hinweises, dass sie als Lehrerin keinerlei Vorbildung für dieses Amt habe, als Oberschwester eingesetzt, und ein gewisser Hessling übernahm die Leitung der inneren Verwaltung mit Ausnahme der medizinischen Betreuung. Von Anfang an wurden die Babys aufs gröbste vernachlässigt, und die Sterblichkeit war hoch. Der örtliche Arzt, der das Heim mit betreuen sollte, verhielt sich roh und gleichgültig, und die Baracken waren für den Zweck gänzlich ungeeignet. Es gab keine fachkundige Betreuung, die Ernährung war unwissenschaftlich und schädlich, kranke Babys erhielten keine richtige ärztliche Pflege und wurden nicht von den gesunden getrennt. Die Baracken hatten Wellblechdächer, und im Sommer herrschte im Flachland bei Helmstedt eine derartige Hitze, dass die Babys entsetzlich litten.

Was Frau Billien an Geschick und Erfahrung mangelte, hätte sie durch Sorgfalt und Aufmerksamkeit ausgleichen können. Sie widmete ihren Pflichten jedoch nur einen kleinen Teil ihrer Zeit, nahm alle Mahlzeiten außerhalb des Heimes ein und schlief auch nicht dort; selbst tagsüber war sie oft viele Stunden lang abwesend und überließ die Kinder vier unerfahrenen russischen Mädchen und einer russischen Frau mit zweifelhaften Kenntnissen auf dem Gebiet korrekter Kinderpflege. Die Baracken waren verdreckt und verlaust, und obgleich die Babys bei ihrer Aufnahme gesund waren, hatten sie bald Wundstellen am Gesäß, eingefallene Wangen, spindeldürre Beine und eine »grünlich-blaue Farbe«. Ihre Kleidung wurde selten gewechselt, und ihre Ernährung war ungeregelt. Die Sterblichkeit war so hoch, dass vom Mai bis Dezember 1944 von 200 eingelieferten Kindern 84 starben. Auch in diesem Heim wurden die Leichen der Babys nicht sofort entfernt und beerdigt; man legte sie schließlich in Kartons, brachte sie mit Handwagen auf ein Feld hinter dem Friedhof und verscharrte sie dort. Das geschah jedoch derartig oberflächlich, dass man eines Tages einen Hund umherlaufen sah, der einen mit Haaren bedeckten Kinderschädel in der Schnauze trug. All diese Zustände waren den verantwortlichen Stellen bekannt, aber diese Kenntnis veranlasste sie nicht, irgendwelche Abhilfe zu schaffen.

Die Art und Weise, mit der diese und ähnliche Einrichtungen organisiert und verwaltet wurden, ist ein weiterer anschaulicher Beweis für die völlige Missachtung der Menschenrechte dieser nach Meinung der Nazis »minderwertigen« Wesen, die weder den Verstand noch das Glück hatten, als Deutsche zur Welt zu kommen. Hunderte unschuldiger Kinder mochten an Krankheit und Hunger zugrunde gehen; Tausende harmlose Männer und Frauen mochten sich zu Tode arbeiten, und Millionen Juden mochten vernichtet werden – was machte das schon aus, wenn es dazu diente, Hitlers Prophezeiung vom »tausendjährigen« Dritten Reich wahr zu machen.

VI Konzentrationslager

Schon lange vor der Invasion Polens 1939 stand das Konzentrationslagersystem in Deutschland selbst in voller Blüte. Unter Himmler hatte sich seine Organisation vervollkommnet, und seine Methoden waren schon im Frieden an den eigenen Landsleuten erprobt und praktiziert worden.

Durch den Erlass des Reichspräsidenten vom 28. Februar 1933 – Hitler hatte es mit solchen Dingen immer sehr eilig – wurde das Prinzip der »Schutzhaft« in das Justizwesen des Dritten Reiches eingebaut. Jeder, dem auch nur im entferntesten eine aktive Opposition gegen das neue Regime zuzutrauen war, konnte auf diese Weise unschädlich gemacht werden, und im Laufe der nächsten sechs Jahre kamen Tausende Deutsche zur »Behandlung« in Konzentrationslager, aus denen es für viele keine Rückkehr in die Freiheit gab.

Die Gestapo war mit der Aufgabe betraut, »alle Feinde der Partei und des Staates zu beseitigen«, und durch die Tätigkeit dieser Organisation erhielten die Konzentrationslager ihre Insassen, während die SS die Wachmannschaften stellte. In dem vorliegenden Kapitel wird nun beschrieben, wie diese in den Jahren vor 1939 im eigenen Land geschmiedete und erprobte Waffe dann im Krieg dazu benutzt wurde, die Einwohner der besetzten Gebiete zu terrorisieren und zu Millionen zu vernichten.

Bei Ausbruch des Krieges gab es in Deutschland sechs Konzentrationslager mit insgesamt etwa 20 000 Gefangenen. In den nächsten beiden Jahren wurden weitere Lager gebaut, und einige sind inzwischen für jeden zu einem Begriff geworden: Auschwitz, Belsen, Buchenwald, Flossenberg, Mauthausen, Natzweiler, Neuengamme, Ravensbrück und Sachsenhausen.

Während des Krieges wurden den niedrigsten Berechnungen zufolge zwölf Millionen Männer, Frauen und Kinder aus den überfallenen und besetzten Gebieten von den Deutschen umgebracht. Nach einer vorsichtigen Schätzung kamen acht Millionen davon in Konzentrationslagern um. Von ihnen sprach Sir Hartley Shawcross, der britische Hauptankläger im Prozess gegen die Hauptkriegsverbrecher, als er in seiner Schlusserklärung sagte:

> Zwölf Millionen Morde! Zwei Drittel der Juden Europas vernichtet – mehr als sechs Millionen von ihnen, nach eigenen Angaben der Mörder. Das Morden wurde betrieben wie eine Industrie der Massenproduktion in den Gaskammern und Verbrennungsöfen von Auschwitz, Dachau, Treblinka, Buchenwald, Mauthausen, Maidanek und Oranienburg.

In diese Lager brachte man Millionen Menschen aus den besetzten Gebieten: einen Teil, weil sie Juden waren, andere als deportierte Sklavenarbeiter, die nicht mehr arbeitsfähig schienen; ferner sowjetische Kriegsgefangene, Opfer des »Kugelerlasses« und Nacht-und-Nebel-Gefangene. Unter den schmutzigsten und entwürdigendsten Bedingungen wurden sie zusammengepfercht und tyrannisiert, geschlagen und gefoltert; man ließ sie hungern und vernichtete sie schließlich durch Arbeit oder »beseitigte« sie, wie die Deutschen es nannten, durch Massenhinrichtungen in den Gaskammern.

Die Konzentrationslager hatten eine äußerst abschreckende Wirkung auf die Öffentlichkeit, und das war sorgfältig geplant. Ursprünglich hatte man in Deutschland selbst den Schleier des Geheimnisses und die von offizieller Seite ausgestreuten Gerüchte bewusst dazu benutzt, die Furcht vor dem Unbekannten und Ungewissen zu steigern. Es gab viele, die nicht wussten, was hinter den Stacheldrahtzäunen vor sich ging, aber nur wenige, die es nicht ahnten. Es war nicht beabsichtigt, den Schleier dieses Geheimnisses jemals ganz zu lüften. Einigen wenigen Privilegierten gab man gelegentlich einen kleinen Einblick, und die vielen Zivilisten, die in den Konzentrations- und Arbeitslagern beschäftigt waren, haben ihren Verwandten und Freunden in der Außenwelt sicherlich das eine oder andere erzählt. Aber Deutschlands Gegner sollten niemals greifbare Beweise für die begangenen Verbrechen vorfinden, und es war geplant, all diese Lager zu zerstören und die noch lebenden Insassen zu vernichten, was nur durch den raschen Vormarsch der Alliierten und den chaotischen Zusammenbruch des Naziregimes verhindert wurde. Die Welt hat inzwischen die ganze Tragik dieses Geschehens erfahren. Die Geretteten schilderten ihre Erlebnisse, und die Lager selbst legten Zeugnis ab von den Schrecken, deren stumme Zeugen sie waren. Die Menschen, die als erste diese Lager betraten, werden das Grauen des Anblicks, der sich ihnen dort bot, nie mehr los werden. Im Folgenden wird versucht, die Zustände in einigen dieser Lager und das menschenunwürdige, qualvolle Dasein der Häftlinge zu beschreiben.

Auschwitz

Die etwa 250 Kilometer südwestlich von Warschau gelegene kleine polnische Stadt Auschwitz (Oświęcim) mit ihren 12000 Einwohnern war bis zum Krieg außerhalb Polens völlig unbekannt. Ihre geografische Lage war äußerst ungünstig. Auf der Sohle eines flachen Beckens gelegen, hatte die von stehenden Gewässern umgebene Stadt ein feuchtes, ungesundes Klima. Es ist daher nicht überraschend, dass dieses nebelige Moorland rund um Auschwitz weiter nicht bewohnt war. Es wurde, wie einmal jemand sagte, »seit tausend Jahren vom Leben gemieden, da der Tod dort auf der Lauer lag«. Hatte der Tod dort tausend Jahre auf der Lauer gelegen, so nicht umsonst, denn hier errichteten die Deutschen das »Konzentrationslager Auschwitz«, wo zeitweise täglich 10000 Menschen durch die Gaskammer gingen und nach den eigenen Berechnungen des Kommandanten im Ganzen nicht weniger als drei Millionen auf die eine oder andere Art getötet wurden.

Als das Lager erstmalig in Betrieb genommen wurde, umfasste es sechs alte Baracken und eine verfallene Tabakfabrik, doch später wurde es stark erweitert. Am 1. Mai 1940 wurde der SS-Hauptsturmführer Rudolf Franz Ferdinand Höß befördert und von Sachsenhausen, wo er seit 1938 Adjutant des Lagerkommandanten gewesen war, nach Auschwitz versetzt. Dem Lager Auschwitz war eine wichtige Rolle zugedacht, hauptsächlich bei der Niederhaltung der Opposition gegen das Besatzungsregime der Nazis in Polen, das von den Einwohnern dieses unglücklichen Landes nicht gerade freudig hingenommen wurde. So musste man sich nach einem Kommandanten Umsehen, der seine Sache verstand. Höß besaß die notwendigen Eigenschaften, und es dürfte ihm nicht schwergefallen sein, in die engere Wahl zu kommen. Nach der Teilnahme am Ersten Weltkrieg arbeitete er bis 1923 auf Bauernhöfen in Schlesien und Schleswig-Holstein; dann beteiligte er sich an einem Mord, für den er zu zehn Jahren Gefängnis verurteilt wurde. Fünf Jahre später wurde er freigelassen und begnadigt, und 1932 trat er in München in die NSDAP ein. Als Führer eines Reitersturms der SS auf einem Bauernhof in Pommern zog er 1933 bei einer Inspektion die Aufmerksamkeit Himmlers auf sich, der ihn auf Grund seiner Erfahrungen und seiner Einstellung für geeignet hielt, einen Verwaltungsposten in einem Konzentrationslager zu erhalten. Von da an war seine Zukunft gesichert. 1934 kam er nach Dachau, wo er seine Laufbahn als Blockführer im Schutzhaftlager begann und mehrere Jahre blieb, bis er 1938 nach Sachsenhausen versetzt wurde.

Im Jahre 1941 inspizierte Himmler Auschwitz und gab Anweisung, das Lager zu erweitern und die umliegenden Sümpfe trockenzulegen. Gleichzeitig wurde in dem benachbarten Birkenau ein neues Lager für 100 000 sowjetische Gefangene eingerichtet. Von da an stieg die Zahl der Häftlinge mit jedem Tag, obgleich die Unterbringungsmöglichkeiten nicht ausreichten. Die ärztliche Betreuung war ungenügend, und Epidemien waren an der Tagesordnung.

Das Haupttor des Konzentrationslagers Auschwitz

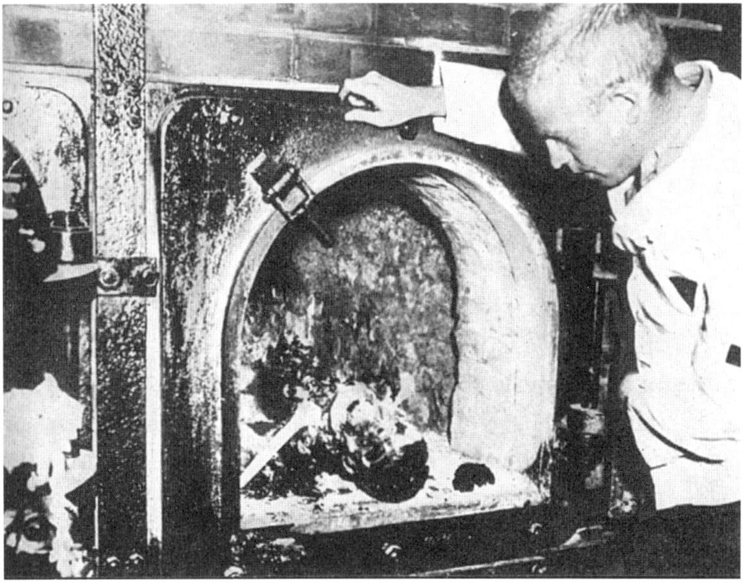

Ein Verbrennungsofen in Buchenwald

1941 traf aus der Slowakei und Oberschlesien der erste Judentransport ein, und von Anfang an wurden alle Arbeitsunfähigen in einem Raum des Krematoriumsgebäudes vergast. Noch im gleichen Jahr wurde Höß nach Berlin beordert, wo ihm Himmler mitteilte, Hitler habe die »Endlösung« der Judenfrage in Europa befohlen. Da die anderen Vernichtungslager in Polen für unzureichend erachtet wurden und nicht vergrößert werden konnten, erhielt Höß den Auftrag, nach Treblinka zu fahren und das dortige Vernichtungsverfahren zu inspizieren.

Im Frühjahr 1942 besichtigte er Treblinka, und die dort angewandten Methoden erschienen ihm primitiv. Man benutzte kleine Kammern, in die durch Röhren die Auspuffgase von Verbrennungsmotoren geleitet wurden. Diese Verfahren war unzuverlässig, da die Motoren aus alten erbeuteten Transportfahrzeugen und Panzern stammten und oft versagten. Die Termine des Vergasungsprogramms waren daher nicht eingehalten worden, obgleich man nach den Angaben des Kommandanten in den letzten sechs Monaten 80 000 Menschen vergast hatte. Das genügte Himmler, der gerade dabei war, das Warschauer Ghetto zu räumen, nicht.

So wurde man sich einig, dass das Lager von Auschwitz am geeignetsten für diese Zwecke war. Es lag an einem Knotenpunkt vier verschiedener Eisenbahnlinien, und da die Umgebung nicht dicht besiedelt war, konnte es von der Außenwelt völlig abgeschlossen werden. Man gab Höß vier Wochen Zeit zur Ausarbeitung seines Planes und wies ihn an, sich mit SS-Obersturmbannführer Eichmann, einem ziemlich maßgeblichen Beamten im Amt Vier[1] des RSHA, in Verbindung zu setzen. Eichmann sollte mit Höß die Entwürfe für das Vernichtungsprogramm bearbeiten.

Die Zahl der Transporte begann zu steigen, und da die zusätzlichen Krematorien nicht vor Jahresende fertig sein konnten, wurden die neueingelieferten Opfer in provisorischen Gaskammern vergast und dann in Gruben verbrannt. Zwei abgelegene alte Bauernhäuser in der Nähe von Birkenau wurden luftdicht gemacht und mit starken Holztüren versehen. Die Transporte wurden auf einem

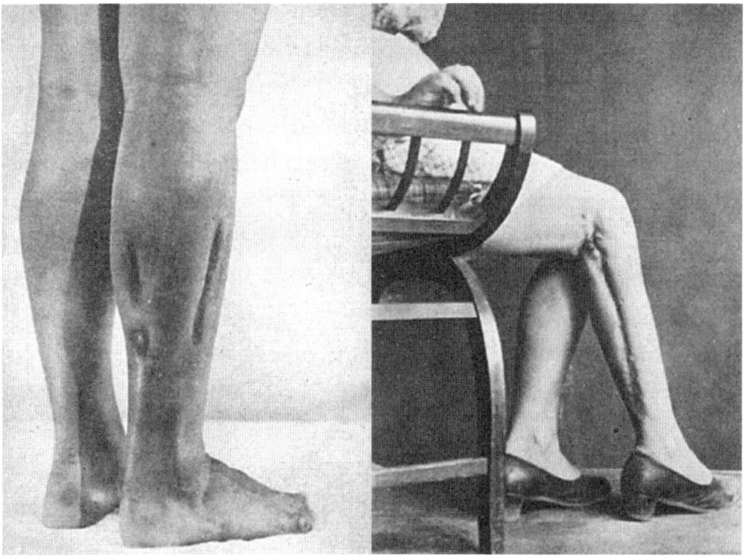

Auschwitz: Beine polnischer Frauen, die durch Versuchsoperationen entstellt wurden

Auschwitz: Prothesen von Opfern der Gaskammern

Nebengleis in Birkenau ausgeladen, von wo man die arbeitsfähigen Gefangenen sofort in die Lager von Auschwitz und Birkenau brachte. Alle übrigen wurden vergast; soweit sie gehen konnten, mussten sie zu der einen Kilometer entfernten Vergasungsanlage marschieren. Die Kranken und Gehbehinderten wurden mit Lastautos abtransportiert.

Vor dem Bauernhaus mussten sich die Opfer hinter Lattenverschlägen ausziehen. An der Tür stand »Desinfektionsraum«, sodass die Gefangenen den Eindruck gewannen, sie sollten in dem Gebäude entlaust werden. Waren sie entkleidet, trieb man sie hinein, und zwar je nach der Größe des Transportes immer etwa 250 Menschen auf einmal. Dann wurden die Türen verschlossen, und mit Hilfe eigens hierfür konstruierter Vorrichtungen in den Wänden warf man ein bis zwei Behälter »Zyklon B« hinein. Das Zyklon B, das allgemein für diesen Zweck verwendet wurde, enthielt eine einfache Blausäureverbindung. Die Zeit, die zur Tötung der Opfer erforderlich war, variierte je nach den Wetterverhältnissen; gewöhnlich dauerte es bis zu zehn Minuten.

Eine halbe Stunde später öffnete man die Türen, und die Toten wurden durch das dort ständig beschäftigte Häftlingskommando herausgeholt und dann in Gruben verbrannt. Vor ihrer Verbrennung entfernte man die Goldzähne und Ringe. Zwischen die Leichen wurde Brennholz gelegt, und wenn etwa hundert Menschenleiber in der Grube lagen, wurde das Holz durch Lumpen, die man in Paraffin getaucht hatte, zum Brennen gebracht. War das Feuer richtig in Gang gekommen, wurden weitere Leichen daraufgeschichtet. Das Fett, das sich am Boden der Gruben sammelte, wurde bei Regenwetter mit Kübeln in die Flammen geschüttet, damit das Feuer nicht ausging. Man brauchte unter diesen Bedingungen sechs bis sieben Stunden, um eine Grube voll Leichen zu verbrennen, und im Lager war der Geruch des brennenden Fleisches selbst gegen den Wind wahrzunehmen. Waren die Gruben ausgeräumt, wurden die Gebeine zerschlagen. Dies geschah durch Gefangene aus dem Lager: Die Knochen wurden auf einen Zementfußboden gelegt und mit schweren Holzhämmern zerkleinert. Was übrigblieb, wurde mit Lastwagen zur Weichsel gebracht und ins Wasser geworfen.

Diese Schilderung beruht auf einer Erklärung, die Höß selbst im März 1946 abgab. Sie bezieht sich auf das provisorische Verfahren, dessen man sich bediente, solange die neuen Gaskammern noch nicht fertig waren. Im Folgenden werden an Hand der gleichen Quelle die verbesserten Methoden beschrieben, zu denen man überging, nachdem Ende 1942 zwei der vier neuen großen Krematorien fertiggestellt worden waren.

Nun trafen auch die ersten Massentransporte aus Belgien, Frankreich, Holland und Griechenland ein, und ihre Abfertigung ging folgendermaßen vor sich: Der Zug fuhr auf eine eigens hierfür gebaute Rampe, die auf halbem Wege zwischen dem Lagerdepot und dem Lager Birkenau lag. Auf dieser Rampe sortierte man die Gefangenen und schaffte ihr Gepäck fort. Die Arbeitsfähigen kamen in eins der verschiedenen Lager; die zur Vernichtung vorgesehenen Arbeitsunfähigen wurden in eins der neuen Krematorien gebracht. Zunächst führte man die Opfer in einen großen unterirdischen Umkleideraum, der an die Gaskammer grenzte. Dieser Raum war mit Bänken und Kleiderhaken ausgestattet, und den Gefangenen wurde durch Dolmetscher erklärt, sie würden ein Bad nehmen und entlaust werden, und sie sollten sich gut merken, wohin sie ihre Kleider gehängt hätten. Dann führte man sie in einen anderen Raum, der mit Duschen ausgestattet war, um den vorangegangenen Ausführungen der Dolmetscher Glaubwürdigkeit zu verleihen. Durch diese Vorkehrungen wollte man den Ausbruch einer Panik verhüten, und bis zum letzten Augenblick blieben zwei Unterführer bei den Gefangenen, um bei etwaigen Unruhen sofort eingreifen zu können.

Trotzdem wussten die Gefangenen manchmal, was ihnen bevorstand, besonders wenn es sich um Transporte aus Belsen handelte. In Belsen gab es keine Gaskammern, und wenn die Gefangenen aus diesem in Westdeutschland gelegenen Lager viele Kilometer weit in östlicher Richtung fuhren und schließlich in Oberschlesien ankamen, erregte das bei ihnen großen Argwohn. Aus diesem Grunde wurden beim Eintreffen von Transporten aus Belsen die Sicherheitsvorkehrungen verschärft. Um Unruhen zu verhüten, teilte man die Gefangenen in kleinere Gruppen auf und schickte sie in verschiedene Krematorien. SS-Männer bildeten einen starken Kordon und trieben Gefangene, die sich sträubten, gewaltsam in die Gaskammer. Es kam indessen nicht oft zu Unruhen, und die Vorkehrungen, die ergriffen wurden, um die Neuankömmlinge in Sicherheit zu wiegen, waren gewöhnlich erfolgreich. Ein Fall ernster Unruhen wurde von Höß in seiner Erklärung wie folgt beschrieben:

> An einen Zwischenfall erinnere ich mich besonders gut. Es war ein Transport aus Belsen eingetroffen, und zwei Drittel davon, hauptsächlich Männer, waren bereits in der Gaskammer, während sich ein Drittel noch im Umkleideraum befand. Als drei oder vier SS-Unterführer den Umkleideraum betraten, um die Gefangenen zu veranlassen, sich mit dem Entkleiden zu beeilen, brach eine Meuterei aus. Die Lichtleitungen wurden heruntergerissen und die SS-Männer überwältigt und entwaffnet; einer von ihnen wurde erstochen. In dem völlig dunklen Raum kam es zu einer wilden Schießerei zwischen dem Posten am Ausgang und den Gefangenen drinnen. Als ich eintraf, ließ ich die Türen schließen und die Vergasung der ersten Gruppe zu Ende führen, dann ging ich mit dem Wachposten in den Raum. Wir hatten kleine Laternen bei uns und trieben die Gefangenen in eine Ecke, aus der sie dann einzeln in einen anderen Raum des Krematoriums geholt und auf meinen Befehl mit Kleinkaliberwaffen erschossen wurden.

Oft versteckten die Frauen ihre Kinder zwischen den Kleidern, die sie an die Haken hängten, und nahmen sie nicht mit in die Gaskammer. Die Angehörigen des Häftlingskommandos mussten daher stets unter Aufsicht der SS die Kleider durchsuchen, und wenn dort Kinder versteckt waren, wurden sie in die Gaskammer gebracht. In den neuen, verbesserten Kammern schaltete man eine halbe Stunde nach dem Einströmen des Gases einen elektrischen Ventilator ein und beförderte die Toten mit einem Lift in die Verbrennungsöfen. Die Verbrennung von ungefähr 2000 Leichen in fünf Verbrennungsöfen dauerte zwölf Stunden. Die Kleider und die übrige Habe der Gefangenen wurden in der Effektenkammer von einem Häftlingskommando sortiert, das dort ständig untergebracht und beschäftigt war. Jeden Monat ging eine Sendung Wertgegenstände an die Reichsbank in Berlin. Die Kleider wurden gereinigt und dann den Rüstungsfirmen für ihre Sklavenarbeiter zur Verfügung gestellt. Das Zahngold wurde eingeschmolzen und in monatlichen Lieferungen an die Medizinische Abteilung der Waffen-SS geschickt.

Im Dezember 1943 verließ Höß das Lager Auschwitz, aber die unmenschliche Vernichtung nahm ihren Fortgang. Höß selbst übernahm einen SS-Verwaltungsposten in München unter Obergruppenführer Pohl.[2] In dieser Funktion nahm er häufig Inspektionen der Konzentrationslager vor, und ein großer Teil unserer Informationen über diese Einrichtungen stammt von ihm. Durch ihn wissen wir, dass nicht weniger als drei Millionen Menschen in Auschwitz umgebracht wurden, davon 2,3 Millionen mit Hilfe der Gaskammern. Durch ihn wissen wir, dass in Auschwitz zu der Zeit, als er dort Kommandant war, auf Grund einer einzigen Instruktion 70 000 sowjetische Kriegsgefangene umgebracht wurden. Er war es auch, der im Jahre 1943 zeitweilig täglich 10 000 Gefangene in die Gaskammern schickte. Die Todestransporte nach Auschwitz umfassten unter anderem 90 000 Menschen aus der Slowakei, 65 000 aus Griechenland, 11 000 aus Frankreich, 20 000 aus Belgien, 90 000 aus Holland, 400 000 aus Ungarn, 250 000 aus Polen und Oberschlesien und 100 000 aus Deutschland. So erwarb sich Auschwitz den Namen »Todeslager«. »Arbeit macht frei« stand über dem Haupttor. Dantes *Inferno* hatte eine passendere Inschrift: »Ihr, die Ihr hier eintretet, lasset alle Hoffnung fahren.« Ein SS-Mann, der in Auschwitz tätig war, gab folgende Beschreibung:

> Schon der bloße Anblick der straff gezogenen hohen doppelten Stacheldrahtzäune mit den Warnungstafeln ›Vorsicht! Gefahr!‹, die Wachtürme, auf denen Posten mit Maschinengewehren und Maschinenpistolen standen, und die leblosen kahlen Ziegelsteinblocks stürzten jeden Neuankömmling in tiefe Hoffnungslosigkeit, denn er erkannte, dass es von hier keine Rückkehr in die Freiheit für ihn geben würde. Und in der Tat gab es nur wenige, die dort kein qualvolles Ende

fanden. Viele begingen nach wenigen Tagen Selbstmord. Waren sie draußen im Arbeitseinsatz, liefen sie durch die Postenkette, um erschossen zu werden, oder sie ›gingen in den Draht‹, wie es in der Lagersprache hieß. Ein Hochspannungsschlag, eine Salve aus einem Maschinengewehr, und der Tod rettete sie vor den bevorstehenden Martern. Immer, wenn des Nachts Schüsse zu hören waren, wusste jeder, dass die Verzweiflung wieder einmal einen Menschen in den Draht getrieben hatte und dass er nun, in Lumpen gehüllt, als lebloses Bündel in der sogenannten neutralen Zone lag. Das war ein zwei Meter breiter Kiesstreifen längs des inneren Stacheldrahtverhaues, und jeder, der diesen Streifen betrat, wurde erschossen. Andere fand man morgens mit ihrem Gürtel an der Bettstelle erhängt auf. In solchen Fällen meldete der für die Ordnung in dem Block verantwortliche Gefangene dem Lagerkommandanten die Zahl der Selbstmorde. Der ›Identifizierungsdienst‹ eilte dann zum Schauplatz und fotografierte die Leiche von allen Seiten; von den andern Bewohnern des Raumes forderte man Erklärungen, um sich zu vergewissern, ob der bejammerswerte Selbstmörder nicht vielleicht von andern Lagerinsassen ermordet worden war. Die verlogene Scheinheiligkeit, die bei diesen Gelegenheiten an den Tag gelegt wurde, war nicht zu überbieten. Als ob die SS-Behörden eines Lagers, in dem täglich Tausende Menschen systematisch ermordet wurden, auch nur im geringsten an dem Schicksal eines einzelnen Unglücklichen interessiert gewesen wären!

In allen Konzentrationslagern wurden die unteren Funktionen im Allgemeinen von deutschen Berufsverbrechern ausgeübt, die aus den Zivilgefängnissen geholt und von erfahrenen SS-Mannschaften der Konzentrationslager speziell für ihre Arbeit ausgebildet wurden. Auschwitz bildete keine Ausnahme, und als erste trafen dort dreißig Kriminelle ein, aus denen man den Stamm des untergeordneten Personals bilden wollte: Lagerälteste, Blockälteste, Stubendienst und Kapos[3] Diese Leute waren Verbrecher vom übelsten Schlag und hatten im Allgemeinen lange Strafen für Gewaltverbrechen zu verbüßen. Gab es geeignetere Handlanger zur Verwirklichung der verbrecherischen Pläne Himmlers? Vierzehn Tage später wurden die ersten Polen eingeliefert, und eine Zeitlang waren nur polnische Gefangene in Auschwitz interniert. Im ganzen aber befanden sich in den Jahren seines Bestehens Gefangene 26 verschiedener Nationalitäten dort, und zum Schluss, als das Lager fast ausschließlich der Vernichtung diente, waren es in der Mehrheit Juden. Wenige dieser Menschen hatten sich jemals irgendetwas zuschulden kommen lassen: Sie befanden sich lediglich deshalb dort, weil sie Polen, Juden, Zigeuner oder sowjetische Kriegsgefangene waren.

Wer nicht für die sofortige Vernichtung vorgemerkt war, wurde registriert und erhielt eine Nummer. Diese Nummern wurden auf die Häftlingskleidung genäht und von 1942 an auf dem Oberarm eintätowiert. Es gab auch besondere Kennzeichen für bestimmte Häftlingskategorien: ein rotes Dreieck für die politischen Häftlinge, ein grünes für die Berufsverbrecher, ein rosafarbenes für die Homosexuellen, ein schwarzes für Prostituierte und Lesben[4] und ein violettes für Geistliche. Die Juden trugen den Davidstern. Vom Augenblick ihrer Registrierung an verloren sie jede Individualität und waren fortan nur noch Nummern. Sie existierten weder als Persönlichkeit, noch besaßen sie irgendwelches Eigentum.

All ihre Habe wurde beschlagnahmt und in der Effektenkammer aufbewahrt, ausgenommen gewisse Dinge, für die es besondere Bestimmungen gab, und all die Gegenstände, die das SS-Personal und die Wachen für sich oder ihre Familien raubten. Es gab in diesem Lager 35 besondere Gebäude zur Sortierung und Lagerung der persönlichen Habe, und man gewinnt eine Vorstellung von der Menge des beschlagnahmten Eigentums, wenn man sich vergegenwärtigt, dass nach dem Abzug der Deutschen – obwohl sie vor der Räumung des Lagers noch 29 dieser Depots mit ihrem Inhalt hatten verbrennen können – in den restlichen Gebäuden noch folgende Artikel gefunden wurden: 348 820 Anzüge, 836 255 Stück vollständige Frauenkleidung, 5 525 Paar Damenschuhe, Tausende Zahnbürsten, Rasierpinsel und Brillen sowie alle möglichen Küchengeräte und sogar Prothesen.

War schon das gewöhnliche Leben im Lager von Auschwitz unerträglich schwer, so musste man bei den Strafen, wenn sie wirksam sein sollten, noch grausamer vorgehen. Der Lagerverwaltung scheint das keinerlei Schwierigkeiten bereitet zu haben. Folgende Strafen wurden regelmäßig vom Kommandanten verhängt: Auspeitschen, Versetzen in ein Strafkommando, stundenlanges Stehen oder Knien und die »Stehzelle«. Diese Zellen waren so eng, dass sich die Gefangenen nicht rühren konnten und die ganze Zeit aufrecht stehen mussten. In Birkenau glichen ihre Eingänge den Öffnungen von Hundehütten; sie waren gerade groß genug, dass ein Mensch hindurchkriechen konnte. Außer dem Einsperren in der Stehzelle gab es noch alle möglichen Folterungen wie Entfernung von Fingernägeln, Wasser in die Ohren gießen und tagelanger Entzug der Nahrung mit Ausnahme von übermäßig salzigem Gemüse, das den Durst steigern sollte.

Das Auspeitschen erfolgte auf einem speziell hierfür konstruierten Auspeitschungsbock in aller Öffentlichkeit beim Abendappell. Das Opfer wurde dabei mit einer Lederpeitsche auf das Gesäß geschlagen. Obgleich das Gesäß nach den Vorschriften bekleidet sein sollte, wurden die Gefangenen in Wirklichkeit auf die bloße Haut gepeitscht, bis das Blut floss. Fiel der oder die Gefangene in Ohnmacht, machte man Wiederbelebungsversuche, um die Bestrafung zu Ende zu führen. Beim Strafstehen, das vor allem über Frauen verhängt wurde, mussten die Opfer lange Zeit strammstehen, ohne etwas zu essen zu bekommen. Wurden sie zum Knien verurteilt, mussten sie dabei gleichzeitig mit ausgestreckten Armen in jeder Hand einen schweren Stein halten. Ließen die Gefangenen die Arme sinken oder die Steine fallen, wurden sie geschlagen. In dem berüchtigten »Block 11« war die Strafkompanie untergebracht. Die folgende Schilderung dieses Gebäudes gab ein ehemaliger Angehöriger der Lagerverwaltung :

> Von außen gesehen, unterschied der Block sich kaum von den andern 28 Gebäuden, die als Gefangenenunterkünfte oder als Küchen und Krankenstation dienten. Ein paar harmlos aussehende Steinstufen führten zum Vordereingang hinauf. Im Gegensatz zu den anderen Blocks war im Block 11 die Tür stets verschlossen. Wenn geläutet

wurde, erschien ein Posten, dessen Schritte schon von weitem in dem scheinbar verlassenen Gebäude widerhallten. Er betrachtete jeden, der kam, argwöhnisch durch das kleine Gitter, ehe er ihn hereinließ. Im Halbdunkel des Korridors konnte man dann ein schweres eisernes Gittertor erkennen, das den Hauptteil des Gebäudes abzuschließen schien. Schon von draußen war man betroffen, wenn man sah, dass die Fenster fast völlig zugemauert waren und nur durch einen schmalen Spalt Licht hereinließen. Stellte man dann noch fest, dass die Fenster des Nebenblocks mit hölzernen Schrägblenden verriegelt waren, war man überzeugt, dass es damit eine besondere Bewandnis hatte.

In diesem finsteren, abschreckend aussehenden Gebäude wohnten die Häftlinge der Strafkompanie, wenn sie nicht draußen im Arbeitseinsatz waren. Sie arbeiteten stets bei Wind und Wetter im Freien, oft bis zur Hüfte im Wasser stehend. Waren sie nicht im Arbeitseinsatz, lagen sie die ganze Nacht in eiskalten Räumen auf dem nackten Fußboden. Der Krankenstand war unter diesen Bedingungen sehr hoch, und da aus dem Block 11 niemand ins Revier eingeliefert werden durfte, starben viele von ihnen.

Eine noch weit größere Zahl der Insassen aber starb eines gewaltsamen Todes. Der Blockführer, ein Mann namens Krankenmann, tötete eigenhändig viele Gefangene. Seine Opfer mussten sich an einer Steinmauer in einer Reihe aufstellen, dann schlug er sie derart heftig ins Gesicht, dass ihnen die Kiefer brachen und der Hinterkopf beim Aufprallen auf die Mauer zerschmettert wurde. Wurden die Insassen arbeitsunfähig, sonderte man sie aus und ermordete sie. Die Auslese erfolgte bei Sonderappellen. Die Kranken und Alten, die den Zweck des Appells kannten, versuchten, gesund und jünger auszusehen. Sie hielten sich grade und drückten die Brust heraus. Wer herausgegriffen wurde, kam in einen der separaten Blocks, die bei den Gefangenen »Todesblocks« hießen.

Das Vergasen war nicht die einzige Methode, mit der die überflüssigen Gefangenen umgebracht wurden. SS-Obersturmführer Dr. Entress erfand das Verfahren, die Menschen durch Phenolspritzen zu töten.[5] Andere Angehörige des medizinischen Lagerpersonals assistierten ihm dabei, und gemeinsam ermordeten sie auf diese Weise nicht weniger als 25 000 Gefangene. Die Injektionen wurden folgendermaßen verabreicht:

> Der Verurteilte musste sich auf einen Stuhl setzen, der einem zahnärztlichen Behandlungsstuhl glich; dann hielten zwei Gefangene seine Hände fest, während ein dritter ihm mit einem Handtuch die Augen verband und seinen Kopf festhielt. Dann kam Dr. Klehr und jagte ihm eine lange Nadel in die Brust. Der Gefangene starb nicht sofort, sondern es wurde ihm zunächst schwarz vor den Augen. Andere Gefangene, die bei der Injektion assistiert hatten, führten den halb Bewusstlosen dann in einen Nebenraum und legten ihn auf den Fußboden, wo er in weniger als einer halben Minute starb.[6]

Eine dritte Vernichtungsmethode bestand im Erschießen. Diese Hinrichtungen waren Sache der politischen Abteilung. Sie unterstand dem SS-Untersturmführer Grabner, der persönlich wohl für mehr Morde verantwortlich war als irgendeine andere Einzelperson in der ganzen SS. Einer, der ihn kannte, gab folgende Beschreibung von ihm:

Ilse Koch, die Frau des Kommandanten von Buchenwald

> Im Büro der politischen Abteilung sind alle Beamten und Schreiber der Abteilung versammelt. Der Chef, SS-Untersturmführer Ernst Grabner, hat eine offizielle Besprechung mit ihnen. Hinter seinem riesigen Schreibtisch gibt dieser mittelgroße Mann mit seinem österreichischen Akzent wichtigtuerisch an. Seine zusammenhanglosen Sätze und sein schlechtes Deutsch lassen er-

kennen, dass man es trotz der silbernen Epauletten mit einem gänzlich Ungebildeten zu tun hat. Die Eingeweihten wissen, dass er im zivilen Leben auf irgendeiner Alm in den Alpen die Kühe hütete. Jetzt trägt er stolz die Spiegel des Sicherheitsdienstes [...]. Er ist unzufrieden mit der Arbeit seiner Abteilung. Es werden zu wenig Gefangene denunziert, zu wenig zur Hinrichtung vorgeschlagen. Er wirft seinen Untergebenen Nachsichtigkeit vor. Sein Befehl, in Zukunft brutaler vorzugehen, wird mit einem dumpfen Zusammenschlagen der Hacken beantwortet. Grabner ist durch seine skrupellose Rücksichtslosigkeit, seinen Ehrgeiz und seinen Geltungstrieb der erste Mann des Lagers geworden. Selbst der Kommandant Höß, dem es an sadistischer Grausamkeit nicht mangelt und der völlig frei von Skrupeln ist, hütet sich sorgsam davor, es mit ihm zu verderben.

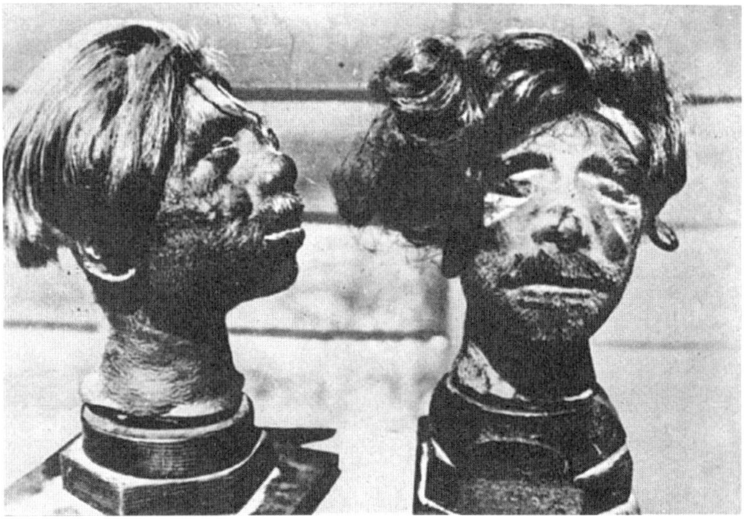

In Buchenwald gefundene Schrumpfköpfe

Grabner ließ täglich Massenhinrichtungen vornehmen und führte auch das Genickschussverfahren ein, das allgemein von der SS in ganz Europa angewandt wurde. Seine wichtigsten Mitarbeiter waren Karl Fritzsch, Gerhard Palitsch und Hans Aumeier. Fritsch pflegte die Neuankömmlinge mit folgenden Worten zu begrüßen:

Der Führerschein Josef Kramers

Von der Gestapo in Belgien benutzte Daumenschraube

> Ich mache euch darauf aufmerksam, dass ihr nicht in ein Sanatorium, sondern in ein deutsches Konzentrationslager gekommen seid, aus dem man nur durch den Kamin wieder herauskommt! Wenn euch das nicht passt, stürzt ihr euch am besten in die Hochspannungsdrähte.

Grabner und seine Gehilfen folterten die Insassen während der häufigen Verhöre, die unter allen möglichen Vorwänden stattfanden. Den Männern trieben sie Nadeln in die Hoden, den Frauen glühende Zäpfchen in die Scheide.

Die Erschießungen erfolgten an Pfosten jenseits des Lagerzauns. Man band die Gefangenen mit nach hinten gebogenen Armen an und erschoss sie dann in Gruppen zu je zehn, so dass die letzte Gruppe alle vorherigen Erschießungen mitansehen musste. Palitsch übernahm das eigentliche Schießen, während Grabner den Befehl dazu gab; auf diese Weise wurden 25 000 Gefangene von ihnen persönlich in Auschwitz erschossen. Die vierte und letzte der allgemein üblichen Vernichtungsmethoden war das Erhängen. Ihr fielen hauptsächlich Gefangene zum Opfer, die nach einem Fluchtversuch wieder ergriffen worden waren. Die Hinrichtungen erfolgten zur Abschreckung vor den Augen aller übrigen Gefangenen. Zuerst wurden die Opfer ausgepeitscht. Ihre Leichen ließ man die Nacht über hängen, und am nächsten Morgen musste das ganze Lager an ihnen vorbeiziehen.

Das war Auschwitz, das »Todeslager«. Aber das Geschilderte ist nur ein Bruchteil des ganzen Geschehens. Wollte man alles niederschreiben, würde es nicht gelesen werden, und wer es doch täte, würde es nicht glauben.

Belsen

In der Nähe des Dorfes Bergen, an der Straße von Celle nach Hamburg, befand sich das Konzentrationslager Belsen. Ursprünglich nur ein kleines Lager, wurde es später erweitert, und im November 1944 schickte man Josef Kramer, einen Konzentrationslager-Experten mit großer Erfahrung, von Auschwitz nach Belsen, um dort ein »Genesungslager« für kranke Häftlinge aus den Konzentrationslagern, Fabriken und Bauernhöfen sowie für Verschleppte aus dem ganzen nordwestlichen Europa einzurichten. Das Lager hatte dieselbe Verwaltungsstruktur wie alle andern, das heißt, alle Ämter, deren Bezeichnung das Wort »Führer« enthielt, waren der SS vorbehalten, während die »Ältesten«-Funktionen allgemein Berufsverbrechern übertragen wurden, die man zu diesem Zweck aus den Zivilgefängnissen holte.

In Belsen gab es keine Gaskammern, dafür wurden Tausende Menschen durch Krankheit und Hunger vernichtet. In den letzten Monaten seines Bestehens herrschte in dem Lager ein derart akuter Lebensmittelmangel, dass unter den Gefangenen (das Lagerpersonal war immer noch gut genährt) Fälle von Kannibalismus auftraten. So sagte ein ehemaliger britischer Häftling in dem Prozess gegen den Kommandanten und einige seiner Mitarbeiter aus, er habe beim Forträumen von Leichen festgestellt, dass jeder zehnten am Oberschenkel oder an einem anderen Körperteil ein Stück Fleisch fehlte, das gegessen worden war. Er habe selbst gesehen, wie das geschah. So weit hatte man die Menschen durch die Oualen des Hungers gebracht! Dieser Zeuge sagte:

> Ich stellte bei vielen Gelegenheiten am hinteren Oberschenkel vieler Toten eine äußerst merkwürdige Wunde fest. Zuerst hielt ich es für eine Nahschusswunde, aber nachdem ich das noch mehrmals beobachtet hatte, fragte ich einen Freund danach, und der sagte mir, dass viele Gefangene Fleischklumpen aus den Leichen herausschnitten, um sie zu essen. Bei meinem nächsten Besuch in der Leichenhalle sah ich tatsächlich, wie ein Gefangener ein Messer hervorholte, ein Stück Fleisch aus dem Bein eines Toten herausschnitt und es sich schnell in den Mund steckte, natürlich voller Angst, dabei gesehen zu werden. Ich überlasse es Ihrer Phantasie, sich auszumalen, in welche Verfassung die Gefangenen gebracht worden sein mussten, um von schwarzen Leichen Fleischstücke abzuschneiden und zu essen.

Der Tagesablauf in diesem Lager soll hier nicht weiter beschrieben werden; es gab in dieser Hinsicht wenig Unterschiede zwischen den einzelnen Konzentrationslagern, und in Belsen ging es nicht viel schlimmer und bestimmt nicht besser als in den meisten anderen zu.

Der Anblick, der sich den ersten britischen Offizieren bot, die nach der Kapitulation das Lager betraten, mag eine anschauliche Vorstellung davon vermitteln, welches Dasein – von Leben kann da keine Rede sein – die Menschen hinter diesen Stacheldrahtzäunen führten. Unter den ersten Truppen, die das Lager betraten, befand sich Hauptmann Derek Sington. Er befehligte selbst eine Einheit, die zur Übermittlung notwendiger Anweisungen einen Lautsprecherwagen mitführte und diente außerdem dem Kommandeur des 63. Panzerabwehrregiments der britischen Artillerie, Oberstleutnant Taylor, der mit einer seiner Batterien das Lager übernehmen sollte, als Dolmetscher.

Am Tor kam ihm der Lagerkommandant, Josef Kramer, entgegen und erklärte ihm, im Lager I befänden sich 40 000 und im Lager II weitere 13 000 Häftlinge, in der Hauptsache Gewohnheitsverbrecher, sonstige Kriminelle und Homosexuelle, aber auch einige Schutzhäftlinge. In Wirklichkeit waren natürlich 99 Prozent aller Gefangenen politische Häftlinge. Sie kamen aus all den Ländern, die die Deutschen seit 1939 überfallen hatten. Als Brigadegeneral Glyn Hughes, der stellvertretende Leiter des medizinischen Dienstes der britischen Rheinarmee, einige Stunden nach Oberstleutnant Taylor das Lager betrat, fand er wahrhaft unglaubliche Zustände vor. »Keine Schilderung und kein Foto«, sagte er, »könnten den grauenhaften Anblick vor den Baracken wahrheitsgetreu wiedergeben, und die schrecklichen Szenen, die sich im Innern abspielten, waren noch viel schlimmer.«

Im ganzen Lager lagen vor und in den Baracken haufenweise Leichen umher, einige von ihnen auf denselben Pritschen wie die Lebenden. In der Nähe des Krematoriums befanden sich zugeschüttete Massengräber und eine offene Grube voller Leichen. Die Baracken waren zum Bersten voll mit Gefangenen in den verschiedensten Hunger- und Krankheitsstadien; in einigen Unterkünften, die nur für hundert Personen geeignet waren, befanden sich nicht weniger als tausend Menschen. Es gab keine sanitären Einrichtungen, und die Zustände in den Baracken waren entsetzlich, weil die meisten Gefangenen an irgendeiner Form von Gastritis litten und zu schwach waren, um hinauszugehen. Die Barackenaborte waren sowieso schon lange außer Betrieb. Im Frauenlager befand sich ein tiefer Graben mit einer Stange darüber ohne irgendeine Abschirmung gegen die Außenwelt. Wer kräftig genug war, konnte zur Latrine gehen, die anderen verrichteten ihr Bedürfnis dort, wo sie gerade lagen. Das ganze Lager war mit menschlichen Exkrementen bedeckt.

In einem einzigen Lagerabschnitt befanden sich 8000 männliche Gefangene, unter denen Typhus ausgebrochen war. In einem der Frauenlager waren 23000 Frauen, und überall lagen noch viele Leichen umher. In einer Baracke, in deren Nähe sich ein Leichenhaufen befand, lagen tote Frauen im Gang; ein Raum am Ausgang war so mit Leichen vollgestopft, dass auch nicht eine einzige mehr darin Platz gefunden hätte. Siebzig Prozent der Insassen benötigten Krankenhausbehandlung, und es war damit zu rechnen, dass 10000 von ihnen noch vor der Einlieferung sterben würden. Es gab alle möglichen Krankheiten, aber der hoffnungslose Zustand der Patienten war in der Hauptsache auf Typhus, Tuberkulose und Hunger zurückzuführen. Die Verhältnisse im Lager mussten schon monatelang entsetzlich gewesen sein.

Am Morgen nach seiner ersten Inspektion unternahm Brigadegeneral Glyn Hughes zusammen mit Kramer, der ihn an eines der offenen Gräber führte, einen weiteren Rundgang durch das Lager. Der Kommandant machte einen völlig ungerührten und gleichgültigen Eindruck. »Ich bin seit dreißig Jahren Arzt«, sagte der Brigadegeneral, »und habe alle Schrecken des Krieges erlebt, aber noch nie sah ich etwas, das an dies hier heranreicht.« Wie er weiter erklärte, war anscheinend nicht der geringste Versuch gemacht worden, um die Insassen bei Leben und Gesundheit zu erhalten. Kurze Zeit nach der

Ankunft der britischen Armee wurde im Lager ein Film gedreht, der dann im Belsenprozess vorgeführt wurde. Über diesen Film sagte der britische Hauptankläger in dem Prozess, Oberst T. M. Backhouse:

> Dieser Film wird Ihnen eine Vorstellung davon vermitteln, welche Zustände dort herrschten und wie tief der Mensch sinken kann. Sie werden Tausende umherliegende Leichen und den Zustand der Körper sehen. Sie werden auch den guten Ernährungszustand der dort stationierten SS-Leute sehen. Sie werden Menschen sehen, die sich mit Konservenbüchsen aus einer kleinen Zisterne Wasser holen. Was Sie nicht sehen werden, ist, dass das Wasser verdorben war und Leichen darin lagen. Es war das einzige Wasser, das zum Trinken zur Verfügung stand. Sie werden die Toten sehen, Sie werden die Lebenden sehen, und Sie werden auch die Sterbenden sehen. Was der Film ihnen nicht vermitteln kann, sind der ekelhafte Gestank, der Schmutz und der Dreck des ganzen Ortes, der zum Himmel stank.

Derselbe Film wurde in Lüneburg, wo der Prozess stattfand, auch vor einem deutschen Publikum gezeigt. Einigen Zuschauern schien er kein geringes Vergnügen zu bereiten, und viele hielten ihn für bloße Propaganda.

Buchenwald

Auf einem bewaldeten Berg, einige Kilometer hinter Weimar, dieser Stätte deutscher Kultur und Freiheit, wurde im Sommer 1937 ein neues Konzentrationslager eingerichtet. In Dachau und Sachsenhausen herrschte Hochbetrieb, und Hitler brauchte einen weiteren Kerker der Freiheit in Mitteldeutschland.

Fast acht Jahre lang war dieses Lager täglich Schauplatz schlimmster Barbarei und Brutalität. An den Insassen wurde wie an Meerschweinchen herumexperimentiert. Tausende wurden erschossen, und viele liefen, durch das Elend und das Grauen ihres Daseins zum Wahnsinn getrieben, beim Außendienst durch den Kordon der Wachen, weil ihnen der Tod als die einzige Erlösung aus der Agonie des Körpers und des Geistes erschien. In Buchenwald wurden die Menschen mit Steinblöcken zermalmt, in Jauche getaucht, ausgepeitscht, kastriert, verstümmelt oder dem Hungertod ausgeliefert. Doch das war noch nicht alles. Jeder tätowierte Insasse musste sich im Krankenrevier melden. Zuerst wusste keiner den Grund, aber bald hatte man die Erklärung. Menschen mit besonders dekorativen Tätowierungen wurden zurückgehalten und von einem der Kapos, Karl Beigs, durch Injektionen getötet. Dann brachte man die Leiche in die pathologische Abteilung, wo die Haut entfernt und präpariert wurde. Die fertigen Präparate wurden der Frau des Kommandanten, Ilse Koch, übergeben, die Lampenschirme, Buchhüllen und Handschuhe daraus anfertigen ließ.

Eine andere Entdeckung, die man im April 1945 bei der Ankunft der amerikanischen Armee in Buchenwald machte, waren die konservierten Köpfe vieler Opfer. Einmal waren im Lager zwei Polen wegen sexueller Beziehungen zu deutschen Mädchen gehängt worden. Man enthauptete ihre Leichen, entfernte die Schädelknochen und brachte die Köpfe zum Schrumpfen, um sie dann auszustopfen und zu konservieren. Die Vorgefundenen Köpfe waren faustgroß; man sah noch das Haar und die Spuren des Stricks.[7]

Im April 1947 wurden der SS-Obergruppenführer und General der Waffen-SS Josias Fürst zu Waldeck und dreißig Angehörige der Lagerverwaltung einschließlich Frau Koch vor ein amerikanisches Militärgericht gestellt. Schauplatz des Prozesses war das bei München gelegene Konzentrationslager Dachau, das viele der Angeklagten früher unter ganz anderen Umständen besichtigt hatten. Den Angeklagten wurde unter anderem zur Last gelegt, dass sie viele Tausend Gefangene aus mindestens zwölf verschiedenen Ländern »dem Tod, Schlägen, Foltern, Hunger, Beleidigungen und Beschimpfungen« ausgesetzt hatten.

Fast acht Jahre lang wurde in diesem Lager mit sadistischem Vergnügen jede erdenkliche Art des Grauens praktiziert. Ob man die Menschen, wie es in den ersten Jahren der Fall war, einfach umbrachte, oder ob sie sich, wie später, zu Tode arbeiten mussten, das

System war stets dasselbe: »Brich den Körper – brich den Geist – brich das Herz.«[8]

Was wusste nun das deutsche Volk von diesen Dingen? Es ist oft gesagt worden, es hätte nichts gewusst. Das ist ebenso unwahrscheinlich wie die gegenteilige Auffassung, dass es alles wusste. Es wurde einmal gesagt: »Man kann alle Menschen eine gewisse Zeit lang und einige Menschen die ganze Zeit zum Narren halten, aber man kann nicht alle Menschen die ganze Zeit hinters Licht führen.« Es liegen auch reichhaltige Beweise dafür vor, dass eine große Anzahl Deutscher vieles von den Vorgängen in den Konzentrationslagern gewusst hat. Noch mehr Menschen waren argwöhnisch und ahnten vielleicht auch etwas, zogen es jedoch vor, ihr Gewissen dadurch zu beruhigen, dass sie unwissend blieben. Als der Mangel an Arbeitskräften immer größer wurde, ging man dazu über, weibliche deutsche Kriminelle und asoziale Elemente aus den Konzentrationslagern zu entlassen und in deutschen Fabriken einzusetzen. Es ist schwer zu glauben, dass diese Frauen überhaupt nicht über ihre Erlebnisse gesprochen haben. In diesen Fabriken gab es Vorarbeiterinnen, die als Zivilisten mit den Häftlingen in Berührung kamen und mit ihnen sprechen konnten. Vorarbeiterinnen aus Auschwitz, die später im Zweigbetrieb von Siemens in Ravensbrück tätig waren, hatten schon früher in Berlin bei Siemens gearbeitet. Sie kamen mit Frauen zusammen, die sie von Berlin her kannten, und erzählten ihnen, was sie in Auschwitz erlebt hatten. Ist es wirklich anzunehmen, dass ihre Schilderungen niemals weitergegeben wurden? Wenn sich Deutsche während des Krieges in unvorsichtigen Äußerungen ergingen, pflegte man zu sagen: »Seien Sie lieber vorsichtig, sonst gehen Sie noch durch den Kamin.« Was konnte damit anderes gemeint sein als die Krematorien der Konzentrationslager?

Das System der Konzentrationslager bestand in Deutschland schon mehrere Jahre vor dem Krieg, und viele Deutsche hatten Freunde und Verwandte, die in einem dieser Lager interniert waren und von denen einige später freigelassen wurden. Aus Buchenwald kamen täglich Gefangene zur Arbeit nach Weimar, Erfurt und Jena.

Sie fuhren morgens ab und kehrten spätabends zurück. Tagsüber kamen sie durch ihre Arbeit mit der Zivilbevölkerung in Berührung. Führten sie niemals Gespräche? Und wenn ja, wurde dann das Thema Konzentrationslager stets sorgfältig vermieden? In vielen Fabriken, in denen Arbeitskommandos aus den Konzentrationslagern eingesetzt waren, gehörten die Techniker und Ingenieure nicht der Wehrmacht an, und die Vorarbeiter waren keine SS-Leute. Sie kamen jeden Abend nach Hause, nachdem sie den ganzen Tag die Arbeit der Gefangenen beaufsichtigt hatten. Sprachen sie zu Hause niemals mit ihren Angehörigen oder Freunden über das, was sie tagsüber gesehen und gehört hatten?

Oder nehmen wir das SS-Lagerpersonal. Gewiss, die SS-Leute hatten sich alle schriftlich verpflichtet, niemals zu irgendeinem Außenstehenden über die Vorgänge in ihrem Lager zu sprechen. Aber soll man wirklich glauben, dass keiner von ihnen der Versuchung erlag, dieses Versprechen zu brechen? Der Menschenschinder ist stets ein Prahlhans. Im August 1941 richtete der Bischof von Limburg folgendes Schreiben an die Reichsministerien des Innern, für Justiz und für kirchliche Angelegenheiten:

> Etwa acht Kilometer von Limburg entfernt ist in dem Städtchen Hadamar eine Anstalt, in der seit Monaten planmäßig Euthanasie vollzogen wird […]. Öfter in der Woche kommen Autobusse mit einer größeren Anzahl solcher Opfer in Hadamar an. Schulkinder der Umgebung kennen diese Wagen und sagen: ›Da kommt wieder die Mordkiste.‹ […] Die Wirkung der hier getätigten Grundsätze: Kinder, einander beschimpfend, tun Äußerungen wie ›Du bist nicht recht gescheit, du kommst nach Hadamar in den Backofen‹. Solche, die nicht heiraten wollen oder keine Gelegenheit finden, sagen: ›Heiraten? Niemals! Kinder in die Welt setzen, die dann in den Rex-Apparat kommen!‹ Alte Leute hört man sagen: ›Nur ja nicht in ein staatliches Krankenhaus! Nach den Schwachsinnigen kommen die Alten als unnütze Esser an die Reihe.‹

Wenn die örtliche Bevölkerung von Hadamar so viel wusste, kann man da bezweifeln, dass die Einwohner von Bergen, Dachau, Struthof und Birkenau mindestens etwas von dem wussten, was unmittelbar vor ihrer Tür in den Konzentrationslagern von Belsen, Dachau, Natzweiler und Auschwitz vor sich ging? Höß selbst sagte über Auschwitz: »Der faulige und ekelerregende Gestank der dauernden Leichenverbrennung verpestete die ganze Gegend, und alle Menschen in den umliegenden Gemeinden wussten, dass im Konzentrationslager Menschen vernichtet wurden.« Tag für Tag rollten lange Züge mit Viehwagen voll Opfern über die Schienenstränge des Reiches zu den Vernichtungslagern. Sie wurden von Hunderten Eisenbahnern gesehen, die wussten, woher sie kamen und wohin sie gingen. Wie viel Grauenhaftes auch hinter den Lagermauern verborgen blieb, Dinge wie diese geschahen bei hellem Tageslicht, und alle Deutschen, die Augen zum Sehen und Ohren zum Hören hatten, können kaum im Zweifel über die Verbrechen gewesen sein, die im ganzen Land in ihrem Namen begangen wurden.

Dachau

Dachau, eines der ersten Konzentrationslager, lag einige Kilometer von München entfernt in der Nähe des gleichnamigen Dorfes. Auf der Landstraße zeigte ein Schild den Weg an. Hier wurden die sogenannten medizinischen Experimente an Hunderten von Gefangenen durchgeführt, die man als menschliche Meerschweinchen benutzte.

Von 1941 bis 1942 wurden im Interesse von SS-Ärzten und Medizinstudenten zu Studienzwecken etwa 500 Operationen an gesunden Menschen vorgenommen. Viele dieser Operationen, wie zum Beispiel die Entfernung der Gallenblase, waren ernster Natur, sie wurden von Studenten mit nur zweijähriger Studienzeit ausgeführt, während normalerweise nur Ärzte mit mindestens vierjähriger chirurgischer Praxis dafür in Frage kommen. Viele Patienten starben entweder schon während der Operation oder infolge der postoperativen Komplikationen.

1200 Insassen, von denen sich keiner freiwillig gemeldet hatte, wurden Malariaexperimenten unterworfen. Diese Versuche nahm ein Dr. Schilling auf persönliche Anweisung Himmlers vor. Man ließ die Opfer entweder von Moskitos stechen oder impfte sie mit Malariaerregern, die man aus den Moskitos gewonnen hatte. Der Zweck des Experimentes war die Erprobung bestimmter Medikamente zur Malariabekämpfung. Dreißig bis vierzig dieser »Patienten« starben unmittelbar an Malaria, während mehrere Hundert weitere später an anderen Krankheiten zugrunde gingen, weil ihre Konstitution durch die Versuche zu sehr geschwächt worden war. Ein Teil der Opfer starb auch an Vergiftung infolge zu starker Dosen von Neosalvarsan und Pyramidon, die als Versuchsmedikamente benutzt wurden.

Eine weitere Art von Experimenten führte Dr. Sigmund Rascher, ein Major der Luftwaffe, in Dachau aus. 25 Männer wurden in einen eigens dafür konstruierten Wagen gesperrt, in dem der Luftdruck erhöht oder vermindert werden konnte. Durch dieses Experiment sollte festgestellt werden, wie sich Höhenflugbedingungen oder rasches Fallen bei Fallschirmabsprüngen auf den menschlichen Organismus auswirken. Viele Opfer dieser Experimente, die eine reine Folter gewesen sein müssen, starben an einem Blutsturz in der Lunge oder im Gehirn. Die Überlebenden spuckten Blut, wenn sie aus dem Wagen herausgeholt wurden. Die inneren Organe der Gestorbenen schickte man zur Untersuchung nach München. Die Überlebenden wurden gewöhnlich umgebracht. Andere Versuche, die Dr. Rascher ausführte, bestanden in langer Unterkühlung durch sehr kaltes Wasser. Dr. Franz Blaha aus der Tschechoslowakei, der von den Deutschen im Jahre 1939 verhaftet und in Dachau interniert worden war, gab folgende Beschreibung[9] von einigen dieser Experimente, bei denen er selbst zugegen war:

> Man steckte das Opfer so lange in eiskaltes Wasser, bis es ohnmächtig wurde. Jedesmal, wenn die Körpertemperatur um ein Grad gesunken war, entnahm man Blut aus dem Nacken und untersuchte es […]. Die

tiefste Körpertemperatur, die erreicht wurde, betrug neunzehn Grad, aber die meisten Männer starben bei 25 oder 26 Grad. Wenn die Männer aus dem eisigen Wasser herausgeholt worden waren, versuchte man, sie durch Höhensonne, heißes Wasser, Elektrotherapie oder Körperwärme wiederzubeleben. Für das letztgenannte Experiment benutzte man Prostituierte; der Körper des Ohnmächtigen wurde dann zwischen zwei solche Frauen gelegt.

Das galt als höchst unterhaltsam, und Himmler brachte gelegentlich einige Freunde mit, damit sie sich das ansehen konnten. Er zeigte so viel Interesse an diesem Experiment, dass er dem SS-General Pohl über seinen Verlauf berichtete und ihm mitteilte, er habe Befehl gegeben, in Dachau geeignete Frauen – aber keine deutschen – für die Wiederbelebungsversuche auszusuchen. »Es wurden vier Mädchen bereitgestellt«, schrieb er, »die sich wegen schlechter Moral, und weil sie als Prostituierte eine mögliche Infektionsquelle darstellten, im Konzentrationslager befanden.«[10]

Weitere Experimente wurden in Dachau von einem gewissen Dr. Schutz und anderen an einer großen Anzahl polnischer, tschechischer und holländischer Geistlicher vorgenommen. Man griff eine Gruppe von ihnen heraus und machte ihnen intravenöse Eiterinjektionen. Es durfte keine Nachbehandlung erfolgen, sodass eine Entzündung oder allgemeine Blutvergiftung eintrat. Dann wurden verschiedene Medikamente zur Behandlung dieses Zustandes ausprobiert. Diese Versuche waren besonders schmerzhaft, und die meisten Opfer wurden, soweit sie nicht an Sepsis starben, für immer zu Invaliden. 1944 unterzog man zahlreiche Ungarn und Zigeuner sogenannten Salzwasserexperimenten, die darin bestanden, dass man ihnen außer Salzwasser keinerlei Nahrung gab und während dieser Zeit ihr Blut, ihren Urin und ihre Exkremente analysierte.

Unter der Voraussetzung, dass bestimmte grundlegende Vorbedingungen erfüllt sind, stehen medizinische Experimente an Menschen durchaus im Einklang mit der Ethik des Arztberufes. Diese Vorbedingungen erfordern in erster Linie, dass die Experimente nur an Menschen vorgenommen werden, die sich freiwillig, das heißt in voller Freiheit und nicht unter Zwang, zur Verfügung stellen und ihre Zustimmung geben. Sie müssen sich über alle Weiterungen und möglichen Folgen ihres Schrittes völlig im Klaren sein und in jedem Stadium des Experimentes ihre Zustimmung wieder zurückziehen können. Die Versuche selbst müssen der Erzielung von Forschungsergebnissen dienen, die für die Gesellschaft von Nutzen sind und auf keinem anderen Wege ermittelt werden können. Schließlich darf das Experiment nur von berufenen, hochqualifizierten Ärzten vorgenommen werden, und während und nach der Operation muss ein Höchstmaß an Geschick und Sorgfalt an den Tag gelegt werden.

Das alles traf auf die in den Konzentrationslagern von Ärzten vorgenommenen Experimente nicht zu. Es handelte sich nicht um Freiwillige, stets wandte man Druckmittel und oft sogar physische Gewalt an. Die Operationen wurden zuweilen von unqualifizierten Personen und im Allgemeinen unter unhygienischen Bedingungen ausgeführt. Es wurde nichts getan, um die Schmerzen zu verhüten oder zu lindern, und es war völlig gleichgültig, ob die Patienten am Leben blieben oder starben. Im Allgemeinen hatten die Experimente den Tod zur Folge; die Überlebenden wurden oft entstellt oder verstümmelt oder blieben für immer invalide. Im Übrigen hatten viele dieser Experimente überhaupt keine medizinische oder wissenschaftliche Bedeutung.

Neuengamme

Das Lager Neuengamme wurde 1938 eingerichtet, und die Zahl seiner Insassen nahm derartig rasch zu, dass sie 1942 das Dreifache des normalen Fassungsvermögens des Lagers betrug, obgleich dem »Neuengamme-Ring« nicht weniger als 55 Nebenlager angeschlossen worden waren, darunter so bekannte wie die von Banterweg, Bullenhausendamm, Hannover-Ahlem und Schandelah.

Im Jahre 1942 erfuhr die Konzentrationslagerpolitik infolge der deutschen Rückschläge und Verluste an der Ostfront eine Veränderung. War die von Himmler ausgearbeitete Politik bisher darauf gerichtet gewesen, die unerwünschten Insassen dieser Lager zu vernichten, so erfuhr sie jetzt in Anbetracht des zunehmenden Arbeitskräftemangels eine radikale Änderung. Das Ziel bestand nun darin, die Opfer auf dem niedrigsten Existenzniveau am Leben zu erhalten, um mit geringstem Aufwand das größtmögliche Maß an Arbeitsleistung aus ihnen herauszuholen. Von 1942 an beschleunigte man in Neuengamme den Tod nur noch bei Kranken, die nicht mehr arbeiten konnten. Die Übrigen ließ man für die kurze Zeit, in der sie noch arbeitsfähig waren, am Leben.

Im Ganzen kamen mehr als 90000 Menschen nach Neuengamme, von denen etwa 40000 starben: 3000 aus wirklich natürlichen Ursachen und 37000 aus »natürlichen« Ursachen, die durch die unnatürlichen Lebensbedingungen und eine rohe Behandlung sondergleichen hervorgerufen worden waren. In den letzten zwölf Monaten des Krieges stammten neunzig Prozent aller Insassen des »Neuengamme-Ringes« aus alliierten Ländern, von wo sie als Sklavenarbeiter nach Deutschland importiert worden waren. Zehn Prozent waren Deutsche, von denen die Hälfte als Gewohnheitsverbrecher untergeordnete Funktionen im Lager ausübten.

Das Hauptlager von Neuengamme war eine Art Depot, aus dem die kräftigsten Menschen herausgegriffen und in Nebenlager gebracht wurden, wo sie noch barbarischeren physischen und seelischen Qualen ausgesetzt waren als im Hauptlager und höchstens noch zwei Monate zu leben hatten. Der Kommandant, Max Pauly, eine rücksichtslose und herrschsüchtige Natur, war bei allen gefürchtet. Wie all seine Untergebenen gehörte er der SS an. Sein Stellvertreter, Anton Thumann, war für sämtliche Gefangenenlager und damit, wenn man ein solches Wort gebrauchen kann, für das Wohlergehen aller Insassen verantwortlich. Er war ein besonders brutaler Schurke und persönlich für viele Morde verantwortlich. Thumanns Vertreter, Willy Dreimann, ein Schurke von geringerem

Format, aber nicht geringerer Bösartigkeit, fungierte oft als Lagerhenker. Diesen Leuten unterstanden die verschiedenen Kommandanten der einzelnen Lager, die alle unbeschränkt über das Leben von tausend Insassen schalten konnten.

Schließlich waren da noch die beiden Ärzte Alfred Trzebinski und sein Assistent Bruno Kitt. Der Erste kam im Herbst 1943 ins Lager, der zweite im Januar 1945. Kitt war Trzebinski in jeder Hinsicht unterlegen: Er war weniger intelligent, weniger klarsichtig, des Bösen, das getan wurde, weniger gewärtig, wenn auch selbst kein geringerer Übeltäter, weniger ehrlich und weniger raffiniert. Er ließ sich im Gegensatz zu seinem Vorgesetzten dazu hinreißen, seine Patienten zu schlagen. Diese beiden Männer trugen die alleinige Verantwortung für die Gesundheit von etwa 14 000 Gefangenen. Sie sollten diejenigen Patienten retten, von denen weitere Arbeitsleistungen erwartet werden konnten, und bei all denen, die schon zu krank waren, »geeignete Maßnahmen« ergreifen. Trzebinski und Kitt rechtfertigten alle Erwartungen.

Im Herbst 1942 pferchte ein Sanitäter namens Bahr mit Dreimanns Assistenz auf Anweisung von Trzebinskis Vorgänger 197 sowjetische Kriegsgefangene in eine Zelle und pumpte Zyklon-B hinein. Alle Opfer starben. Zum Schluss wurden sie herausgezerrt, auf Lastwagen verladen und fortgeschafft. Alle Gefangenen mussten antreten, um sich dieses makabre Schauspiel mitanzusehen, und dazu das Lied vom fröhlichen Troubadour singen. Anfang 1945 wurden achtzig Holländer ins Hauptlager eingeliefert. Zwanzig von ihnen starben bald an allgemeiner Schwäche, die übrigen 60 wurden ohne Prozess heimlich gehängt. Die Hälfte der Opfer war zur Zeit der Hinrichtung krank. Thumann und Dreimann fungierten als Henker und bekamen für ihre Arbeit eine Sonderzuteilung an Schnaps.

Im Februar desselben Jahres wurden im Hauptlager von Neuengamme zwanzig jüdische Kinder aus Frankreich und der Sowjetunion im Alter von fünf bis zwölf Jahren von dem berüchtigten Dr. Heißmeyer aus Berlin zu Experimentierzwecken im »Interesse der medizinischen Forschung« herausgegriffen. Heißmeyer stattete dem Lager häufig Besuche ab und gab den armen Kindern Injektionen mit Tuberkulose-Erregern. Für die Dauer dieser Experimente erhielten die Kinder Süßigkeiten und Spielzeug. Viele von ihnen erkrankten schwer. Als sich im April die Alliierten in raschem Tempo Neuengamme näherten, gab SS-General Pohl auf Ersuchen Dr. Heißmeyers den Befehl, die Kinder ins Nebenlager Bullenhausendamm zu bringen und dort hinzurichten, um alle Beweise für die Experimente zu beseitigen. Die Kinder wurden daraufhin von Dr. Trzebinski zusammen mit vier Krankenschwestern (in Wirklichkeit zwei französischen und zwei holländischen Ärztinnen, die selbst hingerichtet werden sollten) und sechs Russen nach Bullenhausendamm gebracht. Am späten Abend desselben Tages trafen noch weitere 24 Russen ein. Ewald Jauch, der für das Lager Bullenhausendamm verantwortlich war, nahm die Gruppe am Tor in Empfang. Er schien den Zweck von Dr. Trzebinskis Besuch zu kennen und führte ihn in den Keller mit den Gefangenen. Die Erwachsenen wurden abgesondert und in einem anderen Raum gehängt. Im Keller wartete Johann Frahm[11] bereits auf sie. Die Kinder, die sich ihres Schicksals glücklicherweise nicht bewusst waren, wurden sofort entkleidet, und Trzebinski gab ihnen, einer plötzlichen menschlichen Regung folgend, Morphiumspritzen, damit sie beim Erhängen bewusstlos wären. Dann legte Frahm ihnen den Strick um den Hals, und so wurden sie nach seinen eigenen Worten »wie Bilder an Wandhaken aufgehängt«.

Ravensbrück

Inmitten der Mecklenburgischen Seenplatte, nahe des Fürstenberger Sees, etwa 75 Kilometer nördlich von Berlin, wurde kurz nach Kriegsausbruch im Jahre 1939 ein neues Konzentrationslager errichtet. Es war als »KZ Ravensbrück« bekannt und bestand aus einem Hauptlager und mehreren Nebenlagern. Das Hauptlager war nur für weibliche Gefangene bestimmt, und von seiner Inbetriebnahme bis zu dem Tag, als es von der Roten Armee bei ihrem Vormarsch nach Westen überrannt wurde, waren dort mehr als 123 000 Frauen interniert. Viele von ihnen waren französischer Nationalität, und sie gaben ihm den Namen, den es nur zu sehr verdiente und unter dem es allgemein bekannt war: »L'Enfer des Femmes«, die »Hölle der Frauen.«

Einige der Frauen waren sowjetische Rote-Kreuz-Schwestern, die an der Front in Kriegsgefangenschaft geraten waren, aber bei den meisten handelte es sich um Zivilistinnen, entweder Mitglieder einer Widerstandsbewegung oder Zwangsarbeiterinnen, die man aus ihrer Heimat zur Arbeit nach Deutschland verschleppt hatte und deren Arbeitsleistung nicht genügte. Sie alle, die zu neunzig Prozent aus alliierten Ländern stammten, wurden ohne Gerichtsverfahren interniert.

Das Hauptlager konnte normalerweise 6 000 Menschen aufnehmen. Von 1944 an waren dort indessen nie weniger als 22 000 Gefangene interniert, und im Januar 1945 belief sich ihre Zahl auf 36 000. Mindestens 50 000 Menschen gingen in Ravensbrück zugrunde, und viele Tausend andere fanden zweifellos irgendwo auf dem Abtransport in andere Lager den Tod. Abgesehen von den direkten Morden, wurde die entsetzlich hohe Todesziffer in erster Linie durch Unterernährung, Überarbeitung, Strapazen, Überfüllung, völligen Mangel an sanitären Einrichtungen und systematische brutale Misshandlung der Häftlinge durch das Lagerpersonal verursacht. Die Behandlungsmethoden der Angehörigen des Lagerpersonals, vom Kommandanten bis hinunter zu den SS-Wachen, waren darauf gerichtet, die Lage der Gefangenen physisch wie seelisch zu verschlechtern. Sie wurden von einer Gefangenen selbst mit folgenden Worten treffend beschrieben:

> Das ganze System dieses Lagers hatte nur den einen Zweck, unsere Menschenwürde und unser Menschentum zu vernichten. Die Schwächeren sanken auf das tiefste Niveau der Moral und der physischen

> Existenz; die niedrigsten tierischen Instinkte kamen zur Entfaltung, während die edleren Triebe erstickt wurden und nicht zur Geltung kommen konnten. Selbst die Stärksten, die lebendig aus dem Lager herausgekommen sind, weisen unnatürliche Merkmale auf, die niemals verschwinden werden: Sie haben jeden Glauben an Güte und Gerechtigkeit verloren.

Unter den Insassen war eine in ihrem Vaterland gut bekannte Norwegerin. Sie befand sich lediglich deshalb im Lager, weil sie zu den Freunden des Königs von Norwegen gehörte. Die Briten hatten bei einer Aktion an der norwegischen Küste rund 200 junge norwegische Freiwillige und einige Nazigefangene und Quislinge[12] mitgenommen. Einige Tage später brachte der Rundfunk eine Meldung, dass die Deutschen 20 der besten Freunde des Königs als Geiseln festnehmen würden. Zu ihnen gehörte Sylvia Salvesen, die auch in der norwegischen Widerstandsbewegung eine führende Rolle spielte. Sie wurde festgenommen, wieder freigelassen und acht Monate später erneut verhaftet. Sie war elf Monate in Norwegen im Gefängnis, kam dann von dort aus ins Polizeipräsidium am Alexanderplatz in Berlin und wurde fünf Tage später nach Ravensbrück gebracht. Ihre Ankunft im Lager vollzog sich auf die übliche Weise. Nach einigen Stunden brachte man sie in einen großen Raum, der, wie sie später erfuhr, Baderaum genannt wurde. Es befanden sich keine Wannen darin, sondern lediglich Öffnungen in der Decke, aus denen Wasser floss. Was dann geschah, wurde von ihr wie folgt beschrieben:

> Wir mussten nackt zwei Stunden lang warten, bis das Wasser kam. Man bedenke, dass wir achtzehn Tage unterwegs gewesen waren und uns danach sehnten, uns zu waschen, aber auf je vier Personen kam nur eine Dusche, und das Wasser floss nur etwa vier Minuten. Wir hatten ein winziges Stück Seife und ein sogenanntes Handtuch, das kaum größer als ein Taschentuch war […]. Dann geschah etwas, was uns den größten Schock, den ersten Schock in Ravensbrück versetzte. Es traten zwei Männer in Uniform ein. Später hörten wir, dass der eine ein Arzt und der andere ein Dentist war. Wir mussten uns in Reihen aufstellen und, immer noch nackt, an ihnen vorbeigehen, wobei sie le-

diglich unsere Zähne und unsere Hände untersuchten. Wir schämten uns, denn wir hatten noch nicht gelernt, dass die Schmach auf ihrer Seite war und nicht auf unserer.

Die Verpflegung reichte kaum, um die Gefangenen am Leben zu halten; auf keinen Fall konnten sie dabei arbeitsfähig bleiben. Die Höhe der Rationen variierte, von 1942 an waren sie besonders unzureichend. Die Gefangenen waren so ausgehungert, dass sie rohe Kartoffelschalen und Kohlabfälle aßen, die in der Nähe der Küche auf dem Boden lagen, und das ist begreiflich, wenn man bedenkt, dass sie nichts weiter erhielten als morgens einen Becher Kaffee-Ersatz, mittags Kartoffel- oder Kohlsuppe und abends dasselbe mit etwas Brot. Das war dem Kommandanten natürlich bekannt, aber es wurde nie etwas getan, um den Zustand zu bessern. Die Angehörigen des Lagerpersonals stahlen sogar noch für sich und ihre Familien große Mengen Lebensmittel, die für die Gefangenen bestimmt waren, und wenn die Wachen dann auch noch die Päckchen des Roten Kreuzes raubten, die von Zeit zu Zeit eintrafen, mussten die Gefangenen, durch Drohungen eingeschüchtert, den Empfang quittieren.

Doch das war noch nicht alles. Das Lagerpersonal machte sich einen Spaß daraus, die halbverhungerten Gefangenen zu quälen und ihnen alte verschimmelte Brotstücke hinzuwerfen. Zu beobachten, wie diese lebenden Skelette gleich wilden Tieren um das Brot kämpften, war für die SS ein Vergnügen, an dem sie sich immer wieder ergötzte. Bei dieser Ernährung sollten die Insassen nicht nur am Leben bleiben, sondern auch noch zehn bis elf Stunden am Tag schuften. Gearbeitet wurde Tag und Nacht, und es gab zwei Schichten von etwa elf Stunden. Um fünf Uhr dreißig war Wecken, um sieben Uhr Appell. Dieser dauerte gewöhnlich rund zwei Stunden, und alle Insassen mussten die ganze Zeit über bei jedem Wetter im Winter wie im Sommer strammstehen. Dann wurden sie in Arbeitsgruppen eingeteilt und fortgeführt. Nach Beendigung der Schicht fand wieder ein Appell statt. Die Arbeit war schwer, und die Menschen wurden erbarmungslos mit Schlägen und Fußtritten angetrieben. Spinnen, Weben, Verladearbeiten, Erdarbeiten und Straßenbau – das alles wurde von diesen Frauen verlangt, und wenn sie einmal verschnaufen wollten, wurden sie bedroht und geschlagen.

Allein der Mangel an sanitären Einrichtungen reichte schon aus, um eine hohe Sterblichkeit zu verursachen. Eine der Gefangenen sagte darüber:

> Es wimmelte von Ungeziefer; die Baracken waren so verlaust, dass manchmal in der Suppe Läuse schwammen. Das Kanalisations- und Wasserleitungsnetz war entzwei, und das Lager glich einem riesigen Bauernhof, der aus einem einzigen großen Dunghaufen besteht. Unterwäsche und Kleidung wurden, wenn überhaupt, nur selten gewechselt, und wenn wir frische Unterwäsche bekamen, war sie stets verlaust und nicht selten noch mit Blut und Ausscheidungen beschmutzt. Wir hatten keine Strümpfe und trugen nur Holzschuhe. Wir schliefen auf schmutzigen Strohsäcken, die mit Exkrementen bedeckt waren, und mussten uns zu dritt eine Decke teilen. Die Suppennäpfe reichten nicht aus, und wir aßen aus Konservenbüchsen, die wir auf dem Müllhaufen fanden.

Das war der Anblick, der sich Sylvia Salvesen bot, als sie das »Badehaus« verließ und sich zum erstenmal im Lager selbst umsah. Als Zeugin im Ravensbrückprozess, der 1946 in Hamburg stattfand, beschrieb sie ihre Eindrücke mit folgenden Worten:

> Es war mir, als sähe ich ein Bild der Hölle – nicht, weil sich irgend etwas Schreckliches abspielte, sondern weil ich damals zum ersten Mal in meinem Leben Menschen sah, bei denen ich nicht unterscheiden konnte, ob es Männer oder Frauen waren. Ihr Haar war geschoren, und sie sahen mager, schmutzig und unglücklich aus. Aber was mich am meisten bestürzte, war der Ausdruck ihrer Augen. Sie hatten, ich kann es nur so beschreiben, ›tote Augen‹.

Waren die Insassen so krank, dass sie auch durch Schläge nicht mehr zur Arbeit getrieben werden konnten, kamen sie ins Lagerhospital, das als »Revier« bezeichnet wurde. Es war nur dem Namen nach ein Hospital, sonst unterschied es sich kaum von den gewöhnlichen Baracken, in denen die Gefangenen lebten – und starben. Es gab dort dieselben dreistöckigen Pritschen, und meistens kam auf zwei Patienten ein Bett. Der verantwortliche Arzt hieß Treite; das Amt der Oberschwester versah eine Frau Marschall, und eine der Krankenschwestern war Carmen Mory, eine gebürtige Schweizerin, die sich selbst als Gefangene im Lager befand (Zur Person von Mory siehe Seite 230f.).

Treite, ein Halbbrite, kam im September 1943 nach Ravensbrück, das er als das »beste Konzentrationslager« bezeichnete, und blieb dort bis Kriegsende. Er war zweiter Oberarzt des Lagers. In seinem Prozess versuchte er den Eindruck zu erwecken, dass er als einziger von dem gesamten medizinischen Personal die hohen ethischen Grundsätze seines ehrenvollen Berufes hochgehalten habe. Er sei, so behauptete er, von allem, was er sah, angewidert gewesen und habe sein Möglichstes getan, um die Lage der Insassen zu bessern. Aber er sei eben nur »ein einfacher Lagerarzt« gewesen – und was hätte er da schon gegen »den Kommandanten, das ganze Personal und all die SS-Offiziere« ausrichten können? Treite, zweifellos der fähigste Arzt des Lagers, schreckte anscheinend vor einigen besonders unangenehmen Aufgaben zurück. Die in seinem Prozess vorgelegten Beweise zeigen indessen, dass er sehr rücksichtslos sein konnte, wenn es ihm passte. Er war ein wichtiges Rad in der Vernichtungsmaschinerie des Lagers, und viele Gefangene fanden durch ihn den Tod.

In einem der Lagerblocks befand sich ein besonderer Raum für Frauen, die als geistesgestört galten. Er war nur etwa fünf mal sechs Meter groß, und zeitweilig sperrte man sechzig bis siebzig Frauen darin ein. Sie waren halbnackt und besaßen nur Hemden und keine Kleider. Der Raum war so überfüllt, dass er kaum Platz zum Sitzen, geschweige denn zum Liegen bot. Es gab ein Fenster ohne Scheiben, und im Winter war es eiskalt. Die Frauen hatten weder Decken noch sonst etwas zum Zudecken. Die ganze sanitäre Einrichtung bestand aus einem Kübel in der Mitte des Fußbodens, der während der

Nacht immer umkippte, sodass die Insassen morgens mit ihren eigenen Exkrementen beschmutzt waren. Viele der Insassen dieses Raumes waren gar nicht geistesgestört. Trotzdem blieben sie Tag und Nacht eingesperrt und durften zu keinerlei Zwecken hinaus. Sie verließen den Raum nur, um zu sterben. Oft brachen Kämpfe zwischen ihnen aus, und eines Morgens fand man vier Frauen, die während der Nacht ermordet worden waren. Am nächsten Tag gab Treite auf Ersuchen von Carmen Mory den Befehl, die »zehn verrücktesten Frauen« zu töten, um für weitere Insassen Platz zu bekommen.

Treite gab außerdem den Krankenschwestern Anweisung, alte Frauen, die mit bösartigen oder unheilbaren Geschwülsten ins Revier eingeliefert wurden, nicht zu behandeln, da sie arbeitsunfähig und damit »unproduktiv« seien. Er gab den Befehl, die Verbände nicht öfter als zweimal wöchentlich zu wechseln. Kranke Frauen, die noch physisch arbeitsfähig waren, pflegte er ungeachtet ihres klinischen Befundes aus dem Revier zu entlassen. Einige seiner Patienten brachte er durch tödliche Injektionen um. Alle Insassen mit positiven Tuberkulose-Befunden wurden in die Gaskammern geschickt, und Treite beteiligte sich persönlich an der Auswahl von etwa 800 Frauen, die nach Lublin transportiert werden sollten. Die Auswahl erfolgte im Vernichtungsraum, und Oberschwester Marschall war ebenfalls anwesend. Die beiden ließen die armen Frauen splitternackt an sich vorbeiziehen und suchten aufs Geratewohl, ungeachtet des Alters und der physischen Verfassung, die Opfer für den Transport nach Lublin heraus. Natürlich starben viele von ihnen während der Fahrt.

Eine der Aufgaben Treites in seiner Eigenschaft als Arzt bestand darin, der Vollstreckung der Prügelstrafe beizuwohnen, die vom Kommandanten für nichtige Vergehen über die Gefangenen verhängt wurde. Das höchste Strafmaß war dreimaliges Prügeln in Form von 25 Stockstreichen in Zwischenräumen von je vier Wochen. Anwesend waren bei der Vollstreckung der Prügelstrafe der Kommandant oder sein Vertreter, der Oberarzt oder sein Vertreter, die Oberaufseherin und die beiden Gefangenen, die die Schläge austeilten. Das Opfer wurde auf einen Bock gebunden. Treite hatte dafür zu sorgen, dass kein Blut floss und dass das Opfer imstande war, die Strafe zu empfangen. Ob die Gefangenen schrien oder nicht, spielte keine Rolle. Treite war auch zugegen, wenn Gefangene erschossen wurden. Diese Exekutionen erfolgten in der Nähe des Krematoriums. Gewöhnlich wurden die Gefangenen in Gruppen zu je fünfzig getötet, und die Anwesenheit des Arztes war deshalb erforderlich, weil die Opfer nicht immer sofort tot waren. Als Treite in seinem Prozess diese »Exekutionen« beschrieb, sagte er: »Ich muss ganz klarstellen, dass es sich nicht nur um kranke Menschen handelte, sondern infolge der willkürlichen Art der Auslese wurden auch junge, arbeitsfähige Frauen erschossen.« Jeden Tag wurden fünfzig Gefangene durch Genickschuss umgebracht und dann verbrannt. Mit diesem Verfahren begann man Ende 1944, nachdem Himmler dem Lager einen seiner üblichen Besuche abgestattet hatte. Der Kommandant erhielt von ihm den Befehl, alle kranken oder marschunfähigen Gefangenen zu töten, denn die Deutschen rechneten damit, diese Lager in Anbetracht des unablässigen Vorrückens der sowjetischen Truppen evakuieren zu müssen, und sie beabsichtigten, alle Spuren ihrer Verbrechen zu beseitigen und die Gefangenen auf ihrem Rückzug nach dem Westen mitzunehmen.

Etwa um die gleiche Zeit trafen in Ravensbrück, nachdem das Konzentrationslager Auschwitz geräumt worden war, zwei Vernichtungssachverständige ein: Johann Schwartzhuber, der stellvertretende Kommandant wurde, und ein Dr. Winkelmann. Mit ihrer Ankunft begann die organisierte Massenabschlachtung aller Gefangenen, die zu evakuieren für unpraktisch erachtet wurde. Die Opfer wurden bei Sonderappellen ausgewählt und erhielten rosafarbene Kennkarten. Diese Karten, die früher Befreiung von Schwerarbeit bedeutet hatten, wurden jetzt zu wahren Todespässen. Die Opfer kamen zur Vernichtung in das benachbarte Jugendlager. Viele von ihnen wurden mit grausigem Zynismus mit dem Vermerk, in das

Genesungsheim Mittelwerde in Schlesien übergeführt worden zu sein, aus der Lagerkartei ausgetragen.

Wenn die Frauen zum Zweck der Auslese neuer Opfer antreten mussten, wurden sie von einem der Lagerbeamten inspiziert. In seiner Begleitung befand sich ein Arzt, der nachsah, ob ihre Haare grau und ihre Beine geschwollen waren. Dann ließ er sie an sich Vorbeigehen, um festzustellen, ob sie sich noch gerade hielten. Um nicht mit ausgewählt zu werden, versuchten die älteren Frauen, ihr Haar zu schwärzen und dadurch jünger zu wirken. Das einzige, was sie sich zu diesem Zweck beschaffen konnten, war Ruß, den sie von den Küchenkaminen abkratzten. Es muss ein herzzerreißender Anblick gewesen sein, wie diese gealterten Skelette beim Antreten versuchten, den leichten federnden Schritt junger Mädchen nachzuahmen, um nicht in den Tod geschickt zu werden.

Anfangs erfolgte die Vernichtung dieser zur Evakuierung untauglichen Gefangenen durch Erschießen, und das Lager erhielt aus Berlin einen Genickschussspezialisten zugeteilt. Nachdem man mehrere Hundert Menschen auf diese Weise umgebracht hatte, meinte der Kommandant, das Ganze gehe viel zu langsam vonstatten, und so ließ er in aller Eile im Jugendlager eine Gaskammer bauen. In den folgenden Wochen bis zum Eintreffen der Sowjetarmee wurden schätzungsweise etwa 7000 Frauen vergast. Der stellvertretende Kommandant, Schwartzhuber, schilderte den Gaskammerbetrieb mit folgenden Worten:

> Ich wohnte einer Vergasung bei. Es wurden 150 Frauen auf einmal in die Gaskammer getrieben. Hauptscharführer Moll befahl den Frauen, sich auszuziehen, weil sie entlaust werden sollten. Dann wurden sie in die Gaskammer gebracht, deren Tür verschlossen wurde. Ein männlicher Lagerinsasse kletterte auf das Dach und warf durch ein Fenster, das er dann sofort wieder schloss, einen Gasbehälter in den Raum. Ich konnte drinnen Stöhnen und Wimmern hören. Nach zwei oder drei Minuten war alles still. Ob die Frauen tot oder nur bewusstlos waren, kann ich nicht sagen, da ich nicht dabei war, als die Kammer ausgeräumt wurde.

Nur wenige der Gefangenen, die man ins Jugendlager brachte, kamen lebendig wieder heraus. Eine von ihnen war Mary O'Shaughnessy; in dem Prozess gegen das Lagerpersonal vor dem Kriegsverbrechertribunal in Hamburg sagte sie über die Zustände aus, die dort herrschten. Nach ihren Worten handelte es sich um ein kleines Lager von etwa zehn Baracken, die kleiner als die des Hauptlagers waren. Bei ihrer Ankunft mussten die Frauen erst etwa drei bis vier Stunden stehen, ehe man ihnen ihre Räume zuwies. Diese »Räume« waren nichts weiter als abgeteilte Abschnitte in den Baracken. Pritschen gab es nicht; auf dem Fußboden lagen Strohsäcke umher. Jeder »Raum« war so überfüllt, dass sich niemals alle zur gleichen Zeit hinlegen konnten, ja, es war nicht einmal möglich, bequem zu sitzen. Nach ihrer Ankunft gab es bis zum nächsten Nachmittag fünf Uhr nichts zu essen, und während der ersten 24 Stunden bekamen die Insassen nicht einmal zu trinken.

Ein Massengrab in Belsen

Mary O'Shaughnessy brachte fast fünf Wochen im Jugendlager zu. Während dieser Zeit wurde die Verpflegung immer geringer, die Zahl der Appelle nahm zu, und Hunderte Frauen wurden zum Vergasen herausgegriffen. Fast täglich mussten die Insassen zu diesem Zweck antreten. Einmal befanden sich zwei französische Mädchen unter ihnen, die Geschwister waren; als nur eine von ihnen für die Gaskammer ausgewählt wurde, weigerte sich ihre Schwester, sie allein zu lassen, und schließlich gingen sie Hand in Hand in den Tod. Es gab auch ein Krematorium, das zum Schluss nicht nur zur Beseitigung von Leichen benutzt wurde: Es ist erwiesen, dass einige Häftlinge noch lebend in die Öfen geworfen wurden.

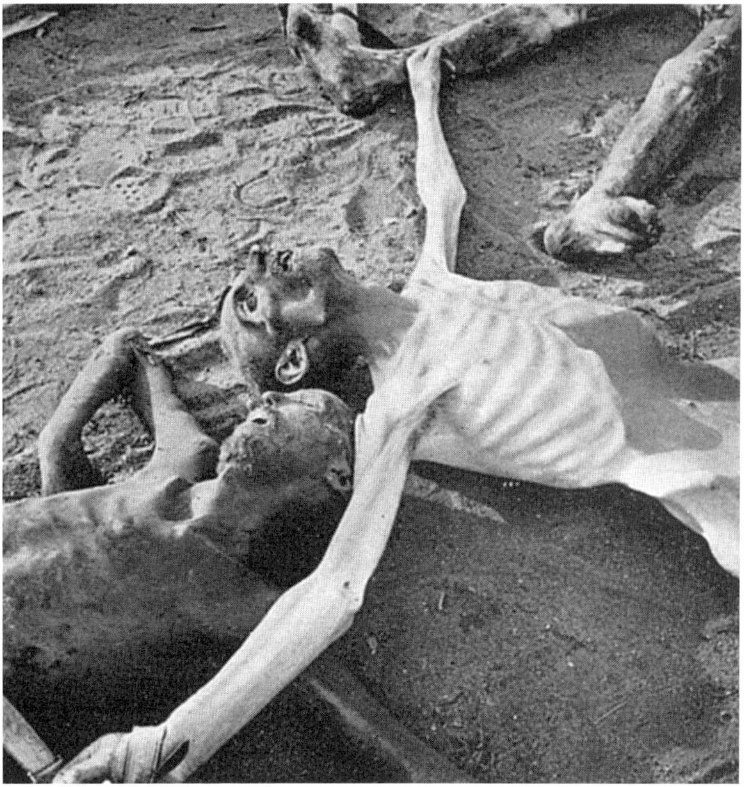

Belsen: Solche Anblicke waren im ganzen Lager zu sehen.

Belsen: Britische Truppen räumen das Lager mit Bulldozern

Unter den Gefangenen, die im April 1945 in Ravensbrück interniert waren, befand sich Odette Sansom[13]; vom Fenster ihrer Zelle aus konnte sie das Gebäude des Krematoriums sehen. Die Öfen waren seit Ende 1944 Tag und Nacht in Betrieb, und Frau Sansom hörte das Öffnen und Schließen der Türen und die Schreie von Menschen. Als Zeugin im Ravensbrückprozess gab sie in Beantwortung von Fragen des Richters eine ausführliche Beschreibung davon:

Frage: »Würden Sie bitte so deutlich wie möglich jeden von Ihnen erlebten Fall beschreiben, bei dem nach Ihren Worten ein Mensch lebendig in dieses Krematorium gebracht wurde?«

Antwort: »In den letzten Tagen des Krieges sah ich, wie Menschen zum Krematorium getrieben wurden; ich konnte sie schreien und kämpfen hören, und ich konnte hören, wie die Türen geöffnet und geschlossen wurden.«

Frage: »Ich wollte wissen, ob Sie zu beschwören bereit sind, dass sie gesehen haben, wie jemand gewaltsam in das Krematorium gestoßen wurde, sodass er zu Tode verbrannte.«

Antwort: »Ich kann mit Sicherheit schwören, dass ich gesehen habe, wie Menschen dorthin geschleift wurden, aber ich kann nicht schwören, dass ich sie im Krematorium gesehen habe.«

Frage: »Was sahen Sie, als sie zum Krematorium geschleift wurden? Was geschah dann, wenn sie dorthin geschleift worden waren?«

Antwort: »Ich sah sie nicht mehr.«

Frage: »Verschwanden sie aus Ihren Augen?«

Antwort: »Ja.«

Frage: »Wohin gingen sie, dass Sie sie nicht sehen konnten?«

Antwort: »Ich weiß nicht, wahrscheinlich in das Krematorium.«

Frage: »Gingen sie ins Innere des Gebäudes?«

Antwort: »Ja.«

Frage: »Sahen Sie sie wieder herauskommen?«

Antwort: »Nie.«

Frage: »Und nachdem sie verschwunden waren, da hörten Sie etwas, ist es so?«

Antwort: »Ja.«

Frage: »Und das Geräusch, das Sie hörten, hielten Sie für das Geräusch des Öffnens und Schließens des Krematoriums?«

Antwort: »Dessen bin ich gewiss.«

Das Konzentrationslager Ravensbrück wurde nach demselben System verwaltet wie alle anderen Konzentrationslager. Der Kommandant und die anderen Offiziere gehörten mit Ausnahme einiger Angehöriger des medizinischen Personals, die ihnen nur zugeteilt waren, alle der SS an. Auch die Lagerwachen waren SS-Leute.

Kommandant war Fritz Suhren, stellvertretender Kommandant Schwartzhuber und Leiter der Arbeitsabteilung ein gewisser Hans Pflaum. Diese drei bildeten die Exekutive. Ihnen unterstanden jedoch eine Anzahl Männer und Frauen in untergeordneten Positionen, die täglich mit den Insassen in Berührung kamen, und sie waren es, die das Lager durch ihre Brutalität und ihre teuflische Gemeinheit zur Hölle auf Erden machten: Ramdohr, der Leiter der sogenannten Politischen Abteilung; Binder, Vorarbeiter in der Schneiderwerkstatt; Dorothea Binz, Oberaufseherin; Skene, eine Unteraufseherin; Greta Bösel, eine andere Aufseherin und leitende Mitarbeiterin Pflaums im Arbeitsbüro des Lagers; Margarete Mewes, die für den Strafblock verantwortlich war; Carmen Mory, eine ehemalige Gefangene, die zur Blockältesten gemacht worden war; Vera Salvequart, eine ehemalige Gefangene, der später das Hospital des Jugendlagers übertragen wurde, und Elisabeth Marschall, ausgebildete Krankenschwester und Oberschwester des Lagers. Das medizinische Personal bildeten Schiedlausky, der eine Zeitlang Oberarzt war, sowie Treite (Oberassistent von Schiedlauskys Nachfolger Trommer), Rosenthal und der Dentist Hellinger.

Jeder einzelne von ihnen hatte eine bestimmte Funktion in dem System der Brutalität, der Unterdrückung, des Terrors und der Vernichtung, das in Ravensbrück herrschte. Jeder einzelne von ihnen hatte ein bestimmtes Aufgabengebiet; jeder trug in seinem Bereich zu dem großen Elend bei, das den Alltag der unter ihrer Kontrolle und in ihrer Macht befindlichen Menschen ausmachte. Nur wer zumindest einige ihrer Verbrechen kennt, kann das gewaltige Ausmaß und die ganze Ungeheuerlichkeit des Konzentrationslagersystems richtig einschätzen und begreifen, wie in der Zeit seines Bestehens tatkräftige Völker unterjocht und tapfere Geister gebrochen werden konnten.

Schwartzhuber war ein Altmeister der Brutalität, denn er war der SS 1933 beigetreten und konnte daher eine zwölfjährige Dienstzeit in den Reihen dieser verbrecherischen Organisation vorweisen. Vor dem Krieg war er in Dachau ausgebildet worden, und er muss ein vielversprechender Schüler gewesen sein, denn von 1935 bis 1944 wurde er systematisch befördert. Nach seiner Lehrzeit in Dachau erwarb er weitere Berufskenntnisse und -erfahrungen an anderen Ausbildungsstätten des Sadismus, und zwar in Sachsenhausen und Auschwitz, von wo er am 12. Januar 1945 nach Ravensbrück kam. Dort blieb er bis zum Schluss als Lagerführer und stellvertretender Kommandant. Als er diese Posten übernahm, betrug die Zahl der weiblichen Gefangenen etwa 25 000 – bei der Auflösung des Lagers, dreieinhalb Monate später, waren es noch 12 000.

Das Massenmorden begann gleich nach seiner Ankunft. Er sah alle Akten durch, und regelmäßig wurden ganze Gruppen von Häftlingen ins Jugendlager geschickt, wo viele Hinrichtungen stattfanden. Von irgendwelchen Gerichtsverhandlungen war keine Rede; die Opfer wurden entweder anhand der Akten oder bei den Sonderappellen ausgesucht. Der Befehl zur Ermordung dieser Frauen kam von der Sipo, und der Kommandant Suhren hatte ihn gegengezeichnet. Die Opfer wurden von dem Genickschusssachverständigen, Scharführer Schultz, vor dem Krematorium erschossen und dann drinnen verbrannt. Es ist auffallend, dass ihre Kleider mitverbrannt wurden. Diese Frauen gingen mit solcher Tapferkeit in den Tod, dass selbst Schwartzhuber nach seinem Geständnis »tief bewegt« war, als er einer dieser Hinrichtungen beiwohnte. Kurz nachdem er mit seinen restlichen Gefangenen aus Auschwitz in Ravensbrück eintraf, begann die Aussonderung der Opfer, die vor der Evakuierung getötet werden sollten, und nach den Lagerbüchern wurden im März und April 1945 insgesamt 3 500 Insassen angeblich »ins Genesungslager Mittelwerde übergeführt«. Ein Blick auf die Karte zeigt, dass Mittelwerde in einem Gebiet liegt, das damals bereits von der Roten Armee besetzt war.

Ramdohr, der die »Politische Abteilung« des Lagers leitete, war von Beruf Kriminalpolizeioffizier und hatte die Verantwortung für alle Vernehmungen. Er war kein Mitglied der SS, aber schlechtes Beispiel verdirbt gute Sitten, und so stand er während der ganzen Zeit, in der er diese 1942 übernommene Funktion ausübte, niemandem an Brutalität nach. Ein Schreiber, der in einem Raum neben seinem Büro arbeitete, hörte die Frauen oft während der Vernehmungen schreien. Erhielt Ramdohr nicht die gewünschten Auskünfte, so brachte er es fertig, die Frauen eine Woche lang ohne Bett und Nahrung in einer kalten Dunkelzelle einzusperren, aus der sie halb wahnsinnig wieder herauskamen.

Eine Polin, Frau Szeweczkowa, die von Ramdohr verhört wurde und sich weigerte, ihre Freunde preiszugeben, wurde in den Strafblock geschickt, wo sie zwölf Tage ohne Decken und ohne Nahrung zubrachte. Am zwölften Tag wurde sie Ramdohr vorgeführt, und da sie sich nach wie vor weigerte, Aussagen zu machen, verurteilte er sie zu sechs »Wasserduschen«. Bei dieser von Ramdohr erfundenen

Methode wurde das Opfer mit eiskaltem Wasser aus einem Feuerwehrhydranten mit besonders hohem Atmosphärendruck bespritzt. Das geschah drei Wochen lang zweimal wöchentlich mit Frau Szeweczkowa, dann wurde sie erneut von Ramdohr verhört, aber wiederum ohne Erfolg. Sie kam abermals für sechs Wochen in den Strafblock, wo sie täglich etwas Kaffee-Ersatz und Brot und jeden vierten Tag gekochte Nahrung erhielt. Nach Ablauf dieser Zeit brachte man sie vor den Kommandanten. Da sie sich immer noch weigerte, zu reden, ließ man von ihr ab und schickte sie ins Revier. Durch irgendeine Fügung des Zufalls entging sie dem Jugendlager und blieb am Leben.

Ramdohr unterzog die Gefangenen den grausamsten physischen und seelischen Foltern. Eine Frau wurde so entsetzlich geschlagen, dass sie nachher versuchte, Selbstmord zu begehen. Sie öffnete sich die Halsschlagader und wurde dann von Treite behandelt. Ramdohr gestand, dass er den Gefangenen die Nahrung entzog, dass er sie schlug und ihnen Betäubungsspritzen gab, um sie dann unter dem Einfluss dieser Medikamente auszufragen. Außerdem pflegte er den Gefangenen die Hände auf dem Rücken zusammenzubinden und sie dann mit dem Bauch so auf einen Tisch zu legen, dass ihr Kopf über den Rand hinausragte. An dieses Tischende stellte er einen Stuhl mit einer Schüssel Wasser, dann griff er die Frauen bei den Haaren und stieß sie mit dem Gesicht ins Wasser. So führte Ramdohr seine Verhöre durch. Das waren nicht die Methoden der Kriminalpolizei, der er angehörte, sondern die der Gestapo, deren gelehriger Schüler er war. Dieser Mann war wie so viele andere, die gleich wahnsinnigen Marionetten über die Bühne der deutschen Geschichte stolzierten, ein merkwürdiges Studienobjekt für Psychologen. Wie so viele seiner Kumpane war er eine eigenartige Mischung von Sadismus und Sentimentalität, von Sanftheit und Despotismus.

Als er 1947 in Hamburg von einem Kriegsverbrechertribunal für schuldig befunden und zum Tode durch Erhängen verurteilt wurde, schrieben viele seiner Verwandten und Freunde, »der liebe gute Ludwig hätte niemals auch nur einem Tier etwas zuleide tun können«; er sei ein Kamerad gewesen, »der die Natur liebte«; ein »Beschützer der Armen und Unterdrückten«; bei Spaziergängen hätte er manchmal »merkwürdige kleine Sätze gemacht, um eine Schnecke oder Eidechse nicht zu zertreten«, und als er den Kanarienvogel seiner Schwiegermutter beerdigte, hätte er »das Vögelchen zärtlich in eine kleine Schachtel gelegt, mit einer Rose bedeckt und unter einem Rosenbusch begraben«. Es ist nicht leicht, das Bild des brutalen Ramdohr von Ravensbrück, der der Schrecken des ganzen Lagers war, mit dem des »lieben guten Ludwig« zu vereinbaren, als den ihn seine Angehörigen und Freunde in Erinnerung hatten.

Binder, ein überaus brutaler Mann, war für eine der Werkstätten verantwortlich. Von Beruf Schneider, trat er 1933 als Freiwilliger in die SS ein und verbrachte seine Lehrjahre wie Schwartzhuber in Dachau. Seine dortige Ausbildung und die Erfahrungen, die er in Bezug auf die Methoden der SS in Dachau gesammelt hatte, dürften ihm sehr zustatten gekommen sein, als er in der berüchtigten Schneiderwerkstatt der Fabrikkolonie von Ravensbrück als Vorarbeiter tätig war. Er schlug die Frauen seiner Werkstatt, trat sie mit Füßen und verfolgte sie bei jeder Gelegenheit. Stets hatte er eine Peitsche bei sich, und es war ein alltäglicher Anblick, dass Frauen mit blutenden Wunden, die von Binders Schlägen herrührten, dasaßen und nähten. Eine holländische Gefangene, die unter ihm arbeiten musste, machte folgende Aussage:

> Binder war sehr grob und brutal zu den Frauen seiner Werkstatt. Er pflegte uns jeden Tag zu schlagen und schien erst beruhigt zu sein, wenn er Blut sah. Einmal sah ich, wie er eine polnische Frau derartig schlug, dass sie von der Stelle weg ins Revier gebracht werden musste. Ich sah sie nie wieder, und wie ich hörte, ist sie gestorben. Wenn wir nicht zu seiner Zufriedenheit schufteten, nahm er uns den kleinen Kanten Brot weg, den wir für die elfstündige Schicht bekamen, und ließ uns stundenlang im Stehen arbeiten.
>
> Manchmal schlug er die Frauen mit einem Stuhl, und ich habe gesehen, wie er sie an den Haaren herumschleifte und zusammenprügelte. Wenn er eine Frau mit tiefgebeugtem Kopf sah – wir waren doch alle unterernährt und müde –, kam er und stieß sie mit dem Kopf gegen

> den Arbeitstisch. Er zwang uns auch, uns völlig auszuziehen und nackt vor ihn hinzustellen. Als Grund dafür gab er an, er wolle sich vergewissern, ob wir auch kein Stück Stoff in unseren Kleidern versteckt hätten, weil wir damals so wenig anzuziehen hatten.

Eine andere junge Polin, die zur Arbeit in Binders Werkstatt geschickt wurde, hatte infolge des Vitaminmangels eine offene Wunde am Arm. Binder wies ihre Klage zurück und gestattete ihr nicht, sich im Revier zu melden. Mit den Worten: »Du bist überhaupt nicht krank«, riss er ihr den Verband herunter. Das Mädchen fiel hin, und als sie wieder aufgestanden war, schlug er ihr mit aller Kraft die Faust ins Gesicht. Als sie daraufhin erneut fiel, trampelte er auf ihr herum. Viele Frauen verletzte Binder mit Scheren, die er nach ihnen warf, oder mit den Metallknöpfen der Uniformjacken, die er ihnen um den Kopf schlug. Er schickte viele Frauen in den Tod, indem er sie zum Arbeiten zwang, wenn sie gar nicht mehr dazu fähig waren, oder sie stundenlang splitternackt im Regen stehen ließ.

Dorothea Binz stand im Rang einer Aufseherin und war von allen gefürchtet. Dieses junge Mädchen war 1920 geboren; kurz vor dem Krieg hatte sie noch als Küchenmädchen gearbeitet. 1939 war sie die Plackerei im Haushalt bereits leid, und durch Vermittlung eines Freundes wurde sie, erst neunzehneinhalb Jahre alt, am 2. September 1939 als Freiwillige in die SS aufgenommen und sogleich in das neueröffnete Konzentrationslager Ravensbrück geschickt. Sehr zu ihrem Leidwesen wies man ihr, zweifellos wegen ihrer bisherigen Tätigkeit, eine Stelle in der Lagerküche zu. Bald jedoch überzeugte sie ihre Vorgesetzten davon, dass sie zu Höherem bestimmt sei. Innerhalb weniger Monate wurde sie zur Aufseherin ernannt, und es muss ein stolzer Tag für Thea Binz gewesen sein, als sie das erste Mal ihre feldgraue Uniform trug und in ihren schwarzen Schaftstiefeln, die Peitsche in der Hand, im Lager herumstolzierte.

Als brutale und sadistische Kreatur war sie von diesem Tage an ein untrennbarer Bestandteil des Lagersystems, das aus Tausenden unschuldiger Frauen das Leben herauspresste. Und die weibliche

Spielart dieser Spezies war noch brutaler als die männliche. Dorothea Binz prügelte die Gefangenen, gab ihnen Fußtritte und teilte tagein, tagaus Schläge aus, manchmal als Bestrafung für nichtige Disziplinarvergehen, manchmal ohne jeden Grund, aus bloßer Schadenfreude. Manchmal benutzte sie einen Stock, manchmal eine Peitsche, manchmal einen Gürtel, manchmal den Löscher vom Schreibtisch ihres Büros – was eben grade greifbar war. Das ganze Lager wurde von Schrecken erfasst, wenn sie auftauchte. Einmal schlug die Binz so lange auf eine Frau ein, bis sie hinfiel; dann trampelte sie auf ihr herum. Als sie ein andermal außerhalb des Lagers im Wald einen Arbeitstrupp inspizierte, streckte sie eine Gefangene mit einer Spitzhacke nieder und schlug so lange zu, bis ihr blutüberströmtes Opfer sich nicht mehr rührte. Dann bestieg sie ihr Fahrrad und fuhr seelenruhig ins Lager zurück.

Binz war befugt, Häftlinge für geringfügige Verstöße gegen die Disziplin in den Strafblock zu schicken, aber manchmal zog sie es vor, die Angelegenheit gleich an Ort und Stelle durch Prügel zu erledigen. Sie vollstreckte auch die vom Kommandanten verhängten Prügelstrafen von 25, fünfzig oder 75 Stockschlägen. Wer zu spät zum Appell kam, wurde von ihr geschlagen. Manchmal ließ sie die Frauen auch stundenlang strammstehen und schlug sie dabei ins Gesicht – und ein solcher Schlag von der Binz war, wie eines ihrer Opfer aussagte, keine Kleinigkeit: »Es war genauso, als hätte mich ein kräftiger Mann geschlagen, denn sie verstand sich darauf: Wenn sie einen ins Gesicht schlug, dann war das so heftig, dass man es zwei Reihen weiter hinten hören konnte.« Sie verabreichte auch die »Wasserduschen«. Stanislawa Szeweczkowa, die von Ramdohr zu dieser Strafe verurteilt worden war, weil sie beim Verhör keine Aussagen machte, gab folgende Schilderung davon:

> Die Binz brachte mich in den Duschraum. In einer Ecke stand eine Dusche, und das Wasser lief bereits; es strömte aus Röhren, die in verschiedener Höhe angebracht waren, und wurde unter starkem Druck herausgepumpt. Nach etwa zwölf Minuten fiel ich hin, und die Binz schüttete mir einen Kübel Wasser ins Gesicht. Als ich versuchte, die

> Hände über mein Gesicht zu halten, öffnete sie eine Tür und pfiff ihren beiden Hunden. Einer von ihnen biß mich in die Hand. Da wurde ich ohnmächtig. Ich nehme an, dass man mich dann in meine Zelle schleifte, denn als ich zu mir kam, war mein Rücken völlig aufgeschürft, und meine Kleider lagen neben mir [...], von da an bekam ich zweimal in der Woche, dienstags und freitags, von der Binz eine Dusche. Jedes mal wurde ich ohnmächtig.

Es war ein Lieblingssport von Dorothea Binz, mit dem Fahrrad mitten in eine Gruppe von Frauen hineinzufahren, die infolge ihrer allgemeinen Schwäche dabei gewöhnlich hinfielen. Dann fuhr sie lachend über sie hinweg. Es machte ihr auch großen Spaß, ihre Hunde auf die Gefangenen zu hetzen. Eines Tages ließ sie ihren Hund auf eine Russin los und stachelte ihn so an, dass er die Frau fortgesetzt biss. Der Gefangenen wurde einer ihrer mageren Arme buchstäblich abgerissen. Eine weitere Zerstreuung, die sie höchst vergnüglich fand, bestand darin, die der Obhut von Carmen Mory anvertrauten Geistesgestörten aufzusuchen. Diese Frauen wurden wie Kuriositäten bei einer Zirkusvorstellung zur Schau gestellt, und sie machte sich einen Spaß daraus, sie zu reizen und ihren Spott mit ihnen zu treiben.

Die Tätigkeit dieses Mädchens in Ravensbrück kann hier nur in groben Zügen angedeutet werden. Dorothea Binz kam am ersten Kriegstag ins Lager und blieb bis zum Schluss dort. Sie wurde von der berüchtigten Irma Grese aus Belsen für ihre Aufgaben geschult und erwies sich als gelehrige Schülerin. Mehr als fünf Jahre lang verbreitete sie Schrecken unter Tausenden von Unglücklichen, die in ihrer Macht waren, und als man sie 1947 im Gefängnis von Hameln hängte, wurde ihr ein besseres Los zuteil, als sie verdient hatte.

Carmen Mory war für die »verrückten Frauen« verantwortlich. Obgleich selbst eine Schweizer Staatsangehörige, wurde diese Frau ein williges Werkzeug der Nazis, und während ihrer Gefangenschaft in Ravensbrück übernahm sie den Posten einer Blockältesten und machte sich als Untergebene des Kommandanten großer Grausamkeiten und fortgesetzter Misshandlung anderen Gefangenen gegenüber schuldig, zu deren Vorgesetzten man sie gemacht hatte.

Sie war im Gegensatz zu den deutschen Angehörigen des weiblichen Lagerpersonals eine gebildete Frau. 1905 in Bern geboren, war sie in der Schweiz, in Frankreich, Holland und England erzogen worden. Später hörte sie Vorlesungen über Journalismus an der Münchener Universität und arbeitete danach in der Schweiz und England als freiberufliche Journalistin. Als Kind protestantischer Eltern trat sie später zur römischkatholischen Kirche über. Im November 1938 wurde sie in Frankreich verhaftet und 1940 wegen Spionage im Gebiet der Maginotlinie verurteilt. Das Militärgericht, vor dem der Prozess stattfand, verurteilte sie zum Tode, aber drei Monate später wurde sie begnadigt.

Am 7. Juni, als sich die Deutschen Paris näherten, wurde sie freigelassen, aber am 24. Juni in der Nähe von Tours von den Deutschen festgenommen und nach Paris zurückgebracht. Ihr Fall wurde an das RSHA in Berlin verwiesen, das Anweisung gab, sie in Haft zu nehmen. Nachdem sie in den französischen Gefängnissen Cherche-Midi und Fresnes inhaftiert gewesen war, brachte man sie im August 1940 nach Deutschland, wo sie während ihrer Haft im Gefängnis des Polizeipräsidiums am Alexanderplatz von der Gestapo verhört wurde. Schließlich wurde sie auf Heydrichs Anweisung freigelassen, aber dann unter dem Verdacht der Spionage gegen Deutschland erneut verhaftet und im Februar 1941 nach Ravensbrück gebracht.

Diese drittklassige Mata Hari stand sich bald recht gut mit ihren Herren. Sie wurde zur Blockältesten ernannt und »benahm sich wie eine richtige SS-Angehörige«, wie eine der Zeuginnen in ihrem Prozess sagte. Sie hatte sogar Gelegenheit, ihrem alten Gewerbe nachzugehen, denn während ihres Aufenthaltes in diesem Lager gehörte sie zeitweilig zu Ramdohrs Spitzeln. Einige Monate lang war sie für den Block zehn verantwortlich, in dem sich der Raum mit den »verrückten Frauen« befand. Außerdem gab es im Block zehn noch einen Raum, der von Tuberkulose-Kranken bewohnt wurde. Carmen Mory übertrug einem deutschen Kriminellen die Verantwortung für diese Patienten, die dieser zu schlagen und zu bestehlen pflegte. Sie selbst schlug ständig die ihr unterstellten Häftlinge, darunter auch eine polnische Frau, der sie dann noch, als sie splitternackt war, kübelweise kaltes Wasser über Gesicht und Körper goss. Diese Frau war charmant und allgemein beliebt. Außerdem sang sie gut, und das war der einzige Grund, weshalb Mory sie misshandelte. Sie starb am nächsten Tag.

Die belgischen Frauen des Lagers nannten Mory »das Ungeheuer«. Sie pflegte kranke Frauen halbtot von ihren Pritschen im Block zehn zu zerren und ins Waschhaus schleifen zu lassen. Dort ließ sie sie auf die kalten Fliesen legen und mit Kübel kalten Wassers übergießen, wobei sie sagte: »Jetzt bist du bestimmt sauber.«

Violette Lecoq, von der die Federzeichnungen in diesem Buch stammen, war Leutnant in der France Combattante, einer der Organisationen der französischen Widerstandsbewegung. Vor dem Krieg hatte sie als Krankenschwester gearbeitet. Sie wurde am 20. August 1942 verhaftet und kam im Oktober 1943 als Nacht-und-Nebel-Gefangene nach Ravensbrück. Wenige Monate nach ihrer Ankunft wurde sie von Carmen Mory zu ihrer Unterstützung in den Block zehn geholt. Im Ravensbrückprozess beschrieb Violette Lecoq als Zeugin einen Vorfall, der sich eines Nachts im Block zehn ereignete.

> Eines Nachts wurden wir durch Schreie aus dem Raum mit den geistesgestörten Gefangenen geweckt. Carmen Mory, eine Medizinstudentin, eine französische Krankenschwester und ich standen auf und gingen in den Raum, um nachzusehen, was los war. Wir öffneten die Tür und sahen zwei Frauen miteinander kämpfen. Eine von ihnen war anscheinend eine Russin. Mory nahm einen der Ledergürtel, die stets dort hingen, und begann, beide Frauen damit zu bearbeiten. Sie schickte die Medizinstudentin nach Ampullen und gab dann beiden Frauen Injektionen. Als ich am nächsten Morgen wieder in den Raum kam, sah ich fünf Frauen tot daliegen, darunter die beiden, denen die Mory in der Nacht die Spritze gegeben hatte.

Carmen Mory blieb bis zum Kriegsende in Ravensbrück. Mit vielen anderen wurde sie entlassen und schlug sich schließlich zur britischen Zone durch. Dort fand sie Beschäftigung bei einer britischen

Militäreinheit in der Nähe von Hamburg, wo sie dann am 5. Oktober 1945 als Kriegsverbrecherin verhaftet wurde.

Eine der finstersten Gestalten dieses Lagers war eine junge Frau mit Namen Vera Salvequart. Auch sie hatte eine merkwürdige Vergangenheit und kam ursprünglich als Gefangene in das Lager. Zur Zeit ihres Prozesses war sie erst 27 Jahre alt. Als Kind einer tschechischen Mutter und eines sudetendeutschen Vaters in der Tschechoslowakei geboren, hatte sie in Leipzig eine Ausbildung als Krankenschwester erhalten. Während des Krieges wurde sie mehrmals verhaftet. 1941 war sie festgenommen, verhört und in ein jüdisches Lager in Flossenberg gebracht worden, weil sie ein Verhältnis mit einem Juden hatte, der von der Gestapo gesucht wurde und nicht zu finden war. Da sie sich weigerte, der Gestapo seinen Aufenthaltsort mitzuteilen, wurde sie zehn Monate in Flossenberg interniert, aber dann freigelassen. Im Mai 1942 wurde sie erneut verhaftet, diesmal wegen Übertretung der Nürnberger Gesetze, darunter »Verhältnissen« mit Juden; sie erhielt zwei Jahre Gefängnis und wurde im April 1944 wieder freigelassen. Am 8. August

Eine Wagenladung voller Leichen in Buchenwald

1944 wurde sie wegen Spionage und Feindbegünstigung erneut festgenommen und zusammen mit ihrem Verlobten und dessen Schwester in Dresden abgeurteilt. Ihr Verlobter nahm alle Schuld auf sich und wurde zum Tode verurteilt. Salvequart und ihre zukünftige Schwägerin kamen vorübergehend ins Konzentrationslager Theresienstadt, von wo sie nach einer langen Irrfahrt am 6. September 1944 in Ravensbrück eintraf.

Diese junge Frau, für die man normalerweise durchaus ein gewisses Mitgefühl haben könnte, war in den wenigen Monaten ihres Aufenthaltes in Ravensbrück persönlich für den Tod einer großen Anzahl Mitgefangener verantwortlich, die von ihr vergiftet wurden. Ihre genaue Zahl ist nicht bekannt, aber die Salvequart gab ausführlich Auskunft über das Vernichtungsprogramm, das in Ravensbrück durchgeführt wurde und an dem sie sich später aktiv beteiligte. Bei ihrer Ankunft wurde sie in das berüchtigte »Judenzelt« gebracht. Dort befanden sich 2000 Frauen, Jüdinnen aus Ungarn und der Tschechoslowakei, die zuvor in Auschwitz interniert und angesichts des Vormarsches der Roten Armee nach Ravensbrück verlegt worden waren.

Es gab keine Pritschen, keine Strohsäcke, kein Stroh, keine Dielen, nur den nackten Erdboden. Rechts vom Zelteingang war durch Seile eine Ecke mit zehn alten Zwanzig-Liter-Kübeln abgeteilt, die als Abort benutzt wurden. Es gab auch keine Waschmöglichkeit. Dr. Treite sprach nur vom »Schweinezelt«. In diesem Zelt lagen auch Typhuskranke, und jede Nacht starben zwei oder drei von ihnen. Dort habe sie zum ersten Mal mit Leichen schlafen müssen, sagte Salvequart. Einige Tage lang wurde sie in Quarantäne gehalten, dann musste sie mit dem jüdischen Arbeitskommando im sogenannten »Kornkeller« arbeiten. Wer die ersten Kapitel dieses Buches gelesen hat, kann über die Bedingungen, unter denen das jüdische Arbeitskommando arbeitete, nicht überrascht sein. Nur weil sie Juden waren, mussten diese Menschen unter den härtesten und elendsten Bedingungen arbeiten, die es im ganzen Lager gab. Die Frauen des Arbeitskommandos mussten zentnerschwere Säcke von

Neueingelieferte KZ-Häftlinge werden zur medizinischen Untersuchung getrieben. Das Foto wurde bei einem deutschen Gefangenen gefunden.

der Havel in den Kornkeller schleppen. Die Entfernung vom Fluss zum Kornkeller betrug 800 Meter. Es ging den ganzen Weg bergauf, und es durften immer nur zwei Frauen zusammen einen Sack tragen. Bei den ersten zwei oder drei Säcken ging das noch, aber dann wurden die Finger klamm vor Kälte. Der Frost drang unter die Nägel, und die Hände konnten nicht mehr zupacken. Infolgedessen ließen die Frauen die Säcke fallen, und dann wurden sie jedes Mal von einer Aufseherin geschlagen.

Vera Salvequart arbeitete so lange in diesem Arbeitskommando, bis man entdeckte, dass sie eine ausgebildete Krankenschwester war. Man erklärte ihr, es werde sich in einem anderen Lager in der Nähe genügend Arbeit für sie finden. So landete sie Anfang Februar 1945 im Jugendlager. Die Zustände in diesem kleinen Lager, das nur wenige Kilometer vom Hauptlager entfernt war, muss man gesehen haben, um sie für möglich halten zu können. Als Salvequart dort eintraf, war es bereits überbelegt. Für 3 000 Insassen standen nur fünf Wohnbarackenblocks zur Verfügung. Im sogenannten »Hospital« lagen sechzig tuberkulosekranke Frauen, und es gab praktisch keine Medikamente, weil die beiden SS-Wärterinnen Rapp und Kohler alle Bestände auf dem schwarzen Markt verschoben.

Am Tag nach der Ankunft von Vera Salvequart wurden 300 Frauen eingeliefert, deren Namen auf einer Liste mit dem Titel »Transport ins Genesungslager Mittelwerde« verzeichnet waren. Diese Namensliste wurde von Rapp und Salvequart überprüft, die die Anweisung erhielten, hinter jeden einzelnen Namen irgendeine Krankheitsbezeichnung zu setzen. Dann wurden die Frauen ausgezogen, und mit Tintenstift schrieb man ihnen ihre Häftlingsnummer auf den linken Oberarm. Nachdem sie sich wieder angezogen hatten, mussten sie bis zur Dämmerung im Korridor bleiben, dann brachte man sie mit Lastwagen fort – angeblich zur Desinfektion. In Wirklichkeit kamen sie in die Gaskammer von Ravensbrück, die kurz zuvor gebaut worden war und in der zu dieser Zeit Hochbetrieb herrschte. Es dauerte nicht lange, bis Vera Salvequart begann, auf eigene Faust ein wenig Vernichtung zu betreiben. Zunächst gab sie polnischen Frauen Injektionen; die Opfer fand man später hilflos auf dem Fußboden des Waschraums liegend, wo sie sich vor Schmerzen krümmten und stöhnten und nach Wasser riefen. Einer großen Anzahl Gefangener gab sie ein »weißes Pulver«. Eine Frau Ottelard, die sich damals im Jugendlager befand, schilderte, wie die Opfer starben:

> Nachdem die Patienten dieses weiße Pulver bekommen hatten, legten sie sich schlafen. Einige von ihnen, vermutlich jüngere, deren Körper noch einige Widerstandskraft besaß, versuchten aufzustehen, aber sie waren nicht imstande, sich auf den Beinen zu halten. Am nächsten Morgen schliefen und schnarchten die meisten der Frauen, die das Pulver genommen hatten, immer noch. Sie schliefen bis gegen vier Uhr nachmittags, dann hörte das Schnarchen auf, und sie waren tot.

Die Salvequart bestritt, irgendwelche tödlichen Spritzen gegeben zu haben, und behauptete, Hunderten Menschen das Leben gerettet zu haben, indem sie die Listen der Toten fälschte und bestimmte Namen drei- oder viermal in den Verzeichnissen aufführte. Tatsächlich gab es einige Beweise dafür, dass sie bei der Vergiftung gewisse Unterschiede machte, und ihren persönlichen Spießgesellen scheint die tödliche Dosis erspart geblieben zu sein. Sie stand auf sehr freundschaftlichem Fuße mit den beiden SS-Krankenwärterinnen, und ihre Freudinnen wurden alle in einem Teil des Reviers untergebracht, in dem angeblich angenehmere Bedingungen herrschten als in den übrigen Räumen. Aber eine Schwalbe macht noch keinen Sommer, und auf jede Frau, die Salvequart nicht tötete, kamen Dutzende, die durch ihre Hand starben.

Zu einem vernichtenden Urteil für Salvequart wurde die Aussage einer Wienerin namens Lotte Sontag, die sie selbst als Zeugin zu ihrer Verteidigung benannt hatte und die ihr Anwalt ohne vorherige Rücksprache in den Zeugenstand treten ließ. Diese Zeugin wurde verhört, um vor Gericht den Beweis zu erbringen, dass Salvequart die Patienten des Jugendlagerreviers im Allgemeinen und Lotte Sontag im Besonderen freundlich und rücksichtsvoll behandelt und jede Gelegenheit, die sich ihr in ihrer verantwortlichen Stellung bot, wahrgenommen habe, um die Lage der ihr anvertrauten Frauen zu erleichtern und die bösen Absichten des Lagerpersonals zu durchkreuzen.

»Erinnern Sie sich«, sagte der Anwalt, »dass die Salvequart jederzeit Stiefel für Sie beschaffte?« – »Ja«, antwortete Lotte Sontag, »ich erinnere mich, dass sie uns Stiefel besorgte, aber gleichzeitig muss ich sagen, dass sie von den Kranken stammten, die von Vera vergiftet wurden.« – »Hat die Zeugin das wirklich gesagt?« fragte der Richter. »Ja«, antwortete der Dolmetscher. »Hatten Sie denn keine Skrupel, diese Schuhe zu tragen, die andern Menschen gehört hatten?« fragte der Anwalt der Salvequart im Tone der Entrüstung. »Sie taten uns schrecklich leid«, antwortete Fräulein Sontag, »aber die Schuhe waren nun einmal da, und wir hatten keine, und so trugen wir sie.«

Fräulein Sontag sagte dann vor Gericht, Vera Salvequart habe ihr verraten, weshalb sie den Gefangenen das weiße Pulver selber verabreichte: Die Frauen nähmen es von den SS-Leuten nicht an, weil sie ihnen nicht trauten; da sie jedoch selbst eine Gefangene sei, die eine freundliche Stimme habe und es anscheinend gut mit ihnen meine, nähmen sie von ihr das Pulver in der Annahme, dass es Medizin sei. Dass die Salvequart – aus welchen Gründen, ist schwer zu sagen – mit dem Lagerpersonal bei der Vernichtung der Insassen des Jugendlagers zusammenarbeitete, steht außer Frage.

Auch ihr Verhalten nach ihrer Festnahme durch die Alliierten im April 1945 stand nicht im Einklang mit ihrer Behauptung, sie habe gegen die SS gearbeitet und im Interesse der Gefangenen gehandelt. Obgleich sie als Augenzeugin Massenmorde und andere Verbrechen mit angesehen hatte und den Stellen, in deren Gewahrsam sie sich befand, einen Bericht darüber hätte geben können, tat sie dies nicht; sie zog es vielmehr vor, ihre Identität zu verheimlichen und sich den Namen Anna Markova zuzulegen, unter dem sie dann auch verhaftet wurde.

Oberschwester im Frauenlager Ravensbrück war von April 1943 bis zur Befreiung im Jahre 1945 Elisabeth Marschall, von der mit Recht gesagt wurde, sie habe ihre Finger in jeder dreckigen Angelegenheit im Lager gehabt. Marschall, von Beruf Krankenschwester, war seit fünfzehn Jahren Mitglied der Nazipartei und gab an, sie sei nach Ravensbrück strafversetzt worden, weil sie entgegen den SS-Vorschriften im Hospital der Hermann-Göring-Werke in Braunschweig zwei französischen Zwangsarbeitern zu essen gegeben habe. Diese Frau war eine Schande für ihren ehrenvollen Beruf. Als Oberschwester ging sie brutal mit den Patienten um; sie verweigerte Kranken die Behandlung, ließ kleine Babys verhungern und stahl Päckchen des Roten Kreuzes. 1944 war sie einmal für die Desinfektion einiger Blocks verantwortlich. Die Aktion erfolgte während der Nacht, und die Frauen mussten sich ausziehen und splitternackt aufstellen. Dann streute man ihnen irgendein chemisches Präparat über den Kopf und gab ihnen eine Salbe, mit der sie die befallenen Körperstellen bestreichen sollten. Wenn eine Frau die

Salbe nicht in der richtigen Weise auftrug, wurde sie von Marschall brutal geschlagen. Eine Frau sagte:

> Wir wurden dann in einen anderen Block geführt, wo wir die ganze Nacht stehen mussten und überhaupt nicht zum Schlafen kamen. Am nächsten Tag führte man uns zum Waschhaus, aber ehe wir hineindurften, mussten wir noch drei Stunden lang draußen im Regen stehen.

Ein paar Tage später war das Revier voll von Patienten mit Lungenentzündung. Da sie ohnehin schon eine geschwächte Konstitution hatten und keine wirksame Behandlung erhielten, starben viele von ihnen.

Marschall beteiligte sich auch aktiv an der Auswahl der Opfer für die sogenannten Mittelwerdetransporte, die in Wirklichkeit in die Gaskammer führten, und half beim Zusammenstellen des Transports von 800 Frauen, die im November 1944 nach Lublin geschickt wurden. In Zusammenarbeit mit Dr. Treite entschied sie darüber, wer die rosafarbenen Karten erhielt. Sie hatte dabei das letzte Wort zu sprechen, denn als sich einmal eine norwegische Gefangene, die in diesem Kapitel bereits erwähnte Sylvia Salvesen, an Dr. Treite wandte, um zu erwirken, dass zwei norwegische Frauen von der Liste dieser Todestransporte gestrichen würden, erklärte er ihr, sie müsse die Oberschwester fragen, denn darüber könne er nicht entscheiden. Als die Oberschwester gebeten wurde, die Namen zu streichen, fragte sie: »Was tun sie?« – »Sie stricken«, antwortete Sylvia Salvesen. »Die Strickerinnen müssen alle mit«, sagte Marschall. (Die Strickerinnen waren es natürlich nicht wert, am Leben zu bleiben. Sie waren alte Frauen, die keine schwere Arbeit mehr leisten konnten.)

Auch für die Zustände im Revier war die Oberschwester verantwortlich. Sie hätten kaum schlimmer sein können, und Elisabeth Marschall fand sich nicht nur damit ab, sondern schien sie sogar gutzuheißen. Jedenfalls tat sie nichts, um Abhilfe zu schaffen. Sylvia Salvesen, die im Revier arbeitete, gab folgende Beschreibung von einem der Krankenräume, in dem die meisten Patienten tiefe, offene Wunden hatten:

> Es roch entsetzlich, denn die Verbände waren seit einer Woche nicht erneuert worden. Die Verbände waren lediglich aus Papier, und die meisten von ihnen gingen nach einem Tag ab. Da alle Wunden offen waren und eiterten, können Sie sich vorstellen, wie die Laken aussahen. Ich kann mich nicht erinnern, wie oft sie gewechselt wurden, jedenfalls waren sie stets schmutzig. Im Isolierblock war es noch zehnmal so schlimm. Ich entsinne mich, wie ich einmal ohne Erlaubnis hineinging. Die Insassen lagen alle auf dem Fußboden, lauter Kranke und Sterbende, über die ich hinwegtreten musste, um zu meiner norwegischen Freundin zu gelangen, der ich etwas zu essen brachte. Sie war verzweifelt und sagte: »Das ist schlimmer als die Hölle.« Wenn man mit Typhus ins Revier kam und am Leben blieb und entlassen wurde, kehrte man bald mit irgendeiner anderen Krankheit zurück. Oft wechselte man lediglich den Raum, weil man die Krankheit gewechselt hatte.

Violette Lecoq, wie bereits erwähnt eine ausgebildete Krankenschwester, die ebenfalls eine Zeit lang im Revier beschäftigt war, wollte eines Tages im Laboratorium Narkotika holen, als sie auf dem Hof fünf Schubkarren mit je einem menschlichen Körper stehen sah. Bei näherem Hinsehen stellte es sich heraus, dass es sich um fünf Jüdinnen handelte, wie das Dreieck auf ihren Kleidern bewies. Jede lag rücklings in der Karre, die Beine hingen an der Seite herab. Violette Lecoq trat dicht heran und befühlte die Körper, um festzustellen, ob noch etwas für die Opfer getan werden konnte. Drei von ihnen lebten noch. In diesem Augenblick erschien Marschall und rief der jungen Französin über den Hof zu, dass sie sich nicht um die Frauen kümmern sollte. Violette Lecoq ging in ihren Block zurück und kam mit zwei Freundinnen wieder, um zu sehen, ob den Jüdinnen nicht vielleicht doch geholfen werden konnte, aber wieder erschien Marschall und trieb sie fort. Die Karren standen die ganze Nacht dort, und am nächsten Morgen waren auch die drei Überlebenden tot.

Während ihrer ganzen Tätigkeit als Oberschwester dieses Lagers verstieß Marschall gegen alle Gesetze der Menschlichkeit und des Anstands. Als ausgebildete Krankenschwester hatte sie eine hohe Stellung in ihrem ehrenvollen Beruf erlangt, den sie so herabwürdigte. Unter Missachtung des strengen Kodexes ihres humanen Berufes zog sie es vor, sich an die widerwärtigen Prinzipien ihrer Partei und ihres Führers zu halten, und tat alles in ihrer Macht Stehende, um deren böse Absichten zu verwirklichen. Lassen wir Sylvia Salvesen das Schlussurteil über Elisabeth Marschall sprechen:

> Da sie eine ausgebildete Krankenschwester war, hatten wir, glaube ich, alle das Bild der Florence Nightingale vor Augen: Wir dachten, eine Krankenschwester sei verpflichtet, zu helfen, sie sei darauf vereidigt, den Menschen jederzeit ungeachtet der Nationalität zu helfen. Was meine Freundinnen unter den Gefangenen und mich selbst wohl am meisten bestürzte, war die Tatsache, dass Ärzte, Schwestern und Krankenpflegerinnen so tief sinken und so pflichtvergessen sein konnten.

Die Ärzte, die während des Krieges in Konzentrationslagern arbeiteten, haben die Ehre ihres Berufs in Deutschland mit einer Schande befleckt, die noch viele Jahrzehnte an ihm haftenbleiben wird. Unter völliger Missachtung ihrer ärztlichen Berufung wurden diese Männer, im Allgemeinen ohne den leisesten Protest, zu aktiven Mitwirkenden im Vernichtungssystem der Konzentrationslager, und sie arbeiteten rückhaltlos mit dem SS-Personal zusammen, um die Lager zur Hölle auf Erden zu machen.

Eine beträchtliche Zeitlang war Dr. Schiedlausky Oberarzt in Ravensbrück. 1933, zwei Jahre nach seiner Promovierung, trat er in die SS ein. Im Dezember 1941 kam er nach Ravensbrück, wo er bis Dezember 1943 blieb; dann wurde er ins Konzentrationslager Buchenwald versetzt. Buchenwald war ein größeres und wichtigeres Lager als Ravensbrück, und seine Versetzung hatte den Charakter einer Beförderung. Er ging mit den ganzen in zweijährigem bestialischem Treiben gesammelten Erfahrungen dorthin und erwies sich auf seinem neuen Posten der ihm zuteil gewordenen Beförderung in einem solchen Maße würdig, dass er sich, wenn er nicht von einem britischen Gericht für seine Verbrechen in Ravensbrück zum Tode verurteilt worden wäre, später auf Grund einer ähnlichen Anklage zusammen mit Ilse Koch und seinen anderen Kollegen vor dem amerikanischen Gericht hätte verantworten müssen, das im April 1947 in Dachau den Buchenwaldprozess durchführte.

Wenn ein Transport neueingelieferter Gefangener im Badehaus inspiziert wurde, wie es in diesem Kapitel schon durch Sylvia Salvesen beschrieben worden ist, war Schiedlausky im Allgemeinen unter den inspizierenden Offizieren. Die Frauen mussten sich stets splitternackt ausziehen, ohne dass jemals eine ärztliche Untersuchung stattfand. Schiedlausky beschränkte sich darauf, die Reihen abzuschreiten und sich dabei in obszönen Beleidigungen zu ergehen. Wie Thea Binz fand auch er es amüsant, mit seinem Fahrrad mitten in eine Gruppe von Frauen hineinzufahren, die zum Krankenappell angetreten waren. Selten verordnete er beim Krankenappell irgendeine Behandlung: Er stieß die Patienten vielmehr fort und wies die Wärter an, sie hinauszuwerfen. Da die Gefangenen wussten, dass so gut wie keine Aussicht bestand, von den Ärzten irgendwelche Hilfe zu bekommen, gingen sie gar nicht erst zum Krankenappell, es sei denn, dass sie sich nicht einmal mehr auf allen vieren zur Arbeit schleppen konnten. Wenn Schiedlausky ihnen dann die Behandlung verweigerte, kam es daher oft vor, dass sie ein oder zwei Tage später tot waren.

Im September 1943, wenige Monate vor seiner Versetzung nach Buchenwald, griff Schiedlausky zehn völlig gesunde Frauen zu Versuchsoperationen heraus. Zwei von ihnen, die Geschwister waren, wurden von einem anderen Arzt unter Assistenz von Schiedlausky operiert, der sich nach der Operation weiter um sie kümmerte. Er ließ bei einer von ihnen an beiden Beinen Einschnitte vornehmen; der anderen wurde ein Stück Knochen entfernt und ebenfalls an jedem Bein ein Einschnitt gemacht. Dann infizierte man die Wunden künstlich mit Wundbrand. Schiedlausky gab selbst zu, dass er bei

Operationen im Zusammenhang mit der Erforschung des Wundbrandes mitgewirkt hatte. In einem dieser Fälle assistierte er Dr. Oberhäuser und Dr. Rosenthal und überwachte die Ausführung der Narkose. Er gab ferner zu, dass mit seiner Kenntnis und Billigung Patienten, die schwer, aber nicht unheilbar krank waren, tödliche Spritzen erhielten und dass er an völlig gesunden jungen Frauen des Lagers Versuche mit Knochentransplantationen vornahm, wobei kleine Knochenstücke aus dem Schienbein an eine andere Körperstelle desselben Patienten verpflanzt wurden. Viele der Opfer wurden für ihr ganzes Leben entstellt, wie es einige Bilder dieses Buches zeigen. Dieser Mordmedikus wurde von denen, die ihn in seinem Familienkreis kannten, als ein Mensch beschrieben, »der nichts Böses denken, geschweige denn tun könnte«. Das passt wirklich schlecht zu dem Schiedlausky von Ravensbrück, der dort so viel Böses und nichts Gutes tat.

Die Rolle, die Percy Treite als zweiter Arzt des Lagers spielte, wurde bereits beschrieben. Treite war ein komplizierter Mensch. Er war völlig rücksichtslos, wenn es ihm passte, und viele Gefangene starben unmittelbar durch seine Hand. Da er jedoch anscheinend vor einigen besonders unangenehmen Aufgaben zurückschreckte, ist es nicht überraschend, dass einige der Menschen, für die er einmal Herr über Leben und Tod war, nach ihrer Befreiung noch bereit waren, etwas zu seinen Gunsten zu sagen. Ein paar von ihnen erklärten, Treite habe, wenn man alle näheren Umstände in Betracht ziehe, das Bestmögliche für die Gefangenen getan. Einige baten um Gnade unter Zubilligung mildernder Umstände, andere forderten eine »gerechte Bestrafung nach den strengsten Maßstäben«. Einige gaben zwar zu, wenig von der ganzen Angelegenheit zu wissen, vertraten jedoch den Standpunkt, es sei »ein bißchen schwer, Deutsche nach den Maßstäben zivilisierter Nationen zu beurteilen«. Eine prominente Dame äußerte sogar Zweifel an der Fairness der Prozessführung. Sein Anwalt, Dr. von Metzler, sagte dagegen in seiner Schlusserklärung in seinem eigenen Namen und in dem aller anderen Anwälte:

> Ich halte es als Sprecher der Verteidigung für meine Pflicht, unsere respektvollste Anerkennung für die faire und gerechte Art der Durchführung dieses Prozesses auszudrücken. Es ist Ihnen zweifelsohne klar, Herr Vorsitzender, dass die Position der Verteidigung in einem Prozess dieser Art, wenn die Gefühle der Öffentlichkeit hochbranden, ziemlich schwierig ist, aber gestatten Sie mir trotz allem zu sagen, dass die gerechte und faire Art, in der dieser Prozess durchgeführt wurde, stets als ein schönes Beispiel der Gerechtigkeit und Fairness in unserem Gedächtnis haftenbleiben wird.

Auf irgendeine, schwer erklärliche Art war Percy Treite, eine Mischung von Finesse und Unmenschlichkeit, moralisch vielleicht in noch größerem Maße schuldig als irgendeiner seiner Kollegen, denn er war ein junger Mann aus gutem Hause mit guter Bildung, kein gemeiner, brutaler Schurke wie Binder, kein ausgebildeter SS-Scherge wie Schwartzhuber, keine sadistische Hure wie Binz, und wenn er sündigte, so sündigte er wider das Licht.

Ein anderer Lagerarzt, Rolf Rosenthal, brachte für den Arztposten in einem Konzentrationslager gute Voraussetzungen mit, denn er trat bereits 1928 der Hitlerjugend und 1929 der Nazipartei bei. 1932 war er sogar Mitglied der SA, Hitlers Schlägertruppe, die damals noch eine illegale Organisation war. Nach Ravensbrück wurde er zehn Jahre später beordert. Diese widerliche Kreatur hatte während des Krieges im eigenen Land selbst Schwierigkeiten. Ein SS-Gericht verurteilte Rosenthal zu acht Jahren Gefängnis, weil er unerlaubte Beziehungen zu einer weiblichen Gefangenen unterhalten und mehrere Abtreibungen an ihr vorgenommen hatte. Den Aussagen vieler Gefangenen zufolge übertraf Rosenthal alle anderen Ärzte an Brutalität gegenüber den Kranken. Bei einem Krankenappell waren einige der Patienten so schwach, dass sie sich an die Wand lehnen mussten. Rosenthal gab ihnen Fußtritte, schlug sie und schickte sie ohne Untersuchung fort. Eine Patientin meldete sich mit sehr hohem Fieber unter Typhusverdacht krank. Rosenthal untersuchte sie nicht ein einziges Mal. Seine Diagnose lautete: »Raus!« Er war dabei, als Schiedlausky eine große Anzahl gesunder junger Frauen für Experimente aussuchte, bei denen er assistierte. Im Juli 1942 griffen sie auf diese Weise 75 Frauen heraus; acht von ihnen starben an den Operationen.

Es liegen umfangreiche Beweise dafür vor, dass dieser Arzt nicht die geringste Achtung vor der Heiligkeit des menschlichen Lebens hatte. Er gab zu, kranken Gefangenen eine tödliche Dosis Morphium gegeben zu haben; das war leichter als der Versuch, sie zu heilen. Er nannte das: »Schwerkranken Menschen durch Morphiumspritzen die Möglichkeit zum Sterben geben.« Er gab zu, Patienten »zur Aufrechterhaltung der Disziplin und als warnendes Beispiel« geschlagen zu haben; er gab zu, bei Versuchen mit Knochentransplantationen und bei Versuchsoperationen an widerstrebenden Gefangenen zur Entwicklung eines wirksamen Medikamentes gegen Wundbrand assistiert zu haben.

Im September 1942 assistierte er bei einer Operation, die Dr. Oberhäuser an einer jungen Polin namens Zofia Sokulska vornahm. Oberhäuser wurde von einem amerikanischen Militärgericht in Nürnberg zusammen mit einer Anzahl anderer deutscher Angehöriger ihres Berufes abgeurteilt, weil sie an Menschen ohne deren Zustimmung wie an Versuchskaninchen Operationen vorgenommen hatte. Eines Tages im September 1942 wurde Zofia Sokulska aufgefordert, sich im Revier zu melden. Sie musste sich ausziehen, und nach einer Untersuchung erklärte man ihr, sie würde sich einer Operation unterziehen müssen. Zu dieser Zeit war sie bei guter Gesundheit. Als sie aus der Narkose erwachte, stellte sie fest, dass ihr linkes Bein vom Oberschenkel bis zum Fuß in Gips lag. Bei der Operation waren Dr. Oberhäuser, Dr. Schiedlausky und Dr. Rosenthal sowie einige SS-Schwestern anwesend. Frau Sokulska beschrieb die Nachbehandlung mit folgenden Worten:

> Nach elf Tagen wurde der Gipsverband in Gegenwart derselben drei Ärzte entfernt, und ich wurde während der nächsten drei Wochen im Hospital mit dem Herstellen von Verbänden beschäftigt [...]. Am 2. Dezember sagte man mir, man wolle mich ein zweites Mal operieren. Ich protestierte, aber vergeblich. Die alte Stelle wurde wieder geöff-

> net, und ich blieb für weitere zwei Wochen im Hospital. In dieser Zeit erhielt ich keine ärztliche Behandlung, und man erneuerte nicht einmal meine Verbände.

Im Frühjahr des folgenden Jahres drohte Frau Sokulska eine weitere Operation, zu der es dann aber doch nicht kam. In diesem Zeitraum wurden noch 73 andere polnische Frauen zu Versuchszwecken operiert. Keine von ihnen hatte ihre Zustimmung dazu gegeben. Fünf von ihnen starben an den Operationen, und fast alle wurden schwer entstellt. Im März 1943 versuchte man ein drittes Mal, Frau Sokulska zu operieren. Sie erfuhr jedoch rechtzeitig davon, flüchtete aus dem Revier und versteckte sich in einem der Blocks. Aus irgendwelchen Gründen wurde sie keiner weiteren Operation unterzogen, sondern stattdessen in den Strafblock geschickt. Hier geriet sie unter die zärtliche Obhut von Margarete Mewes, einem kleinen Biest von Frau, die sich für das eigene ziemlich unglückliche Leben, das sie bis zu ihrer Ankunft in Ravensbrück geführt hatte, dadurch zu trösten versuchte, dass sie ihren Gefangenen das Leben möglichst sauer machte.

Mehr als vier Jahre lang hatte Margarete Mewes die Verantwortung für den Strafblock, in den die Gefangenen unter den fadenscheinigsten Vorwänden gebracht und wo sie systematisch misshandelt wurden. Man kann daher annehmen, dass Mewes sich während dieser Zeit das Vertrauen ihrer Vorgesetzten bewahrte, und es ist kaum zu bezweifeln, dass sie es verdiente. Im »Bunker«, wie der Strafblock genannt wurde, herrschten schreckliche Zustände. Die Gefangenen wurden lange Zeit in winzigen, dunklen, feuchten Zellen eingesperrt. Auch Odette Sansom blieb viele Wochen lang im Bunker eingesperrt. Sie war im Juli 1944 in Ravensbrück eingetroffen, und nach dem üblichen Empfang im Badehaus, wo sie die Nacht zubringen musste, stellte man sie am nächsten Morgen dem Kommandanten vor. Sie war in Ravensbrück als Mrs. Churchill angekommen, und das war nicht uninteressant für Fritz Suhren, der sie fragte, ob sie eine Nichte des britischen Premierministers sei. Frau Sansom gewann den Eindruck, dass der Kommandant vom RSHA den Befehl erhalten hatte, sie besonders schlecht zu behandeln, aber nicht gerade begeistert über diese Instruktion war und sie lieber als Geisel halten wollte. Die Umstände, unter denen sie das Lager schließlich wieder verließ, bestätigen voll und ganz ihren Eindruck.

Zunächst wurde sie indessen nach ihrer Unterhaltung mit dem Kommandanten in den Bunker geschickt. Dort brachte sie fast dreieinhalb Monate in einer kleinen zehn mal sechs Fuß großen Zelle zu. Als Tagesverpflegung bekam sie morgens Kaffee-Ersatz und ein kleines Stück Brot, um elf Uhr ein wenig kalte Suppe und um fünfzehn Uhr abermals Kaffee-Ersatz oder Tee. Nach Ablauf von fünf Wochen bekam Frau Sansom eine ganze Woche lang überhaupt keine Nahrung. Das war, wie Mewes sagte, so angeordnet worden. Die anderen Gefangenen des Strafblocks erfuhren eine ähnliche Behandlung. Im August schaltete man zur Strafe drei Tage lang mit voller Stärke die Zentralheizung ein. Das war keine ungewöhnliche Form der Einschüchterung; sie wurde auch im Vernehmungszentrum der deutschen Luftwaffe in der Nähe von Frankfurt angewandt, um alliierte Flieger bei ihrem Verhör durch Beamte des deutschen Spionagedienstes zum Reden zu bringen.

Das war der Strafblock, und das war sein oberster Kerkermeister. Wäre der Strafvollzug nicht so hart und Margarete Mewes nicht so roh und grausam gewesen, hätten einige der Gefangenen es vielleicht zu schätzen gewusst, dass sie nach dem monatelangen Aufenthalt im Schmutz der überfüllten Unterkünfte einmal ganz für sich waren.

Der letzte, aber nicht geringste in dieser Galerie von Schurken war der Dentist des Lagers, Hellinger. Auch er war ein altes Mitglied der SS, der er seit 1933 angehörte; 1944 beförderte man ihn zum Hauptsturmführer. Er kam im Frühjahr 1943 nach Ravensbrück und blieb bis zum Schluss dort. Die Zahnbehandlung, die den Gefangenen zuteilwurde, war nicht der Rede wert und beanspruchte nur einen kleinen Teil von Hellingers Zeit. Er gehörte zur Lagerleitung und assistierte den anderen Offizieren des Lagerpersonals bei ihrem üblichen Dienst. Er war dabei, als eines Abends fünfzig Frauen gesetzwidrig und ohne vorheriges Gerichtsverfahren hingerichtet wurden, und unternahm keinen Versuch, es zu verhindern.

Seine wichtigste berufliche Aufgabe erfüllte er indessen als Lieferant des Reichsbankpräsidenten Walther Funk. Auf Grund einer Vereinbarung zwischen Himmler und Funk übersandte die SS der Reichsbank die persönliche Habe, darunter Goldzähne und Goldfüllungen, der in den Konzentrationslagern vernichteten Opfer. Das Gold aus dem Gebiss der Leichen zu entfernen, war die persönliche Aufgabe des Lagerdentisten. In einer Erklärung, die er während seiner Untersuchungshaft vor der Prozesseröffnung abgab, gestand er, diese finstere Aufgabe ausgeführt zu haben. War er selbst verhindert, übertrug er sie einem seiner Mitarbeiter. Starben die Gefangenen eines »natürlichen Todes«, das heißt als Folge von Vernachlässigung, Hunger und Misshandlung, erschien Hellinger unverzüglich mit gezückter Zange. Er war bei allen Hinrichtungen zugegen, und sobald der diensttuende Arzt den Tod festgestellt hatte, sah Hellinger nach, ob Goldzähne oder -füllungen vorhanden waren, die er dann entfernte, ehe »unbefugte Entnahmen« erfolgen konnten. In dieser Eigenschaft wohnte er auch der Hinrichtung von zwei jungen Engländerinnen bei, die nach ihrem Absprung über Frankreich im Jahre 1944 gefangengenommen worden waren.[14]

In seinem Prozess wurde Hellinger eingehend über diese Vorfälle befragt. Er gab zu, dass er einmal eineinhalb Stunden mit Dr. Treite im Krematorium stand, während man Frauen »wie Tierkadaver« hereinschleifte. Sie waren soeben durch Genickschuss getötet worden und bluteten noch. Er schilderte, wie er dann als qualifizierter Dentist »diese zerschmetterten Köpfe« untersuchte, um nachzusehen, ob er kleine Mengen Gold aus ihrem Mund herausholen konnte. Er wies indessen den Gedanken zurück, dass er dadurch die Ehre seines Berufes preisgegeben und sich die Auffassungen der SS-Hierarchie der Konzentrationslager zu eigen gemacht hatte. Ja, er machte sogar geltend, es sei kein strafbares Vergehen, unter solchen Umständen Goldfüllungen zu entfernen, »wenn das Gefühl der Ehrfurcht dadurch auch verletzt wurde«, und es gebe historische Präzedenzfälle für diese Praxis. Ein solches Argument ist jedoch für kultivierte Völker nicht einleuchtend, und in der ganzen zivilisierten Welt gilt es seit langem als kriminelles Vergehen, die Toten zu berauben. Das war die Hölle, die sich Ravensbrück nannte – L'Enfer des Femmes –, und das waren die Männer und Frauen, die sie verwalteten.

Die Konzentrationslager waren das letzte Glied in der Kette des Terrors, mit der Nazideutschland das besetzte Europa von 1940 bis 1945 fesselte. Alle Wege des Elends führten ins Konzentrationslager und in den Tod – das galt für den Juden, den sowjetischen Kriegsgefangenen, den Partisanen, den nicht mehr arbeitsfähigen Sklaven, den Angehörigen eines alliierten Stoßtruppkommandos, den Nacht-und-Nebel-Gefangenen und all die zahllosen unschuldigen Männer und Frauen, die von der Gestapo aus ihren Wohnungen gezerrt wurden, weil sie sich weigerten, mit dem Aggressor zusammenzuarbeiten, oder die in irgendeiner Form den als Herrenrasse auftretenden Eroberern Widerstand leisteten. Tausende von ihnen landeten schließlich in Belsen, Buchenwald, Dachau, Mauthausen oder Ravensbrück, wo sie starben oder nach Jahren – oft an Körper und Geist gebrochen – befreit wurden.

VII Die »Endlösung der Judenfrage«

Hans Frank, der während der Besetzung Polens durch Nazideutschland das Amt des »Generalgouverneurs« versah, wurde im Prozess gegen die deutschen Hauptkriegsverbrecher in Nürnberg im Jahre 1946 in eigener Sache als Zeuge vernommen. »Wir haben den Kampf gegen das Judentum jahrelang geführt«, sagte er, »und wir haben uns in Äußerungen ergangen [...], die furchtbar sind [...] Tausend Jahre werden vergehen und diese Schuld von Deutschland nicht wegnehmen.« In den Ländern, die von den Nazis in der Zeit von 1939 bis 1945 überfallen und besetzt wurden, nahm die Judenverfolgung tatsächlich unglaubliche Ausmaße an, doch für jeden, der die Machtergreifung der Nazis im Jahre 1933 verfolgt und sich mit ihrem Parteiprogramm befasst hatte, konnte das keine Überraschung sein. Punkt 4 dieses Programms besagte:

> Staatsbürger kann nur sein, wer Volksgenosse ist. Volksgenosse kann nur sein, wer deutschen Blutes ist, ohne Rücksichtnahme auf Konfession. Kein Jude kann daher Volksgenosse sein.

Dieses Glanzstück nazistischer Logik wurde überall in Deutschland propagiert, sobald Hitler an die Macht gekommen war. Die Juden sollten als Ausländer gelten und keine staatsbürgerlichen Rechte genießen. Das war eins der Mittel, mit denen die Nazis ihre Herrenrassenpolitik verwirklichten.

Die erste organisierte Aktion war der Boykott jüdischer Unternehmen im April 1933; dann folgte eine Reihe von Gesetzen, durch die die Juden tatsächlich aus allen Gebieten des öffentlichen Lebens, aus dem Staatsdienst, den freien Berufen, dem Erziehungswesen und den Streitkräften entfernt wurden. In der vordersten Linie der antisemitischen Hetzer stand Julius Streicher, der »Judenfeind Nummer eins«, wie er sich selbst nannte. Seine Aufgabe war es, die antisemitischen Tendenzen, die sich nach dem Ersten Weltkrieg in Deutschland stärker entwickelt hatten, zu brennendem Hass anzufachen und die Deutschen aufzuwiegeln, die Juden als Rasse zu verfolgen und zu vernichten. Wenn man die verfügbaren Statistiken zu Rate zieht, kann man Streicher mit Recht nachsagen, dass er Beihilfe zu fünf Millionen Morden geleistet hat. Er war der richtige Mann für seinen Posten, hatte er doch schon vor 1922, als die erste Nummer seiner antisemitischen Wochenzeitung *Der Stürmer* erschien, gegen die Juden gehetzt. 1933 gründete er die *Fränkische Tageszeitung*, ein Blatt mit gleicher Tendenz. Damals sagte er: »Wir wissen, dass Deutschland frei sein wird, wenn der Jude aus dem Leben des deutschen Volkes ausgeschaltet worden ist.« Wie weit Streicher bei dieser Propaganda ging, muss man gesehen haben, um es glauben zu können. Hier einige Kostproben:

> Das Geschichtsbuch der Juden, das man als ›Heilige Schrift‹ zu bezeichnen sich angewöhnt hat, mutet wie ein einziger schauerlich-schauriger Kriminalroman an, neben dem die Schundromane des englischen Juden Edgar Wallace vor Neid erblassen müssen. Von Mord und Blutschande, Betrug, Diebstahl und Sittlichkeitsverbrechen wimmelt es in diesem Buch geradezu.

Im Juni 1937, als das Luftschiff »Hindenburg« in Brand geriet, veröffentlichte Streicher ein Foto des brennenden Rumpfes mit folgendem Text:

> Das erste Funkbild aus USA zeigt uns ganz deutlich, dass hinter der Explosion unseres LZ ›Hindenburg‹ der Jude steht. Die Natur hat hier den Teufel in Menschengestalt klar und absolut korrekt gezeichnet.[1]

Man propagierte auch den phantastischen Unsinn von der sogenannten »Rassenschande«:

Für den Wissenden steht ewig fest: ›Artfremdes Eiweiß‹ ist der Same eines Mannes von anderer Rasse. Der männliche Same wird bei der Begattung ganz oder teilweise von dem weiblichen Mutterboden aufgesaugt und geht so in das Blut über. Ein einziger Beischlaf eines Juden bei einer arischen Frau genügt, um deren Blut für immer zu vergiften. Sie hat mit dem ›artfremden Eiweiß‹ auch die fremde Seele in sich aufgenommen. Sie kann nie mehr, auch wenn sie einen arischen Mann heiratet, rein arische Kinder bekommen, sondern nur Bastarde [...].

Wir wissen nun, warum der Jude mit allen Mitteln der Verführungskunst darauf ausgeht, deutsche Mädchen möglichst frühzeitig zu schänden, warum der jüdische Arzt seine Patientinnen in der Narkose vergewaltigt [...].

Es ist kaum zu glauben, dass diese Ausführungen in einer populär-medizinischen Zeitschrift, der *Deutschen Volksgesundheit*, erschienen, es sei denn, man weiß, dass Streicher der Herausgeber war. Zur gleichen Zeit brachte der *Stürmer* ein Bild, auf dem der Oberkörper eines Mädchens zu sehen war, der von den Armen eines Mannes umfasst wurde; der Mann hatte seine Hände um den Nacken des Mädchens gelegt, und sein Gesicht, das im Hintergrund als Schatten sichtbar war, trug deutlich jüdische Züge. Der Text dazu lautete: »Entmannung der Rassenschänder! Nur harte Strafen schützen unsere Frauen vor weiterem Zugriff ekler Judenklauen.« Selbst die Jugend wurde mit diesen gefährlichen Lehren gefüttert. Hier einige Auszüge aus einer kurzen Geschichte, die in einem Kinderbuch unter dem Titel *Giftige Finger* erschien:

Inge sitzt im Wartezimmer des Judenarztes. Sie muss lange warten. Sie blättert in den Zeitschriften, die auf dem Tisch liegen. Aber sie ist viel zu unruhig, als dass sie nur einige Sätze lesen könnte. Immer wieder muss sie an das Gespräch mit der Mutter denken. Und immer wieder kommen ihr die Warnungen ihrer BDM-Führerin in den Sinn: ›Ein Deutscher darf nicht zum Judenarzt gehen! Und ein deutsches Mädel erst recht nicht! So manches Mädel, das beim Judenarzt Heilung suchte, fand dort Siechtum und Schande!‹ [...]

Inge wartet nun schon eine Stunde lang. Wieder greift sie nach den Zeitschriften und versucht zu lesen. Da öffnet sich die Tür. Inge blickt auf. Der Jude erscheint. Ein Schrei dringt aus Inges Mund. Vor Schreck lässt sie die Zeitung fallen. Entsetzt fährt sie in die Höhe. Ihre Augen starren in das Gesicht des Judenarztes. Und dieses Gesicht ist das Gesicht des Teufels. Mitten in diesem Teufelsgesicht sitzt eine riesige, verbogene Nase. Hinter den Brillengläsern funkeln zwei Verbrecheraugen. Und um die wulstigen Lippen spielt ein Grinsen. Ein Grinsen, das sagen will: »Nun hab ich dich endlich, kleines deutsches Mädchen!« Und dann geht der Jude auf sie zu. Seine fleischigen Finger greifen nach ihr. Nun aber hat sich Inge gefasst. Noch ehe der Jude zupacken kann, schlägt sie mit ihrer Hand in das fette Gesicht des Judenarztes. Dann ein Sprung zur Türe. Atemlos rennt Inge die Treppe hinunter. Atemlos stürzt sie aus dem Judenhaus.

Giftige Finger? Giftiger Blödsinn! Man kann in der Tat kaum glauben, dass es jemanden gab, der solche Absurditäten auch nur las – aber sie wurden gelesen, und das Gift verbreitete sich, wie beabsichtigt, über das ganze Volk, bis es willens und bereit war, seine Führer bei der Politik der Massenvernichtung, auf die sie Kurs genommen hatte, zu unterstützen.

1938 waren Pogrome zu einer alltäglichen Erscheinung geworden, Synagogen wurden niedergebrannt, jüdische Geschäfte geplündert. Man verhängte kollektive Geldstrafen, der Staat beschlagnahmte jüdische Guthaben, und selbst die Bewegungsfreiheit der Juden wurde Vorschriften unterworfen. Man richtete wieder Ghettos ein, und schließlich zwang man die Juden, auf ihrer Kleidung den gelben Stern zu tragen. Wenige Monate vor Ausbruch des Krieges gab das deutsche Auswärtige Amt folgendes Rundschreiben heraus, das allen, außer denen, die nicht sehen wollten, deutlich den künftigen Gang der Ereignisse aufzeigte:

Es ist wohl kein Zufall, dass das Schicksalsjahr 1938 zugleich mit der Verwirklichung des großdeutschen Gedankens die Judenfrage ihrer Lösung nahegebracht hat, […] das Vordringen jüdischen Einflusses und die zersetzende jüdische Geisteshaltung und Politik, Wirtschaft und Kultur hatten die Kraft und den Willen des deutschen Volkes zum Wiederaufstieg gelähmt. Die Heilung dieser Krankheit des Volkskörpers war daher wohl eine der wichtigsten Voraussetzungen für die

> Kraftanstrengung, die im Jahre 1938 gegen den Willen einer Welt den Zusammenschluss des Großdeutschen Reiches erzwang.

Die Judenverfolgungen in den von Deutschland überfallenen Ländern übertrafen bei weitem alles bisher Dagewesene, denn der Plan der Nazis für die Ausrottung der Juden blieb nicht auf das Reichsgebiet beschränkt. Seine einzige Begrenzung war die Grenze des Möglichen, und als die Woge der deutschen Eroberung über ein Land nach dem anderen hinwegrollte, wurden immer mehr Juden von ihren grausamen Fluten erfasst. Die Verfolgung und Ermordung der Juden in den eroberten Gebieten Europas bedeutete eine klare Verletzung des Artikels 46 der Haager Konvention von 1907, zu deren Signatarmächten Deutschland gehörte:

> Die Ehre und die Rechte der Familie, das Leben der Bürger und das Privateigentum sowie die religiösen Überzeugungen und gottesdienstlichen Handlungen sollen geachtet werden.

Sobald die Deutschen ein fremdes Land ganz oder zu einem großen Teil besetzt hatten, unternahmen sie unverzüglich Schritte, um auch dort die Vorschriften und Beschränkungen einzuführen, denen die Juden in Deutschland unterworfen waren. Im Januar 1941 war in Polen, Frankreich und Holland bereits durch entsprechende Erlasse die Registrierung der Juden eingeführt worden. Der nächste Schritt bestand darin, alle Juden abzusondern. Rosenbergs Vorschläge zur Behandlung der Judenfrage in den sogenannten Ostgebieten gingen dahin, den Juden alle Freiheiten zu nehmen, sie in Ghettos unterzubringen und nach Geschlechtern zu trennen. Außerdem wurde alles getan, um jede weitere Vermischung der Juden mit anderen Völkern zu verhindern. Das amtliche Organ der SS, *Das schwarze Korps*, schrieb 1940:

> Sowie für Deutschland selbst die Judenfrage erst gelöst ist, sobald der letzte Jude ausgetrieben wurde, so mag auch das übrige Europa wissen, dass der deutsche Friede, der seiner harrt, ein Friede ohne Juden sein muss.

Diese Frage gestattete keinen Aufschub, und sie wurde auch von allen Gauleitern als äußerst vordringlich betrachtet. Hans Frank, der Generalgouverneur von Polen, entschuldigte sich allen Ernstes mit folgender Tagebucheintragung dafür, dass es nicht schnell genug ging: »Freilich, in einem Jahr konnte ich weder sämtliche Läuse noch sämtliche Juden beseitigen. Aber im Laufe der Zeit [...] wird sich das schon erreichen lassen.

Eines der größten Ghettos, in dem 400000 Juden wohnten, befand sich in Warschau. Einen Anhaltspunkt für die Bedingungen, unter denen diese Juden lebten, bietet die Tatsache, dass sich jeweils mindestens sechs Menschen einen Raum teilten. Im April 1943 wurde mit der Vernichtung dieses Ghettos begonnen, und am 16. Mai konnte der Generalmajor der Waffen-SS, Stroop, seinen Vorgesetzten melden, dass es kein Warschauer Ghetto mehr gab. Auf der Titelseite seines Berichtes über die »Großaktion« standen in dekorativer Frakturschrift die Worte: »Das Juden-Ghetto in Warschau existiert nicht mehr.«

Stroops Bericht war ein mustergültiges Exemplar der Buchbinderkunst. Er war kunstvoll in Leder gebunden und auf feinstem Papier geschrieben. Aber war das Thema – Vernichtung von vielen Tausend wehrlosen jüdischen Männern, Frauen und Kindern und Zerstörung ihrer Wohnstätten – nicht auch einer solchen Luxusausstattung würdig? Auf etwa 75 Seiten war in dem Bericht der tägliche Verlauf der Aktion festgehalten. Hier einige Auszüge:

> Der von den Juden [...] geleistete Widerstand konnte nur durch energischen unermüdlichen Tag-und-Nacht-Einsatz der Stoßtrupps gebrochen werden [...]. Ich entschloss mich deshalb, nunmehr die totale Vernichtung des jüdischen Wohnbezirks durch Abbrennen [...] vorzunehmen [...]. Fast immer kamen dann die Juden aus ihren Verstecken heraus. Es war nicht selten, dass sich die Juden in den brennenden Häusern solange aufhielten, bis sie es wegen der Hitze [...] vorzogen, aus den Stockwerken herauszuspringen [...]. Mit gebrochenen Gliedern versuchten sie dann, über die Straße in Häuserblocks zu kriechen, die noch nicht in Flammen standen [...]. Auch der Aufenthalt in den Kanälen war schon nach den ersten acht Tagen

> kein angenehmer mehr. Mutig kletterten dann die Männer der Waffen-SS oder Pioniere der Wehrmacht in die Schächte hinein, um die Juden herauszuholen. Immer mussten Nebelkerzen [Rauchgranaten, Anm. des Verlags] in Anwendung gebracht werden, um die Juden herauszutreiben. Zahllose Juden wurden in Kanälen und Bunkern durch Sprengungen erledigt.
>
> Je länger der Widerstand andauerte, desto härter wurden die Männer der Waffen-SS, der Polizei und der Wehrmacht, die auch hier in treuer Waffenbrüderschaft unermüdlich an die Erfüllung ihrer Aufgabe herangingen und stets beispielhaft und vorbildlich ihren Mann standen […]. Nur durch den ununterbrochenen und unermüdlichen Einsatz sämtlicher Kräfte ist es uns gelungen, insgesamt 56065 Juden zu erfassen und nachweislich zu vernichten. Dieser Zahl hinzuzusetzen sind noch die Juden, die durch Sprengungen, Brände usw. ums Leben gekommen sind, aber nicht zahlenmäßig erfasst werden konnten.

Auf Seite 45 fasste Stroop die Ergebnisse des Unternehmens wie folgt zusammen:

> Von den 56065 Erfassten wurden etwa 7000 in dem ehemaligen jüdischen Wohnbezirk bei Großoperationen vernichtet; 6929 Juden wurden durch Abtransport nach T. II [Vernichtungslager Treblinka II, Anm. des Autors] vernichtet. Die Gesamtsumme der vernichteten Juden beträgt daher 13929. Schätzungsweise 6000 Juden wurden durch Sprengungen vernichtet oder kamen in den Flammen um.

SS-Brigadeführer Generalmajor Stroop scheint mit dem Ergebnis seiner »Großaktion« recht zufrieden gewesen zu sein, und als bleibendes Andenken an die Tapferkeit, die er bei dieser Gelegenheit zeigte, klebte er einige Schnappschüsse von der großen »Schlacht« in Warschau in sein Fotoalbum ein, um sie seinen Verwandten und Freunden zu zeigen und nach dem jährlichen Festessen des »Stahlhelm« am Tisch herumzureichen. Man fand die Aufnahmen bei ihm, als er von der amerikanischen Militärpolizei verhaftet wurde.

In den baltischen Ländern wurde eine andere Methode angewandt, um sich der Juden zu entledigen: Man brachte sie dort nicht erst in Ghettos, ehe man sie vernichtete. Ein Dokument, das nach dem Krieg in Himmlers Privatakten gefunden wurde, enthält einen Bericht der »Einsatzgruppe A«, von der 1941 in Litauen und Lettland mehr als 130 000 Juden ermordet wurden. Die Deutschen veranlassten einen Bandenführer, eine Reihe von Pogromen anzuzetteln, ohne dass sie dabei selbst nach außen hin als Urheber in Erscheinung traten. Bei dem ersten Pogrom wurden in einer Nacht über 1 500 Juden getötet, mehrere Synagogen vernichtet und viele Häuser niedergebrannt; in den nächsten beiden Nächten wurden weitere 2 300 Juden ermordet.

Zuweilen, aber nicht oft und jedenfalls nicht oft genug, billigten höhere Stellen die von ihren Untergebenen angewandten Methoden nicht. Derartige Skrupel könnten überraschen, wäre es nicht eine Tatsache, dass die Kritik im Allgemeinen aus Zweckmäßigkeitserwägungen und nicht aus Gründen der Humanität geübt wurde. Die folgenden Ausführungen sind einem Brief an den »Reichsminister für die besetzten Ostgebiete« entnommen:

> Dass die Juden sonderbehandelt werden, bedarf keiner weiteren Erörterung. Dass dabei aber Dinge vorgehen, wie sie in dem Bericht des Generalkommissars vom 1. Juni 1943 vorgetragen werden, erscheint kaum glaubhaft […]. Man stelle sich nur einmal vor, solche Vorkommnisse würden auf der Gegenseite bekannt und dort ausgeschlachtet! […] Männer, Frauen und Kinder in Scheunen zu sperren und diese anzuzünden, scheint mir selbst dann keine geeignete Methode der Bandenbekämpfung, wenn man die Bevölkerung ausrotten will. Diese Methode ist der deutschen Sache nicht würdig und tut unserm Ansehen stärksten Abbruch.

Man wird sich erinnern, dass kein Protest laut wurde, als ungefähr ein Jahr später die SS-Panzerdivision »Das Reich« in Oradour-sur-Glane die männlichen Einwohner in Scheunen und die Frauen und Kinder in der Kirche einsperrte und alle verbrannte. Und man sollte auch nicht vergessen, dass dieselbe »deutsche Sache« unter anderem auch die »Endlösung der Judenfrage« in sich einschloss. Vom September 1941 bis zum Februar 1943 betrieb die Einsatzgruppe D, die aus SS-, SD-, Gestapo- und anderen Polizeieinheiten bestand

»... denn ihrer ist das Himmelreich«

»Auswahl von Opfern für die Gaskammern«

»Es waren ihrer 40 000«

»Das waren Frauen und Kinder«

Skizzen von Violette Lecoq aus ihrer Haftzeit in Ravensbrück

und den von Manstein befehligten Truppen in der Sowjetunion zugeteilt war, die Massenvernichtung von vielen Tausend Juden, die erschossen, gehängt, vergast oder ertränkt wurden. Die Einheiten, aus denen sich diese Einsatzgruppe zusammensetzte, standen unter dem Befehl von Otto Ohlendorf. Dieser junge Mann, der 1941 erst 33 Jahre alt war, trat mit achtzehn in die SA und ein Jahr später in den SD ein.

Einige Monate vor dem Einfall in die Sowjetunion wurden Vorkehrungen für den gesonderten Einsatz von Sipo-Einheiten im Kampfgebiet getroffen. Sie trugen die Bezeichnung »Einsatzgruppen« und waren in Einsatzkommandos unterteilt. Die Vereinbarung hierüber wurde zwischen dem OKH und dem OKW einerseits und dem RSHA andererseits getroffen. Es war vorgesehen, jeder Armeegruppe und jeder Armee einen Vertreter des Chefs der Sipo und des SD zuzuteilen, der bewegliche Einheiten der Sipo und des SD zu seiner Verfügung haben sollte. Diese Vereinbarung schuf eine neue Situation, denn bis dahin hatten die einzelnen Armeen auf eigene Verantwortung und mit eigenen Reserven die Aufgaben ausgeführt, die künftig allein der Sipo oblagen.

Von nun an sollte mit den einzelnen Armeegruppen die ihnen zugeteilte Einsatzgruppe marschieren. Das Einsatzgebiet der Einsatzgruppe deckte sich daher mit dem der Armeegruppe. Der Vertreter der Sipo und des SD bei der Armeegruppe war berechtigt, den Einheiten Weisungen für ihren Einsatz zu geben, doch konnte auch die Armeegruppe Befehle erlassen, wenn die Kampfsituation es erforderte. Man bildete vier Einsatzgruppen: Ohlendorfs Einsatzgruppe D wurde unmittelbar der Elften Armee zugeteilt, die unter dem Kommando von Mansteins stand und in der Ukraine operierte. Sie erhielt den Befehl, in ihrem Einsatzgebiet die Juden zu »liquidieren«. Himmler persönlich bestätigte den Auftrag, als er die Einsatzgruppe im September 1941 in Nikolajew besuchte. Er rief die Führer und Mannschaften der Einsatzkommandos zusammen und erklärte ihnen, sie trügen keine persönliche Verantwortung für die Ausführung dieses Befehls, der von Hitler komme. Der kommandierende

General war über die Existenz des Befehls und über seine Ausführung informiert, denn von der Elften Armee wurde angeordnet, dass keine Liquidierung in weniger als 200 Kilometer Entfernung vom Hauptquartier stattfinden sollte.

Außerdem ersuchte das Armeekommando Ohlendorf, sich wegen drohender Hungersnot und akuten Wohnungsmangels mit den Liquidierungen in Simferopol, wo 10 000 Juden bei einer Massenhinrichtung getötet wurden, zu beeilen. Die folgende Schilderung einer Massenhinrichtung stammt von Ohlendorf selbst, der bei vielen Aktionen persönlich zugegen war. Das örtliche Einsatzkommando versuchte, alle Juden seines Bereichs durch Registrierung zu erfassen. Die Registrierung wurde von den Juden selbst vorgenommen, denen man erklärte, es handle sich um ihre Umsiedlung. Nach der Registrierung wurden sie von Sammelpunkten aus zur Hinrichtungsstätte gebracht, die gewöhnlich ein Panzerabwehrgraben war. Die Erschießung erfolgte auf militärische Weise durch die Truppen.

Auf Ohlendorfs Anregung wurden jeweils immer nur so viele Juden zur Hinrichtungsstätte gebracht, wie man auf einmal töten konnte. Auf diese Weise wollte man die Zeit zwischen dem Augenblick, da die Opfer von ihrem Schicksal erfuhren, bis zu ihrer tatsächlichen Hinrichtung soweit wie möglich verkürzen. Die Opfer wurden stehend oder kniend am Rand des Grabens erschossen, in den sie dann hinabfielen. Ehe ihre Leichen schließlich beerdigt wurden, hatten sich die Kommandeure der Truppen befehlsgemäß zu vergewissern, ob alle tot waren; jeden, der noch lebte, mussten sie eigenhändig töten. Alle Wertgegenstände wurden den Opfern bereits abgenommen, wenn man sie zusammentrieb. In der Regel erhielt sie das Finanzministerium; gelegentlich wurden Ausnahmen gemacht.

Bis zum Frühjahr 1942 wurden alle Vernichtungsaktionen gegen die Juden der Ukraine auf diese Weise durchgeführt. Dann kam der Befehl, Frauen und Kinder künftig nicht mehr zu erschießen, sondern in Gaswagen umzubringen. Bis dahin waren sie auf dieselbe Weise wie die Männer, das heißt durch Erschießen, getötet worden.

Die Gaswagen, ein neues Mordinstrument, waren so konstruiert, dass man ihnen ihre wahre Bestimmung von außen nicht ansah. Sie sahen wie gewöhnliche Fahrzeuge aus, waren jedoch so gebaut, dass beim Anlassen eines Motors Gas in den Innenraum einströmte und in zehn bis fünfzehn Minuten den Tod der Insassen verursachte. Der geniale Erfinder war ein Dr. Becker, der den Rang eines SS-Untersturmführers bekleidete und für den Fahrzeugpark der Einsatzgruppe Ohlendorfs verantwortlich war. Die Nazis waren Experten im Gebrauch euphemistischer Umschreibungen, und wenn es sich ums Töten handelte, nannten sie die Dinge niemals bei ihrem richtigen Namen. Sonderbehandlung, Vernichtung, Liquidierung, Beseitigung, Umsiedlung und Endlösung waren Synonyme für Mord, und es wäre nicht uninteressant, zu überlegen, unter welch harmloser Bezeichnung diese Wagen wohl im Inventarverzeichnis der SS geführt wurden.

Eine ausführliche Beschreibung der Gaswagen und ihres Mechanismus findet sich in einem streng geheimen Dokument, das der Erfinder an den SS-Obersturmbannführer Rauff, einen höheren SS-Stabsoffizier im RSHA, sandte. Becker berichtete, dass die Erprobung beider Wagentypen der »Serie I« und der »Serie II« abgeschlossen sei und dass man einige Verbesserungen und Veränderungen vorgenommen habe. Die Wagen der Serie I könnten fast bei jeder Witterung eingesetzt werden, während die der Serie II schon beim geringsten Regen unbrauchbar würden und nur bei völlig trockenem Wetter in Frage kämen. Es sei zu erwägen, ob die Wagen nicht nur stationär am Hinrichtungsplatz verwendet werden sollten. Es hätten sich nämlich viele Schwierigkeiten ergeben. Vor allem müssten die Wagen erst zum Ort der Hinrichtung gefahren werden, der gewöhnlich Dutzende Kilometer von der Landstraße entfernt und bei feuchtem Wetter unzugänglich sei. Bringe man die Opfer jedoch zu Fuß dorthin, würden sie sofort Verdacht schöpfen und unruhig werden. Das sei »nicht wünschenswert«. Die einzige empfehlenswerte Lösung bestehe nach seiner Auffassung darin, die Menschen auf Fahrzeuge zu »verladen« (er schrieb so, als handle es sich um Frachtgut) und bis an die betreffende Stelle zu fahren.

Becker gab Anweisung, die Wagen der Einsatzgruppe D als Wohnwagen zu tarnen und zu diesem Zweck bei den kleinen Typen auf jeder Seite ein Paar Fensterläden und bei den größeren je zwei anzubringen. Sie wurden indessen so gut bekannt, dass sie sehr bald nicht nur bei der Truppe, sondern auch bei der Zivilbevölkerung »Todeswagen« hießen, und nach Beckers Meinung war es auch durch Tarnung nicht möglich, ihren Verwendungszweck geheimzuhalten. Das unwegsame Gelände und die schlechten Straßen, über die die Wagen fahren mussten, brachten sie bald zum Rattern, und dadurch lockerten sich die Abdichtungen und Nietstellen. Das bedeutete natürlich, dass die undichten Stellen Gas durchließen und die Wagen häufig in den Werkstätten der Einheit überprüft werden mussten. Die Fahrer und das technische Bedienungspersonal erhielten den Befehl, sich während des Vergasungsprozesses von den Wagen fernzuhalten, um den schädlichen Auswirkungen der ausströmenden Dünste zu entgehen. In Beckers Bericht hieß es weiter :

> Bei dieser Gelegenheit möchte ich auf folgendes aufmerksam machen: Verschiedene Kommandos lassen nach der Vergasung durch die eigenen Leute ausladen. Die Kommandeure der betreffenden 5. K[ommandos] habe ich darauf aufmerksam gemacht, welch ungeheure seelische und gesundheitliche Schäden diese Arbeit für die Männer, wenn auch nicht sofort, so doch später haben kann [...]. Trotzdem will man von dieser Anordnung nicht abgehen, weil man befürchtet, dass die für die Arbeit herangezogenen Häftlinge einen günstigen Augenblick zur Flucht benutzen könnten [...]. Die Vergasung wird durchweg nicht richtig vorgenommen. Um die Aktion möglichst schnell zu beenden, geben die Fahrer durchweg Vollgas. Durch diese Maßnahme erleiden die zu Exekutierenden den Erstickungstod und nicht, wie vorgesehen, den Einschläferungstod. Meine Anleitungen haben nun ergeben, dass bei richtiger Einstellung der Hebel der Tod schneller eintritt und die Häftlinge friedlich einschlafen. Verzerrte Gesichter und Ausscheidungen, wie sie zuvor gesehen wurden, konnten seither nicht mehr bemerkt werden.

Allein im September 1941 wurden 35 000 sowjetische Bürger, hauptsächlich Juden, in der Umgebung von Nikolajew durch Ohlendorfs Einsatzkommandos getötet. Über all diese Massaker wurde dem Hauptquartier in üblicher Weise ausführlich Meldung erstattet:

> Die Kommandos setzten die Säuberung des Gebiets von Juden und kommunistischen Elementen fort. In der Berichtsperiode, das heißt vom 16. bis 30. September 1941, wurden insbesondere die Städte Nikolajew und Cherson von Juden gesäubert; auch die dort verbliebenen Funktionäre wurden entsprechend behandelt [...]. Gesamtzahl 35 782.«[2]

Am 13. Oktober 1941 wurden weitere 2 000 Juden von SD-Einheiten, die von Mansteins Kräften zugeteilt waren, getötet. Diese Aktion war Gegenstand eines der regelmäßigen Berichte des Bürgermeisters von Melitopol an das rückwärtige Hauptquartier. In dem Bericht wurde zunächst beschrieben, wie die Vorausabteilung des Hauptquartiers in der Stadt eintraf, in der sich noch 40 000 Einwohner befanden, und wie dann alle Juden, insgesamt 2 000, vom SD hingerichtet wurden. Der Bericht schloss mit den Worten: »Die Bevölkerung zeigt Vertrauen zu den deutschen Streitkräften, und besonders die Ukrainer waren dankbar für ihre Befreiung.«

Nur vierzehn Tage später fanden weitere 8 000 Juden in Mariupol den Tod. Als die deutschen Truppen in diese Stadt einrückten, wurden alle Juden vom SD umgebracht; ihre freigewordenen Wohnungen übernahm die Wehrmacht. Die gesamte Kleidung der Opfer wurde gereinigt und einem Militärlazarett übergeben. Dann setzte die Kommandantur einen neuen Bürgermeister ein, weil der bisherige mit einer Jüdin verheiratet gewesen war, die gleichfalls ermordet wurde. Als die Deutschen auf der Krim vorrückten, stießen sie auf besondere Schwierigkeiten, wie aus dem folgenden Bericht der Einsatzgruppe hervorgeht:

> Juden: Simferopol, Jewpatoria, Aluschta, Karasabarsar und Feodosia und andere Bezirke der westlichen Krim sind von Juden gesäubert

> worden; in der Zeit vom 16. November bis zum 15. Dezember 1941 wurden 17645 Juden hingerichtet. Gerüchte von Hinrichtungen in anderen Gebieten machten die Lage in Simferopol sehr schwierig. Berichte von Aktionen gegen Juden sickern allmählich durch flüchtende Juden oder durch unvorsichtiges Gerede deutscher Soldaten durch.

Auf der westlichen Krim betrug die jüdische Bevölkerung nach deutschen Schätzungen Ende 1942 etwa 40000 Menschen, von denen etwa ein Viertel noch in Simferopol selbst lebte. Anfang Dezember 1941 war der Stab der Einsatzgruppe D von Odessa nach Simferopol auf der Krim verlegt worden. Ein Einsatzkommando hatte bereits die vorbereitende Registrierung und Absonderung der Juden vorgenommen, und Ohlendorf wurde von dem Verbindungsoffizier der SS beim Armeehauptquartier davon informiert, dass die Armee darum ersuche, die Erschießung aller Juden Simferopols noch vor Weihnachten zu erledigen.

Die Ausführung wurde dem Kommando II B übertragen, dessen kommandierender Offizier, Karl Rudolph Braune, den Auftrag nicht mit den Kräften seiner eigenen Einheit bewältigen konnte und der deshalb das Armeehauptquartier aufsuchte und um Hilfe bat. Man stellte ihm Lastwagen, Autos, Motorräder, Fahrer und Wachmannschaften zur Verfügung, wobei vereinbart wurde, dass die Soldaten nicht an der eigentlichen Erschießung teilnehmen, sondern nur für Transport- und Sicherungsaufgaben verwendet werden sollten. Dann begann die Hinrichtung. Die Juden – Männer, Frauen und Kinder – wurden auf Sammelplätzen zusammengefasst, auf Lastwagen verladen und in Konvois, die in geeigneten Abständen fuhren, zum Schauplatz der Hinrichtung, einem Panzerabwehrgraben unweit der Stadt, gebracht. Dort wurden sie erschossen. Nach drei Tagen waren alle auf diese Weise umgebracht worden. Über das Eigentum der Opfer wurde in der üblichen Weise verfügt; eine Ausnahme war lediglich, dass etwa 120 Uhren auf besonderes Ersuchen an die Elfte Armee geschickt wurden.

So ging das Blutbad vor sich – eine sinnlose, mitleidslose Vernichtung unschuldiger Bürger, die nur deshalb umgebracht wurden, weil sie Juden waren. Es gab jedoch einige deutsche Beamte, die sich nicht scheuten, den Massencharakter der Judenverfolgung in der Ukraine zu kritisieren, wenn sie es auch nicht aus den edelsten Motiven taten. Der örtliche Vertreter des Berliner Wirtschaftsrüstungsamtes erstattete seinem Chef, General Thomas, Bericht über die wirtschaftliche Lage im »Reichskommissariat Ukraine«. Der Bericht, der den Titel *Zur persönlichen Information des Chefs des Wirtschaftsrüstungsamtes* trug, wurde nicht auf dem Dienstweg übermittelt. Sein Inhalt lässt keinen Zweifel an den Gründen, die den Verfasser bewogen, den üblichen Weg zu umgehen. Hier der Wortlaut seiner Ausführungen:

> Die Haltung der jüdischen Bevölkerung war von vornherein ängstlich-willig. Sie suchten alles zu vermeiden, um der deutschen Verwaltung zu missfallen. Dass sie die deutsche Verwaltung und Armee im Inneren hassten, ist selbstverständlich und kann nicht wundernehmen. Es ist aber nicht beweisbar, dass die Juden geschlossen oder auch nur in größerem Umfang an Sabotageakten [...] beteiligt waren. Sicher hat es unter ihnen – genauso wie unter den Ukrainern – einige Terroristen oder Saboteure gegeben. Dass die Juden als solche aber irgendeine Gefahr für die deutsche Wehrmacht darstellen, kann nicht behauptet werden. Mit der Arbeitsleistung der Juden, die selbstverständlich durch kein anderes Gefühl als die Angst angetrieben werden, ist die Truppe und die deutsche Verwaltung zufrieden gewesen.
>
> Die jüdische Bevölkerung ist im unmittelbaren Anschluss an die Kampfhandlungen zunächst unbehelligt geblieben. Erst Wochen, zum Teil Monate später wurde eine planmäßige Erschießung der Juden durch dazu eigens abgestellte Formationen der Ordnungspolizei durchgeführt [...]. Sie erfolgte durchaus öffentlich [...], vielfach leider auch unter freiwilliger Beteiligung von Wehrmachtsangehörigen. Die Art der Durchführung der Aktionen, die sich auf Männer und Greise, Frauen und Kinder jedes Alters erstreckte, war grauenhaft [...]. Insgesamt dürften bisher etwa 150 000 bis 200 000 Juden in dem zum Reichskommissariat gehörigen Teil der Ukraine exekutiert worden sein; bisher wurde auf die wirtschaftlichen Belange keine Rücksicht genommen.
>
> Insgesamt kann gesagt werden, dass die in der Ukraine durchge-

führte Art der Lösung der Judenfrage, offenbar von weltanschaulichen Gedankengängen getragen, nachstehende Folgen gehabt hat:

a) Beseitigung eines Teils zum Teil überflüssiger Esser in den Städten,
b) Beseitigung eines Bevölkerungsteiles, der uns zweifellos hasste,
c) Beseitigung dringend notwendiger Handwerker, die auch für Wehrmachtsbelange vielfach unentbehrlich waren,
d) außenpolitisch-propagandistische Folgen, die auf der Hand liegen,
e) nachteilige Wirkungen auf die jedenfalls mittelbar mit den Exekutionen in Berührung kommende Truppe,
f) verrohende Wirkung auf die die Exekutionen durchführenden Formationen (Ordnungspolizei).

Der Bericht dieses eifrigen Beamten, dem anscheinend gewisse Regungen menschlichen Mitgefühls nicht ganz fremd waren, ist aufschlussreich. In Kriegsverbrecherprozessen wurde von deutschen Verteidigern oft behauptet, der Zweck des Krieges sei bekanntlich die Überwältigung des Gegners, und dieser Zweck rechtfertige daher jedes Mittel – Im Falle der militärischen Notwendigkeit auch die Verletzung der Gesetze des Krieges, falls dies die Möglichkeit biete, einer unmittelbaren Gefahr zu entgehen oder den Gegner zu überwältigen.

Diese Theorie ist sehr alt; sie stammt aus den Zeiten, als die Kriegführung nicht durch die Gesetze, sondern durch die Gebräuche des Krieges geregelt war. Es ist nicht ohne Bedeutung, dass sie deutschen Ursprungs ist, obgleich sie keineswegs von allen deutschen Völkerrechtlern vertreten wird. Einer von ihnen, Strupp, sagt darüber:

> Wenn diese Auffassung gerechtfertigt wäre, gäbe es keine Gesetze der Kriegführung, denn jede Regel könnte mit der Begründung, dass sie im Widerspruch zur militärischen Notwendigkeit stehe, für impraktikabel erklärt werden.

Überdies wird in der Präambel der Vierten Haager Konvention ausdrücklich gesagt, die Kriegsregeln seien unter Berücksichtigung der militärischen Notwendigkeit formuliert worden; die Bestimmungen der Konvention entsprängen »dem Wunsch, die Übel des Krieges zu mindern, *soweit es die militärischen Erfordernisse zulassen*«. Verwaltet eine Besatzungsmacht ein Territorium, in dem ihre Streitkräfte Kampfhandlungen führen oder als Garnisonstruppen stationiert sind, so hat sie das Recht, alle geeigneten Maßnahmen zu ergreifen, die notwendig sind, um die Sicherheit ihrer Streitkräfte und ihre Versorgung zu gewährleisten.

Es liegt auf der Hand, dass in der Ukraine die Juden als solche keine Gefahr für die Sicherheit der deutschen Streitkräfte darstellten und eher geneigt waren, mit ihnen zusammenzuarbeiten, als sich gegen sie zu erheben. Die verantwortlichen Stellen konnten daher nicht einmal behaupten, dass diese massenweise Ermordung der Juden eine militärische Notwendigkeit darstellte, und die Nazis bedienten sich auch keines solchen Vorwandes. Die Juden wurden als Juden getötet – die Endlösung der Judenfrage hatte begonnen. Einer der deutschen Zeugen im Nürnberger Prozess sagte selbst: »Wenn jahrelang gepredigt wird, dass die slawische Rasse eine minderwertige Rasse ist und die Juden nicht einmal Menschen sind, dann ist eine Explosion dieser Art unvermeidlich.«[3]

Aber nicht nur in der Sowjetunion wurden die Juden vernichtet. Wo immer die deutschen Streitkräfte unter dem Zeichen des Hakenkreuzes erschienen, begann die »Umsiedlung der Juden«[4]. In Polen wurden im Frühjahr und im Sommer 1942 in Treblinka die Vernichtungslager A und B gebaut. Diese Lager waren ein Bestandteil der Maschinerie zur totalen Vernichtung der jüdischen Gemeinde in Polen. Hunderttausende Juden wurden in diesen beiden Lagern ermordet. Im Juli 1942 schaffte man die ersten Opfer auf dem Eisenbahnweg heran, und von da an trafen bis Ende 1943 mit unfehlbarer Regelmäßigkeit weitere Transporte ein.

Die Massaker wurden auf zweierlei Art, durch Dämpfe und Gas, ausgeführt. Das erste Gebäude, das errichtet wurde, enthielt drei Gaskammern, aber im Herbst 1942 war ein neues Gebäude mit zehn weiteren Gaskammern fertig. Das Verfahren der Leichenverbrennung war im Vergleich mit den moderneren Methoden, die in einigen Konzentrationslagern angewandt wurden, primitiv. Das Krematorium enthielt keine Öfen, sondern nur große Roste aus Eisenbahnschienen, die auf Betonstützen montiert waren und auf denen jeweils 2 500 Leichen verbrannt wurden.

Es gab in diesem Lager ein Gebäude, das die Bezeichnung »Lazarett« trug, in dem jedoch niemals Kranke behandelt wurden. Es war von einem hohen Zaun umgeben und durch eine kleine Baracke zu erreichen, auf der die Flagge des Roten Kreuzes wehte. Von der Baracke aus gelangte man in einen Warteraum mit Plüschsofas, und hier warteten die arglosen Opfer. Dahinter befand sich eine Grube, an deren Rand ein SS-Mann jedem Opfer, wenn es vom Warteraum aus hereingeführt wurde, mit einem Revolver einen Genickschuss gab. Auf diese Weise wurden die Invaliden, Greise und kleinen Kinder getötet, die nicht selbst in die Gaskammern gehen konnten.

Wenn die Juden auf dem Bahnhof Treblinka ankamen, wurden die Waggons geöffnet und die noch Lebenden ohne weitere Zeitverluste in besondere Einfriedungen getrieben, wo man die Männer von den Frauen und Kindern trennte. Inzwischen räumten jüdische Arbeitskommandos die Waggons aus und holten die Leichen heraus. Nicht weniger als 200 Juden waren jeweils in einem Waggon zusammengepfercht und viele starben auf der Fahrt. Was mit den Neuankömmlingen geschah, geht aus einem amtlichen Bericht einer polnischen Regierungskommission hervor, die die deutschen Verbrechen in Polen untersuchte:

> Nachdem man die Opfer auf dem Nebengleis ausgeladen hatte, wurden sie alle an einer Stelle zusammengefasst […], wo sie ihre Kleider und Schuhe ausziehen mussten. Die Männer taten dies im Hof, die Frauen und Kinder in einer nahe gelegenen Baracke. Den Frauen schnitt man dann alles Haar ab, und der ganze Transport – Männer, Frauen und Kinder – wurde, nackt und geschoren, die Straße entlang zu den Gaskammern getrieben, nachdem man ihnen gesagt hatte, sie kämen ins Badehaus.
>
> Hatten sie die Todeskammern erreicht, wurden sie mit hocherhobenen Armen hineingetrieben, damit so viel wie möglich hineinge-

quetscht werden konnten. Die Kinder schichtete man oben drauf. Manchmal wurden die Kinder auch zuerst getötet [...]. Ein SS-Mann war Spezialist auf diesem Gebiet. Er fasste sie an den Beinen und tötete sie, indem er sie einmal mit dem Kopf gegen die Wand schlug [...]. Die eigentliche Vergasung in der Kammer dauerte etwa fünfzehn Minuten, und wenn man annahm, dass alle tot waren, wurden die Türen geöffnet. Das jüdische Arbeitskommando holte alle heraus und richtete die Kammer für den nächsten Schub her.

Die Habe der Opfer wurde eingesammelt und sortiert, dann schickte man sie ins Reich. Das Menschenhaar wurde gedämpft, zu Ballen gepackt und nach Deutschland versandt, wo es zur Herstellung von Matratzen verwendet wurde.

Aber die Lager von Treblinka waren den Anforderungen nicht ganz gewachsen, und so richtete man in Chełmno ein weiteres Vernichtungslager ein. Dort wurden 300 000 Juden aus den Woiwodschaften Poznań und Łódź umgebracht. Das Verfahren war dasselbe wie in Treblinka, und für die »schmutzige Arbeit« zog man Juden heran. Von Zeit zu Zeit wurden diese Arbeitskommandos dann selbst umgebracht und durch neue ersetzt. War es wieder einmal an der Zeit, eine Gruppe solcher Arbeiter zu beseitigen, machten sich die SS-Männer ein Vergnügen daraus, sie selbst umzubringen, wobei sie sie manchmal »als lebende Zielscheiben« benutzten und »wie Hasen abschossen«.

Soweit festgestellt werden konnte – die letzte Vorkriegsvolkszählung fand 1931 statt –, lebten in Polen zu Beginn der deutschen Invasion mehr als 3,3 Millionen Juden. Die »Endlösung der Judenfrage« war daher in diesem Land gar nicht so einfach. 1941 erklärte der Generalgouverneur Hans Frank:

> Was mit den Juden geschehen soll? Glauben Sie, man wird sie im Ostland in Siedlungsdörfern unterbringen? [...] Weshalb so viel Scherereien, liquidiert sie selber! [...] Wir müssen die Juden vernichten, wo immer wir sie treffen [...]. Das Generalgouvernement muss genauso judenfrei werden, wie es das Reich ist.

Die Nazis begannen gleich am ersten Tag der Invasion Polens mit der Verwirklichung ihres Planes zur Vernichtung der Juden. Zuerst unterwarfen sie die jüdische Bevölkerung diskriminierenden Gesetzen; ihr Recht auf Eigentum wurde aufgehoben, und sie mussten besondere Kennzeichen auf ihrer Kleidung tragen. Es wurden Ghettos eingerichtet und Wertgegenstände beschlagnahmt, und die Juden erhielten sogar noch niedrigere Rationen als die übrigen Einwohner. Sie mussten Zwangsarbeit verrichten und wurden systematisch terrorisiert und für die kleinsten Vergehen streng bestraft. Die Verfolgung ging weiter und nahm an Intensität zu. Man nahm Menschen als Geiseln fest und setzte die Juden dauernden Verhöhnungen und Demütigungen aus. Ihre Frauen konnten ungestraft geschändet werden, ihre religiösen Stätten wurden entweiht und in Brand gesteckt. Man plünderte ihre Läden, dann begannen die Exekutionen. Es wurden Judenjagden organisiert, und wenn man Rabbiner fing, schnitt oder riss man ihnen den Bart ab. Die Ju-

Das Warschauer Ghetto: Der Verantwortliche der »Großaktion«, Generalmajor Stroop

Die Menschen werden aus den Bunkern herausgeholt

den mussten die schmutzigsten und niedrigsten Arbeiten verrichten: mit bloßen Händen Latrinen säubern oder Pferdemist von der Straße auflesen und in ihre Mützen und Taschen stopfen.

Dann folgte die »Endlösung« – das bereits beschriebene Massenmorden in den Vernichtungslagern. Nach den verfügbaren Statistiken hat es den Anschein, dass die von Himmler im Jahre 1942 befohlene totale Vernichtung beinahe verwirklicht wurde. Von den mindestens drei Millionen Juden, die im September 1939 in Polen lebten, waren 1946 nur noch 50 000 zu ermitteln, und nicht weniger als 2,6 Millionen sind mit Sicherheit umgekommen.

In Frankreich wurden alle Bücher jüdischer Autoren und alle Werke, an denen Juden mitgearbeitet hatten, von den deutschen Besatzungsbehörden aus dem Handel gezogen. Nur bei wissenschaftlichen Abhandlungen wurden Ausnahmen gemacht. Selbst Biografien jüdischer Persönlichkeiten, die von Nichtjuden verfasst waren, standen auf der nach Otto Abetz benannten »Otto«-Liste der verbotenen Bücher. So musste auch die Biografie Offenbachs aus dem Handel gezogen werden. Später folgten dann die wirtschaftlichen Maßnahmen, die Einschüchterung und die Schikanen, der gelbe Stern und andere beleidigende Vorschriften. Es wurde eine große Anzahl antisemitischer Verordnungen erlassen, die die staatsbürgerlichen Rechte der französischen Juden einschränkten. Es war von vornherein beabsichtigt, letzten Endes alle Juden aus Frankreich zu deportieren und zu vernichten, und das Programm der Nazis unterschied sich hier nur durch sein Tempo von den Maßnahmen, die in den anderen Ländern getroffen wurden.

Man könnte meinen, dass die Deutschen in der Emigration ein Mittel gesehen hätten, sich der Juden zu entledigen. Das war jedoch nicht der Fall, wie aus dem folgenden Schreiben hervorgeht, in dem die Amtsstelle Bordeaux von Paris Weisungen erbittet:

> Wie festgestellt wurde, befinden sich im Gebiet der Kreiskommandantur Saint-Jean-de-Luz noch etwa 150 Juden. Bei der mit dem Kreiskommandanten, Herrn Major Henkel, gehabten Unterredung vertrat dieser den Standpunkt, dass diese Juden auf dem schnellsten Wege

Auf dem Marsch zum Sammelplatz

> seinen Kreis verlassen müssten. Er machte jedoch gleichzeitig darauf aufmerksam, dass es seiner Ansicht nach bedeutend besser sei, die Juden auswandern zu lassen, als sie in andere Departements oder gar in Konzentrationslager einzuweisen.

Die Antwort lautete, dass Major Henkels Anregung nicht gebilligt werde, da das RSHA grundsätzlich angeordnet habe, eine Auswanderung von Juden aus den »besetzten Westgebieten« und nach Möglichkeit auch aus dem unbesetzten Frankreich zu verhindern. Diese Anordnung war vom Militärkommando in Paris mit folgenden Worten weitergeleitet worden: »Der Reichsführer SS hat den Befehl gegeben, dass die Auswanderung von Juden aus Deutschland und den besetzten Gebieten grundsätzlich zu verhindern ist.«

Verantwortlich für die jüdischen Angelegenheiten im besetzten Frankreich war SS-Obersturmführer Dannecker. 1941 verfasste er einen umfangreichen Bericht unter dem Titel *Die Judenfrage in Frankreich und ihre Behandlung*. Darin gab er einleitend einen Überblick darüber, wie sich das Problem in diesem Lande darstellte, und erklärte kategorisch, die Endlösung der Judenfrage sei das Ziel der dafür zuständigen SD- und Sipo-Organe. In weiteren Abschnitten des Berichts befasste er sich mit der Geschichte der Juden in Frankreich und ihrer Gemeinden; dann unterstrich er die Bedeutung einer Kampagne gegen »führende jüdische Persönlichkeiten«. So heißt es in diesem Bericht:

> Auf Grund eines Studiums der in Deutschland, Österreich, der Tschechoslowakei und Polen gesammelten Unterlagen konnte die Schlussfolgerung gezogen werden, dass das Zentrum des Judentums in Europa und die Hauptverbindung nach Übersee in Frankreich gesucht werden müssen. Aus dieser Erkenntnis heraus sind die Büros jüdischer Organisationen wie des Jüdischen Weltkongresses durchsucht und versiegelt worden.

Starke Bindungen bestünden, so behauptete Dannecker, in Frankreich zwischen dem Katholizismus und dem Judentum, und als Beweis führte er die Ergebnisse von Haussuchungen an, die bei der

Vor der Durchsuchung der Opfer

Familie Rothschild, dem ehemaligen Kolonialminister Georges Mandel, dem Presseattaché der britischen Botschaft und den Advokaten Moro-Giafferi und Torres vorgenommen worden waren. Sieben Monate später gab Dannecker einen weiteren Bericht, der erkennen ließ, dass die Behandlung der Judenfrage seit der Herausgabe des ersten Berichtes eine merkliche Beschleunigung erfahren hatte. Die Überschriften der verschiedenen Abschnitte des zweiten Berichtes zeugen von dieser Tempobeschleunigung: »Aufgaben der Sipo und des SD in Frankreich« – »Judenkartei« – »Französisches Kommissariat für Judenfragen« – »Französische antijüdische Polizei«.

Man erkennt an den Überschriften, dass die Gestapo ihr Netz immer enger um die französischen Juden zog, dass alle Juden inzwischen von der Polizei karteimäßig erfasst waren, dass in dieser Frage eine Koordinierung zwischen der Besatzungsmacht und der Vichy-Regierung erfolgt war und dass es bei der verhassten Miliz eine Sonderabteilung zur Verfolgung der Juden gab.

Im Frühling jenes Jahres erfolgten die ersten Judendeportationen, nachdem zuvor alle Opfer ihrer französischen Staatsangehörigkeit beraubt worden waren. Im Juni waren bereits mehr als 100 000 Menschen verschleppt. Zur Verschleierung ihrer wahren Absicht – die Juden so lange Zwangsarbeit leisten zu lassen, bis sie nicht mehr arbeitsfähig waren, um sie dann in die Gaskammern zu schicken – bezeichneten die Nazis diese Deportationen als »jüdische Umsiedlung«. Nach einer weiteren Konferenz zwischen Dannecker und dem RSHA wurden neue Direktiven für die Verschleppung der Juden aus Frankreich erlassen. In ihnen war nur von »Judenbrut« die Rede.

Ende Oktober 1942 waren aus dem besetzten Frankreich bereits Zehntausende verschleppt worden, aber die Behörden, die es darauf abgesehen hatten, auch die Juden aus dem unbesetzten Gebiet in ihre Hand zu bekommen, waren mit diesem Tempo nicht zufrieden. Auf weiteren Konferenzen wurde der Vichy-Regierung erklärt, die meisten anderen Länder Europas seien der Endlösung der Judenfrage schon viel näher als Frankreich, das das Versäumte nachholen müsse. Gleichzeitig äußerten die deutschen Behörden ihre Unzufriedenheit über die Einstellung der Italiener zur Deportierung von Juden aus dem von Italien besetzten Teil Frankreichs. In der Tat hatten sich die Italiener dieser Politik stark widersetzt, und Ribbentrop wurde angewiesen, die Lage mit Mussolini zu erörtern.

Ein großer Teil der verschleppten Juden war nach Auschwitz gekommen. Dann hatte man die Deportierung in das Generalgouvernement zeitweilig eingestellt, aber inzwischen war beschlossen worden, sofort nach der Wiederaufnahme der Transporte auch ganze Züge mit Kindern in den Tod zu schicken. Die Nazis versuchten mit allen Mitteln, diese Praxis geheimzuhalten und den Eindruck zu erwecken, als würden ganze Familien gemeinsam aus Frankreich fortgebracht. Um die Menschen irrezuführen, wurde daher vereinbart, den Anteil der Erwachsenen und der Kinder an den Transporten in ein bestimmtes Verhältnis zu setzen. Eine der Deportierungsinstruktionen hatte folgenden Wortlaut:

> Die aus dem unbesetzten Gebiet eintreffenden Juden werden in Drancy mit Judenkindern, die sich zur Zeit noch in Pithiviers und Beaune-la-Rolande befinden, vermischt werden in der Weise, dass auf 700, mindestens jedoch 500 erwachsene Juden 300 bis 500 Judenkinder kommen, da nach der Weisung des Reichssicherheitshauptamtes Züge nur mit Judenkindern nicht abgeschoben werden dürfen.

Die Behandlung der Juden in den Niederlanden war nicht weniger grausam, und Seyß-Inquart nahm ihnen gegenüber als Reichskommissar für Holland eine erbarmungslose Haltung ein. Anfang 1941 erklärte er in einer Rede in Amsterdam:

> Die Juden sind für uns keine Holländer. Sie sind die Feinde, mit denen wir weder zu einem Waffenstillstand noch zum Frieden kommen können […]. Wir werden die Juden schlagen, wo immer wir sie treffen, und wer mit ihnen gemeinsame Sache macht, muss die Folgen tragen. Der Führer hat erklärt, dass die Juden in Europa ausgespielt haben, und sie müssen daher ausgespielt haben.

Es folgten dann eine Reihe antisemitischer Verordnungen, durch die alle Juden den üblichen demütigenden Beschränkungen unterworfen wurden. Man beraubte sie ihrer Vermögensrechte und ihrer staatsbürgerlichen Freiheiten; sie wurden gezwungen, ihre Unternehmen registrieren zu lassen, darunter alle Firmen mit vorwiegend jüdischer Beteiligung, und die Besatzungsbehörden konnten eigenmächtig das Arbeitsverhältnis eines jeden Juden lösen. Aber das alles war nur der Anfang. Diese Maßnahmen sollten es den deutschen Besatzungsbehörden später ermöglichen, ihr Programm der Massendeportierung zu verwirklichen.

Von den insgesamt 140 000 Juden, die zur Zeit der Naziinvasion in Holland lebten, wurden mehr als 115 000 nach Polen deportiert, wo das schließliche Schicksal der meisten von ihnen außer Zweifel stand. Weitere 2 000 wurden nach Buchenwald und Mauthausen gebracht, von wo ihre Asche den Angehörigen nach der Verbrennung gegen Zahlung von 75 Gulden zugeschickt wurde.

Der jüdischen Bevölkerung Ungarns war ein ähnliches Los beschieden. 1944 wurden mehr als 200 000 Juden abgeholt und zum großen Teil in Güterwagen verladen und in Vernichtungslager gebracht. Bei ihrer Ankunft in Budapest wurden die deutschen Besatzungstruppen von einem Einsatzkommando der Sipo begleitet, dessen Aufgabe hier wie in den anderen Ländern ihres Einsatzgebietes in der Liquidierung der Juden bestand. Den Befehl hatte SS-Obersturmbannführer Adolf Eichmann, ein höherer Beamter aus dem RSHA. Die Einheit verhaftete alle führenden jüdischen Persönlichkeiten des politischen und wirtschaftlichen Lebens in Ungarn sowie Journalisten und alle demokratischen und antifaschistischen Politiker. Von den ungarischen Juden, die nach Auschwitz kamen, wurden alle Menschen unter vierzehn und über fünfzig Jahren sowie Kranke und Vorbestrafte in besonders gekennzeichneten Waggons transportiert. Sie alle kamen sofort nach ihrer Ankunft in die Gaskammer. Der Lagerkommandant von Auschwitz, Rudolf Höß, gab zu, dass er im Sommer 1944 etwa 40 000 ungarische Juden in den Tod schickte.

Die Juden Dänemarks wurden nur durch die Hilfe patriotisch gesinnter Landsleute, von denen sie so lange versteckt gehalten wurden, bis sie mit Booten nach Schweden gebracht werden konnten, vor einem ähnlichen Schicksal bewahrt. Hunderte dänischer Patrioten wagten ihr Leben, um jüdische Männer, Frauen und Kinder auf diese Weise in Sicherheit zu bringen, und so fielen von den 8 000 Juden, die damals in Dänemark lebten, nur 800 den Deutschen in die Hände.

Dieses traurige Mordregister könnte beliebig fortgesetzt werden, aber es wäre immer wieder dasselbe: Registrierung, Absonderung, Demütigung, Degradierung, Verschleppung, Ausbeutung und Vernichtung. Das waren die Stationen des Leidensweges, der das Leben dieser unglücklichen Juden beschloss. Wer niemals durch das Stampfen der Militärstiefel auf der Dorfstraße oder das Klopfen der Gestapo an der Tür auf geschreckt wurde, wer nie erlebte, wie fünfzig Freunde oder Nachbarn auf dem Marktplatz als Repressalie für einen Überfall auf einen einzigen deutschen Kurier erschossen wurden, wem nicht die Söhne und Töchter mitten in der Nacht aus der Wohnung geholt wurden, um nie mehr zurückzukehren, dem wird dies alles unglaublich und unwirklich erscheinen. Die Ermordung von mehr als fünf Millionen europäischer Juden durch die Nazis ist das größte Verbrechen der Weltgeschichte. Dass nicht die gesamte jüdische Bevölkerung Europas vernichtet wurde, ist einzig und allein der Tatsache zu verdanken, dass die Nazis den Krieg verloren, ehe sie die »Endlösung der Judenfrage« zum Abschluss bringen konnten.

Epilog

Es gab ein Konzentrationslager, das 1945, nachdem es vom Schutt des Todes gesäubert worden war, zur allgemeinen Besichtigung freigegeben wurde. Es war das Konzentrationslager Dachau in der Nähe von München, und wer es besuchte, nahm Erinnerungen mit, die er nie mehr loswerden kann. Die einzigen Gefangenen, die er vorfand, waren Deutsche, denen Kriegsverbrechen zur Last gelegt wurden und die auf ihre Aburteilung oder Freisprechung warteten. Jeder von ihnen lebte in einer hellen, bequem eingerichteten luftigen Zelle mit elektrischem Licht und Zentralheizung, einem Bett, einem Tisch, einem Stuhl und Büchern. Sie sahen alle wohl und gutgenährt aus, und auf ihren Gesichtern lag ein Zug leichter Verwunderung. Sie müssen sich in der Tat gefragt haben, wo sie waren.

Ging der Besucher von den nun so sauberen und ordentlichen Unterkünften zur anderen Seite des Lagers hinüber, gelangte er zum Gelände des Krematoriums. Dort befand sich die ganze guterhaltene Todesmaschinerie, die solange dazu benutzt worden war, alle zu beseitigen, die sich erkühnten, den Weg des Führers zu kreuzen. Fort waren die Leichen, die einst im Nebenraum auf die Verbrennung warteten, weil die Gaskammer mehr Menschen tötete, als die Öfen fassen konnten; fort waren die langen Schlangen elender Menschen, die im Umkleideraum anstanden, bis sich die Todeskammer für sie öffnete. Sie waren fort für immer, aber ihre Schatten waren geblieben, und alles atmetete die Erinnerung an sie.

Geblieben waren der sauber gefegte Raum, in dem sich die Opfer auszogen, die eigentliche Gaskammer mit dem Guckloch, durch das der Techniker den Todeskampf der Opfer beobachtete, um dann den elektrischen Ventilator anzustellen, der die Luft von den tödlichen Dünsten reinigte; geblieben waren nebenan das Krematorium und die Bahren mit den eisernen Rädern, die die Leichen dem Schlund des Ofens zuführten, der kleine Raum, in dem die Toten bis zur Decke gestapelt wurden, und die Abdrücke ihrer Füße an den gekalkten Wänden, die Maschine, die die Knochen zu Dünger für die Äcker der Umgegend zermahlte, und dann der Raum, in dem die Asche gelagert wurde.

Wenn der Besucher durch diese Räume ging und seinen Blick über den Schauplatz so unermesslicher Leiden und Tragödien wandern ließ, vermeinte er fast, den Geruch verwesender Leichen und brennenden Fleisches wahrzunehmen, und wenn er dann in die reine frische Luft hinaustrat und die Augen zum Himmel aufschlug, um die beklemmende Vision des Bösen abzuschütteln – was erblickte er da? Ein kleines künstliches Vogelnest, das irgendein schizophrener SS-Mann an einer Stange auf dem Dach des Krematoriums befestigt hatte. Da erst konnte er begreifen, wie es möglich war, dass die Nation, die der Welt Goethe und Beethoven, Schiller und Schumann schenkte, ihr auch Auschwitz und Belsen, Ravensbrück und Dachau bot.

Anhang

Zehn Gebote für die Kriegführung des deutschen Soldaten

1. Der deutsche Soldat kämpft ritterlich für den Sieg seines Volkes. Grausamkeiten und nutzlose Zerstörungen sind seiner unwürdig.
2. Der Kämpfer muss uniformiert oder mit einem besonders eingeführten, weithin sichtbaren Abzeichen versehen sein. Kämpfen in Zivilkleidung ohne ein solches Abzeichen ist verboten.
3. Es darf kein Gegner getötet werden, der sich ergibt, auch nicht der Freischärler und der Spion. Diese erhalten ihre gerechte Strafe durch die Gerichte.
4. Kriegsgefangene dürfen nicht misshandelt oder beleidigt werden. Von ihrer Habe darf sonst nichts weggenommen werden.
5. Dumdumgeschosse sind verboten. Geschosse dürfen auch nicht in solche umgestaltet werden.
6. Das Rote Kreuz ist unverletzlich. Verwundete Gegner sind menschlich zu behandeln. Sanitätspersonal und Feldgeistliche dürfen in ihrer ärztlichen bzw. seelsorgerischen Tätigkeit nicht gehindert werden.
7. Die Zivilbevölkerung ist unverletzlich. Der Soldat darf nicht plündern oder mutwillig zerstören. Geschichtliche Denkmäler und Gebäude, die dem Gottesdienst, der Kunst, Wissenschaft oder der Wohltätigkeit dienen, sind besonders zu achten. Natural- und Dienstleistungen von der Bevölkerung dürfen nur auf Befehl von Vorgesetzten gegen Entschädigung beansprucht werden.

8. Neutrales Gebiet darf weder durch Betreten oder Überfliegen noch durch Beschießen in die Kriegshandlungen einbezogen werden.
9. Gerät ein deutscher Soldat in Gefangenschaft, so muss er auf Befragen seinen Namen und Dienstgrad angeben. Unter keinen Umständen darf er über Zugehörigkeit zu seinem Truppenteil und über militärische, politische und wirtschaftliche Verhältnisse auf der deutschen Seite aussagen. Weder durch Versprechungen noch durch Drohungen darf er sich dazu verleiten lassen.
10. Zuwiderhandlungen gegen die vorstehenden Befehle in Dienstsachen sind strafbar. Verstöße des Feindes gegen die unter 1–8 angeführten Grundsätze sind zu melden. Vergeltungsmaßregeln sind nur auf Befehl der höheren Truppenführung zulässig.

Namensregister

Anmerkungen

Kapitel I: Die Instrumente der Hitlertyrannei

1 Siehe Kapitel II.
2 Vgl. *Odette* von Jerrard Tickell, sowie *The Natzweiler Trial*.
3 Siehe Kapitel II.
4 Der »Stahlhelm« wurde erstmalig im Jahre 1920 als Vereinigung ehemaliger Kriegsteilnehmer gegründet. Diese chauvinistisch-militärisch eingestellte Organisation bekämpfte ebenso wie die Nazipartei die Weimarer Republik. Prominente Nazis wie Göring waren Mitglieder beider Organisationen. Der »Stahlhelm« ging später in der SA auf. (Anmerkung des Verlages.)
5 Aus einer Rede, die Raeder 1939 zum »Heldengedenktag« hielt. Um welche Freiheit es ging, erläuterte er an einer anderen Stelle dieser Rede, als er von der »Freiheit zur Wiederbewaffnung« sprach.

Kapitel II: Misshandlung und Ermordung von Kriegsgefangenen

1 Dieses Verbrechen ist allgemein als das »Massaker von Paradis« bekannt. Knochlein wurde 1948 von einem britischen Militärgericht zum Tode verurteilt.
2 Empfänger des Befehls waren das Oberkommando der drei Wehrmachtsteile, der Oberbefehlshaber in Norwegen, der Oberbefehlshaber Südost, das Oberkommando West, das Oberkommando Süd, das Oberkommando der 20. Gebirgsjägerdivision, das Afrikakorps, der Reichsführer SS und Chef der Sicherheitspolizei.
3 Im folgenden SAS genannt.
4 Eine der Ausnahmen bildete Nordafrika, da Erwin Rommel sich strickt weigerte, den Befehl auszuführen, und den betreffenden Brief verbrannte.
5 Falkenhorst musste sich 1946 vor einem britischen Militärgericht in Braunschweig für die Ausführung des Kommandobefehls verantworten. Er wurde im Sinne von acht Anklagepunkten für schuldig befunden, die seinem Kommando unterstellten Kräfte veranlasst zu haben, alliierten Soldaten, Matrosen und Fliegern, die an Kommandountemehmen teilgenommen hatten, kein Pardon zu gewähren und sie nach der Gefangennahme zu töten. Weiter wurde ihm nachgewiesen, dass er den Tod einer großen Anzahl alliierter Kriegsgefangener verursachte, indem er sie dem SD zur Hinrichtung übergab.

Das Gericht verurteilte ihn zum Tode, aber der damalige Oberbefehlshaber der britischen Zone Deutschlands, Luftmarschall Sir Sholto Douglas, wandelte das Urteil in lebenslängliche Haft um. Am 13. Juli 1953 wurde Falkenhorst aus der Strafanstalt Werl entlassen.

6 General Gallenkamp, Oberst Köstlin, Hauptmann Schönig und andere wurden 1946 wegen ihrer Beteiligung an der Tötung dieser Kriegs gefangenen vor ein britisches Militärgericht in Deutschland gestellt und alle für schuldig befunden. Gallenkamp wurde zum Tode durch Erhängen verurteilt, aber zu lebenslänglicher Haft begnadigt. Köstlin wurde zu lebenslänglicher und Schönig zu fünf Jahren Haft verurteilt.

7 Robert Wagner wurde 1946 von dem ständigen französischen Militärgericht in Straßburg wegen der Ermordung alliierter Flieger und wegen zahlreicher anderer Kriegsverbrechen zum Tode verurteilt.

8 Wobei das K für »Kugel« stand, in Bezug auf den Kugelerlass.

9 Die Politische Abteilung war für die sogenannten politischen Häftlinge zuständig.

10 Siehe Anhang.

11 Diese und andere wörtlich zitierte Auszüge aus dem Kommissarbefehl sind aus dem Englischen zurückübersetzt.

12 Siehe Kapitel IV.

13 Rückübersetzung aus dem Englischen.

Kapitel III: Kriegsverbrechen auf Hoher See

1 Diese kurze Darstellung der Rechtslage in Bezug auf die Versenkung feindlicher Handelsschiffe in Kriegszeiten gründet sich auf ein Memorandum des britischen Außenministeriums vom 8. Oktober 1940.

2 Als das Londoner Flottenabkommen am 31. Dezember 1936 ablief, blieb Artikel 22 auf Grund von Artikel 23 für alle Partner verbindlich. Trotzdem unterzeichneten die Vereinigten Staaten und Großbritannien (einschließlich der britischen Dominien und Indiens) am 6. November 1936 in London ein Protokoll, in das die Bestimmungen von Artikel 22 wörtlich übernommen wurden. Es war vorgesehen, weiteren Staaten die Möglichkeit des Beitritts zu geben. Deutschland schloss sich dem Protokoll 1936 und die Sowjetunion 1937 an.

3 Rückübersetzung aus dem Englischen.

4 Das Tagebuch wurde bei seiner Gefangennahme in seinem Besitz gefunden. Der hier angeführte Text ist eine Rückübersetzung aus dem Englischen.

5 Anfangs verhielten sich allerdings einige deutsche U-Boot-Kommandanten ganz anders. In einem Falle hatte die Besatzung eines britischen Fischkutters den Befehl erhalten, das Rettungsboot flottzumachen, weil ihr Schiff versenkt werden sollte. Als der Kommandant sah, in welchem Zustand sich das Boot befand, sagte er: »Dreizehn Leute in diesem Boot. Wie kann man ein Schiff mit so einem Boot auf See schicken. Ihr Engländer taugt nichts!« Der Kapitän des Fischkutters erhielt dann den Befehl, mit seiner Mannschaft wieder an Bord zu gehen und schleunigst einen Heimathafen anzulaufen. »Mit den besten Wünschen des Kommandanten« überreichte man ihm eine Flasche Korn.

6 Das Flottenprotokoll von 1936 sah, wie erinnerlich, vor, dass die Rettungsboote

nicht als sicherer Ort gelten, sofern die Sicherheit der Passagiere und der Besatzung *nicht unter den bestehenden See- und Wetterverhältnissen durch die Nähe von Land* oder durch die Anwesenheit eines anderen Schiffes, das sie an Bord nehmen kann, gewährleistet ist.

7 Korvettenkapitän Heinz Möhle wurde im Oktober 1946 in Hamburg von einem britischen Militärgericht für schuldig befunden, diese Befehle an seine U-Boot-Kommandanten weitergegeben zu haben, und zu fünf Jahren Haft verurteilt.

8 Siehe oben.

9 Über diese Rede wurde der ehemalige Oberfähnrich zur See Peter Josef Heisig im Nürnberger Prozess gegen die Hauptkriegsverbrecher als Zeuge vernommen.

10 Der Kommandant und vier Angehörige seiner Mannschaft mussten sich im Oktober 1945 vor einem britischen Militärgericht in Hamburg dafür verantworten, dass Angehörige der Besatzung der »Peleus« durch Schüsse und Handgranaten getötet worden waren. Alle wurden im Sinne der Anklage für schuldig befunden. Der Kommandant und drei andere Angeklagte wurden zum Tode durch Erschießen verurteilt.

11 Diese Schilderung ist einer eidesstattlichen Erklärung entnommen, die James MacAlister am 21. Dezember 1945 vor einem Notar in Edinburgh abgab.

Kapitel IV: Misshandlung und Ermordung der Zivilbevölkerung im besetzten Gebiet

1 Pucheu wurde 1944 von einem französischen Militärgericht in Algier zum Tode verurteilt und anschließend hingerichtet.

2 Es überrascht daher wenig, dass die Genfer Konvention von 1949 in ihrem dritten Artikel Geiselnahmen jedweder Art verbietet.

3 Das heißt, in die Gaskammern von Treblinka.

4 Siehe Kapitel V und VI.

5 Jeder deutsche Soldat wusste, dass das verboten war. In seinem *Soldbuch* standen die »10 Gebote für die Kriegführung des deutschen Soldaten«. Das fünfte Gebot lautete: »Dum-Dum-Geschosse sind verboten, Geschosse dürfen auch nicht in solche umgestaltet werden.« (Siehe Anhang.)

6 Das war vor dem Massaker von Oradour-sur-Glane. Nach der Landung der Alliierten in der Normandie nahmen die Greueltaten einen noch viel größeren Umfang an.

7 Die Miliz wurde von der Vichy-Regierung zum Zwecke der Kollaboration mit dem SD und der Gestapo aufgestellt.

8 Diese Aussage ist den amtlichen Akten über das Verbrechen von Oradour entnommen; sie wurde inzwischen auch in einer offiziellen Publikation, *Crimes ennemis en France* (Verbrechen des Feindes in Frankreich), veröffentlicht.

9 Diese Aussage ist ebenfalls in *Crimes ennemis en France* nachzulesen.

10 Es waren in der Tat Zündschnüre.

11 Rückübersetzung aus dem Englischen.

12 Mackensen wurde am 6. Mai 1947 von einem britischen Militärgericht zum Tode verurteilt, aber wenige Monate darauf zu lebenslänglicher Haft begnadigt. Am 2. Oktober 1952 wurde er aus der Strafanstalt Werl entlassen.

13 Kesselring wurde in allen Punkten für schuldig befunden und zum Tode durch Erschießen verurteilt; das Urteil wurde jedoch in lebenslängliches Gefängnis

umgewandelt, und 1953 wurde Kesselring »auf dem Gnadenwege« freigelassen. Nach seiner Freilassung war er lange Zeit der Bundesführer des »Stahlhelm«.

14 Rückübersetzung aus dem Englischen.

15 Wladyslaw Pietras machte seine Aussagen vor der Zentralen Kommission zur Untersuchung deutscher Kriegsverbrechen in Polen. Sie wurden in dem amtlichen Bericht der Kommission, *Deutsche Verbrechen in Polen*, Band I, Warschau 1946, veröffentlicht.

16 Der weitere Teil des Augenzeugenberichts ist zu grauenhaft für eine Widergabe.

17 Oberst Prokowski stellte als Vertreter der sowjetischen Anklagebehörde im Nürnberger Prozess gegen die deutschen Hauptkriegsverbrecher zu dieser Frage fest: »Hitler verzerrte bewusst die Tatsachen, denn es ist allgemein bekannt, dass die Sowjetunion alle Verpflichtungen auf sich genommen hatte, die sich aus den Haager Konventionen ergaben. Selbst im Strafrecht der Sowjetunion werden die Rechte der Kriegsgefangenen, und zwar im Einklang mit den Normen des Völkerrechts, unter Schutz genommen.« [Anm. des Verlags]

18 In einer Note an die Regierung der Niederlande hat die Sowjetunion am 7. März 1955 noch einmal ausdrücklich bekräftigt, dass sie die von Russland ratifizierten Haager Konventionen und Deklarationen anerkennt. [Anm. des Verlags]

19 Die sogenannten »Freiwilligenverbände«, auch »Freikorps«, die sich größtenteils aus Offizieren und Unteroffizieren zusammensetzten, wurden von der Regierung Ebert-Scheidemann während der Revolution von 1918 ins Leben gerufen. Sie führten einen brutalen Kampf gegen die revolutionäre Arbeiterschaft und versuchten, durch militärische Unterdrückung die Politik des deutschen Imperialismus in Osteuropa fortzusetzen. [Anm. des Verlags]

20 Dieser Bericht über einige der Greueltaten, die im Lager von Janow begangen wurden, ist den Aussagen eines Augenzeugen namens Manusewitsch entnommen, der einem Sonderkommando von Häftlingen zur Verbrennung der in diesem Lager Ermordeten angehörte. Siehe auch das Protokoll des 59. Verhandlungstages im Nürnberger Prozess gegen die Hauptkriegsverbrecher, Donnerstag, den 14. Februar 1946.

Kapitel V: Zwangsarbeit

1 General von Falkenhausen wurde am 27. November 1945 von der französischen Sektion zur Untersuchung von Kriegsverbrechen vernommen.

2 Die »Organisation Todt« war ein Zwangsarbeits-Battallion, das in den besetzten Gebieten eingesetzt wurde, beispielsweise beim Anlegen von militärischen Transportstrecken oder dem Bau des Atlantikwalls. Benannt nach ihrem Gründer Fritz Todt wurde die Organisation nach dessen Tod von Albert Speer weitergeführt.

3 Diese von Marschall Pétain nach dem Waffenstillstand ins Leben gerufene Jugendorganisation war bis zu einem gewissen Grade nach dem Muster der Hitlerjugend aufgebaut. Ihr Marschlied enthielt den Refrain: »Maréchal, nous voilà.«

4 Feldmarschall von Rundstedt war einer der führenden deutschen Armeegeneräle der alten Schule. Er leitete später die Ardennenoffensive vom Dezember 1944, die Deutschlands letzter Gegenschlag war. 1949 sollte er als

Kriegsverbrecher abgeurteilt werden, das Verfahren wurde jedoch eingestellt, da er von einer Sonderärztekommission für prozessunfähig erklärt worden war.

5 Siehe Kapitel VI.

6 Dr. Korbel und die Oberschwester wurden von einem britischen Kriegsverbrechergericht für schuldig befunden und verurteilt. Korbel erhielt die Todesstrafe.

Kapitel VI: Konzentrationslager

1 Das »Amt Vier« des Reichssicherheitshauptamtes war für alle Gestapoangelegenheiten zuständig. Sein Leiter war damals der schon erwähnte Obergruppenführer Müller.

2 Pohl wurde im November 1947 in Nürnberg zum Tode verurteilt, aber erst im Juni 1951 hingerichtet. Zuvor hatte ihm der Vatikan telegrafisch den apostolischen Segen erteilt, nachdem er in der Strafanstalt Landsberg in die katholische Kirche eingetreten war. [Anm. des Verlags]

3 Die Kapos waren für die einzelnen Arbeitskommandos verantwortlich. Sie behandelten die Gefangenen mit großer Brutalität und waren sehr gefürchtet.

4 Hier schienen dem Autor nicht alle Informationen vorgelegen zu haben, der schwarze Winkel stand vielmehr im Allgemeinen für »Asoziale«, also Menschen, die laut Ansicht der Nazis nicht in die Gesellschaft passten … Prostituierte und Lesben gehörten sicherlich dazu, aber auch Landstreicher, Arbeitslose, gegen Kriegsende auch vermehrt Menschen, die nach Ansicht der Gestapo und SS nicht hart genug arbeiteten. Vgl. bspw.*Das System der nationalsozialistischen Konzentrationslager* von Wolf Oschlies. [Anm. des Verlags]

5 Auch in anderen Fällen wandte man zu diesem Zweck tödliche Spritzen an. Auf diese Weise ermordeten die Nazis im Konzentrationslager Natzweiler im Elsass am 06. Juli 1944 vier weibliche Angehörige des britischen Dienstes für Sonderunternehmen (SOE), die mit dem Fallschirm über Frankreich abgesetzt worden waren, um Verbindung zur französischen Widerstandsbewegung aufzunehmen, und dabei in Gefangenschaft gerieten.

6 *Deutsche Verbrechen in Polen*, Band I.

7 Der Verfasser hat diese Schrumpfköpfe selbst gesehen. (Siehe Abb.)

8 Aus der Einleitung des amtlichen Informationsmaterials, das während des Prozesses herausgegeben wurde.

9 Eidesstattliche Erklärung Dr. Blahas vom 9. Januar 1946 in Nürnberg.

10 Aus einem Brief, den Himmler am 16. November 1944 an den SS-General Pohl schrieb.

11 Jauchs rechte Hand, Anm. des Verlags

12 Als »Quislinge« bezeichnete man die norwegischen Kollaborateure, Namensgeber war der norwegische Politiker Vidkun Quisling, der von 1942 bis 1945 Ministerpräsident der von den Deutschen eingesetzten Marionettenregierung war. [Anm. des Verlags]

13 Odette Sansom wurde im Auftrag des britischen Dienstes für Sonderunternehmen (SOE) mit dem Fallschirm über Frankreich abgesetzt. Nach ihrer Verhaftung wurde sie von der Gestapo gefoltert. Da man trotzdem keine Aussagen von ihr erpressen konnte, brachte man sie nach Ravensbrück. In Anerkennung ihrer Verdienste wurde ihr später das Georgskreuz verliehen.

14 Beide waren als Angehörige des »Women's Transport Service« durch den SOE als Funker über Frankreich abgesetzt worden. Sie wurden von den Deutschen verhaftet, und nachdem sie von der Gestapo verhört und gefoltert worden waren, kamen sie nach Ravensbrück, wo sie schließlich auf die übliche Art, das heißt durch Genickschuss hingerichtet wurden.

Kapitel VII: Die »Endlösung der Judenfrage«

1 Dieser »Jude« war eine Rauchwolke, die man auf dem Foto so retuschiert hatte, dass sie dem Gesicht eines Juden glich.
2 Bericht des RSHA an Hitler vom 2. Oktober 1941.
3 Zeugenaussagen von Dem Bach-Zelewskis vom 7. Januar 1946.
4 Ein weiteres euphemistisches Synonym für Vernichtung.

ISBN: 978-3-86489-257-8
892 Seiten
Auch als eBook erhältlich

Am 1. September 1939 begann der Zweite Weltkrieg mit dem Überfall der deutschen Wehrmacht auf Polen. Knapp 60 Millionen Menschen verloren während des sechs Jahre dauernden Krieges ihr Leben. Fundiert und sachlich beschreibt Basil H. Liddell Hart die großen strategischen Entscheidungen des Zweiten Weltkriegs. Seine illusionslosen Analysen basieren auf Interviews und Gesprächen mit alliierten und deutschen Befehlshabern und stützen sich auf russische Dokumente. »Dieses Werk des wahrhaft unabhängigen Experten ist die umfassendste objektive Darstellung (…) militärischer Operationen im Zweiten Weltkrieg«, schrieb der Stern zur deutschen Erstausgabe.